Karla Monteiro

KARMA TOPIA

Uma viagem à Índia

1ª edição

CIVILIZAÇÃO BRASILEIRA

Rio de Janeiro
2014

Copyright © Karla Monteiro, 2014

Projeto gráfico de capa e miolo
Rafael Nobre/Babilonia Cultura Editorial

CIP-BRASIL. CATALOGAÇÃO NA PUBLICAÇÃO
SINDICATO NACIONAL DOS EDITORES DE LIVROS, RJ

Monteiro, Karla, 1970-
M777k   Karmatopia: uma viagem à Índia / Karla Monteiro. –
1ª ed. – Rio de Janeiro: Civilização Brasileira, 2014.
288 p.; 21 cm.

ISBN 978-85-200-1195-9

1. Índia – Descrições e viagens. 2. Memória. I. Título.

CDD: 915.4
14-09608   CDU: 913(540)

EDITORA AFILIADA

Todos os direitos reservados. É proibido reproduzir, armazenar ou transmitir partes deste livro, através de quaisquer meios, sem prévia autorização por escrito.

Texto revisado segundo o novo Acordo Ortográfico da Língua Portuguesa.

Direitos desta edição adquiridos
EDITORA CIVILIZAÇÃO BRASILEIRA
Um selo da
EDITORA JOSÉ OLYMPIO LTDA.
Rua Argentina, 171 – Rio de Janeiro, RJ – 20921-380

Seja um leitor preferencial Record.
Cadastre-se e receba informações sobre nossos lançamentos e nossas promoções.

Atendimento e venda direta ao leitor:
mdireto@record.com.br ou (21) 2585-2002.

Impresso no Brasil
2014

Chamou-a utopia, voz grega cujo significado é não existe tal lugar.

FRANCISCO DE QUEVEDO

Para Domingos, Marcus e Rita.

Sumário

Nevoeiro	11
O começo e o fim do mundo	14
Bom dia, Índia	26
Planeta Osho	38
O encontro	48
O sadhu e o chimarrão	53
Domingo	59
On the way to Goa	63
Iniciação na prática do nada	69
O último hippie	78
Rolf	86
Pedágio no inferno	90
A terra do dalai	95
Gueshe Lhakdor	108
O caminho de Marcel	115
O farfalhar das asas	118
Jimi Neal	126
Hotel Tibet	132
Tenzin Palmo	140
O casamento	148
O inimigo mora na cabeça	156
Capital da karmatopia	160

A mulher de branco — 180
Prem Baba — 185
Dr. Arora — 192
I love Varanasi — 195
Professor Ravi Ravindra — 214
C'est la vie — 218
Menaka Desikachar — 228
A marcha do som — 233
St-Tropindia — 237
Vida simples — 251
A casa do amor — 258
A última estação — 267
B.N.S. Iyengar — 273
Depois do nevoeiro — 277

Posfácio — 285

Nevoeiro

Uma massa branca cobria tudo. O morro Dois Irmãos, a pedra da Gávea — o Rio de Janeiro desaparecendo —, os contornos que me faziam identificar a cidade não estavam lá. Só o cheiro da maresia e o barulho do mar quebrando violento na pedra do Arpoador envolta em bruma para me lembrar que, sim, estava em casa.

Vivia no Rio havia cinco anos. E isso era uma espécie de recorde pessoal, conquistado com esforço de atleta. Havia feito uma promessa a mim mesma, no dia em que cheguei à cidade: persistiria. Naquela tarde fosca, porém, senti que a cidade que me seduzira a permanecer estava me traindo. O Rio só fazia sentido sob o sol.

Minha pele estava amarelada, sem vontade. Os cabelos, castanhos e finos, haviam se emaranhado, formando alguns pequeninos dreadlocks espontâneos. Há muito não ousava penteá-los. Esquecera-me deles por completo e eles, por despeito, assumiram a aparência de um jardim abandonado. O corpo, outrora rijo e alongado, se conformava com uma barriguinha discreta. Sozinha na areia, de biquíni sob o moletom puído nos punhos, me olhei no espelhinho do batom. Fiquei feliz com a imagem. Pela primeira vez, estava me enxergando.

As luzes da cidade apagavam o mistério quando voltei para casa, um apartamento pequeno, aconchegante, com uma vista que nunca me deixava esquecer a opção de estar no Rio. Da janela, quase pousado sobre a minha cabeça, via o Cristo. Ao abrir a porta, cumpri o ritual de sempre. Acendi a luz do corredor, atravessei a sala na penumbra, abri a persiana e olhei para cima. O Cristo tinha sido engolido pelo nevoeiro.

A tela do computador brilhava no escritório. No dia seguinte, precisava entregar o perfil de uma celebridade para a capa de uma revista feminina. Fiquei em frente ao computador, sem cogitar acender a luminária, olhando... Digitei: "Os lábios carnudos de G. movem-se sem parar." Deletei. Tentei de novo: "G. chegou esbaforida ao restaurante, pediu uma água mineral e começou a falar sobre a sua trajetória de Cinderela." Deletei.

Se conseguisse escrever o texto de 6 mil caracteres sobre G., atingiria a marca de cinco perfis para revistas diferentes sobre a mesma atriz. Carregava a impressão, aliás, de que vinha entrevistando a mesma pessoa a vida inteira. De vez em quando, conseguia publicar um texto ou outro que me agradava, dava orgulho. Mas na maior parte do tempo, porém, escrevia sobre a vida de G.

Acendi um cigarro. Havia parado de fumar havia três semanas e quatro dias. O que poderia dizer sobre G. que já não tinha dito nos quatro perfis anteriores? Pensei em mandar um e-mail para o editor: "Minha avó morreu e parto hoje para Minas." Mas não podia fazer isso.

A chaleira repousava sob o fogão, com o resto do café preparado pela manhã. A pia estava lotada de louça suja. O saco de pão de linhaça dormia aberto sobre a mesa. A manteiga tinha desmoronado. Tentei pensar em G., enquanto a chama dourada requentava o meu café. Meu pensamento voou para o último ex-namorado, um catalão que conhecera no Arpoador ensolarado. A relação começou com promessas de uma vida de aventuras Atingiu o cume da paixão durante umas férias no Mediterrâneo. O catalão era velejador. Terminou com um e-mail. O café estava com gosto de passado. Voltei para o computador e escrevi o texto, numa golfada automática. Saiu tão velho quanto o café. Apertei: "Enviar."

A cama amarfanhada, tomada por seis travesseiros. Sem tomar banho para tirar o sal do corpo, me acomodei, fechei os olhos, não dormi. Levantei, tomei três gotinhas de Rivotril, voltei para a cama e, mais uma vez, não dormi.

Os pensamentos ganharam velocidade, robustez. Não estava deprimida. Havia superado essa fase. Comprara um apartamento num dos melhores bairros do Rio. Consolidara a carreira. Pelo menos, jamais me faltava trabalho. Bons amigos, uma vida social com pulseirinha VIP. Não estava infeliz. Nem feliz. Pulei da cama, voltei à tela do computador, abri o site da British Airways: Rio-Londres-Bombaim. Marquei a data de volta para seis meses depois.

O começo e o fim do mundo

Pensei numa frase do Thoureau. Ela me pareceu tão minha: "Se eu não for eu mesmo, quem o será por mim?"
 Só um haxixe bom, macio, que se quebra nas pontas dos dedos, do tipo que não precisa esquentar para derreter, me leva ao delírio filosófico. No estado normal, sou normal. Ridicularmente prosaica. Eu devia fumar mais. Quem sabe não me baixaria um Sartre, um Proust, um Joyce, um Rimbaud? Improvável. E eu fumo todos os dias. O problema é que, na maioria das vezes, o haxixe só me conduz à geladeira.
 Por que estou indo para a Índia? Não sei. Já estive por lá duas outras vezes. E a fome não me foi saciada. Talvez porque lá estejam os desarvorados. Talvez porque lá a fome dos homens se mostre como tripas expostas. Talvez porque eu precise sempre ir para outro lugar. E a Índia é o lugar mais longe de mim — ou mais perto. Ou talvez pela soma disso tudo. Não adianta: não vou virar filósofa agora, aqui, nesse frio do cão.
 Meu corpo tirita, chicoteado pelo vento outonal inglês. Há quanto tempo eu estou parada nesse lugar? Minutos, horas, dias, semanas. Na cabine telefônica em que me escoro, um junky dorme seu sono opiáceo. Será que ele vai acordar? Vai

tomar um banho? Vai cuidar das feridas dos braços, do pescoço? Frio dos infernos. Como os britânicos suportam tanto cinza? Concentra: estou parada nessa calçada, congelando, pensando todo tipo de merda, esperando o ônibus para o aeroporto de Heathrow. Emma, minha comadre, acabara de me abandonar aqui, com essa mochila nas costas e a minha passagem para Bombaim. Ou Mumbai? Por que os indianos mudam os nomes das cidades? E a porra desse ônibus que não chega?

Brighton, meu doce exílio! Entre tantos vagabundos e neo-hippies e velhos hippies, eu pude — muitas vezes, repetidas vezes — ser aqui qualquer coisa que eu quis ser, embora não tivesse a intenção de ser coisa alguma. Brighton foi — Brighton é — minhas férias do mundo. Todas as vezes em que eu me enchi das redações dos jornais, das revistas, corri para cá. Já corri para outros lugares, é verdade. Mas em nenhum lugar pude me vestir de fada e andar pelas ruas. Em Brighton, sim. Teve uma época em que cismei que era uma fada. Tinha até umas orelhas pontudas de borracha, perfeitas, cor da pele, para compor o figurino. E houve a fase Anaïs Nin, em que eu botava uma pena na testa, presa com uma tiara de falsos brilhantes.

Brighton! Não é uma cidade grande. Nem pequena. Linda, recortada por ruelas estreitas, adornada pelo Royal Pavilion, banhada pelo canal da Mancha, sonorizada pelas gaivotas. O ponto dos ônibus para o aeroporto fica bem no centro, no Pool Valley. Quantas vezes já vivi a mesma cena: parada, batendo queixo, mal agasalhada, chapada, esperando o ônibus para Heathrow, no Pool Valley.

O ônibus da National Express que não aparece. A infalível National Express. Ou a Emma se livrou de mim muito cedo ou a Inglaterra não é mais a Inglaterra, pois ônibus da National Express não atrasa. O *junky* acorda, levanta a cabeça, olha para mim como se eu fosse um ET, empurra a porta da cabine vermelha e me pede um cigarro. Não dou. Mudo de calçada. Uma coisa está esquisita. Muito esquisita. Eu sempre quero ir. Mesmo que o destino seja pior do que o lugar onde estou, eu quero ir. Mas, dessa vez, não quero. Estou com medo. Não quero pegar o ônibus, apesar da aflição para que ele chegue logo. E foi, a essa altura, que eu vi uma mulher. Vestia um sári de seda azul. Na narina direita, um rubi. Nas orelhas, ouro. Não havia orelhas. Apenas ouro. No pescoço, mais ouro. Caminhou na minha direção, arrastando uma valise Louis Vuitton. Sem pressa, com o recato e a altivez das mulheres indianas.

Assim, nessa exaltação do espírito, nessa inquietação, nesse colóquio comigo mesma, eu me encontrava desde o minuto em que abri os olhos e me dei conta de que, naquela noite, eu embarcaria para uma temporada de seis meses na Índia. Não, não era o efeito do haxixe. Era o efeito Índia. Sou dada a diálogos internos obsessivos. Mas, naquele dia sem cor de setembro, a coisa ficou feia.

De manhã, sentada em frente ao meu prato de ovos mexidos com bacon, sorvendo uma xícara espantosamente grande de café preto, comecei a fazer o inventário das desgraças que me aguardavam. Eu, certamente, enfrentaria agonizantes diarreias. Num país com noções medievais de higiene, que não possui água tratada, a caganeira é um suvenir. O meu computador, novinho em folha, não resistiria muito tempo. Como eu escreveria o bendito livro? Na Índia, a eletricidade é cortada várias vezes ao dia, todo santo dia. O vaivém da luz escangalha os nervos até dos aparelhos eletrônicos. E o pior: pelos próximos 180 dias, eu não teria direito a privacidade, silêncio, essas coisas que nós, ocidentais, prezamos tanto. Não há espaço para esses luxos num lugar onde 1,2 bilhão de almas sobrevivem aos solavancos.

Emma me chamou para dar uma volta nas *lanes*, um emaranhado de ruelas charmosas no centro de Brighton, onde outrora fui tão feliz, atrás de balcões de pubs, servindo mesas nos cafés, livre dos deadlines. Além de obsessiva, eu também estava nostálgica e melancólica. Tão melancólica quanto a tempestade que se anunciava, mas não caía. Repeti para Emma a frase que eu havia lido antes de dormir em O *tigre branco*, livro do Aravind Adiga: "Veja só: os muçulmanos têm um Deus. Os cristãos têm três. E nós, os hindus, temos 36.000.000. O que dá um total de 36.000.004 sacos divinos para puxar." Estava intrigada com aquilo: 36.000.000? Será mesmo?

Estacionamos no Tesco, caminhamos até a Sidney Street e fomos tomar cappuccino no Guaraná Bar, o café mais new age de todos os cafés new age de Brighton. Quase chorei. Os melhores anos da minha vida, anos que não voltarão jamais, passei trabalhando ali. Tomei três cappuccinos, que, somados ao café preto de antes, elevaram o nível de cafeína no meu sangue ao limite da overdose.

O mais insuportável na Índia, e ao mesmo tempo o mais divertido, seria, pensei, o trânsito. O trânsito inglês não tinha graça nenhuma, aquela educação insossa, que não te permitia pôr a cabeça para fora da janela e soltar um libertador "filho da puta". Na Índia, não. O trânsito equivalia a uma aventura. Uma aventura *non-stop*, frenética, radical, inesquecível. O trânsito indiano não podia nem mesmo receber a alcunha de trânsito. Transbordava o limite do que chamamos de trânsito. Não, não existia nome para aquilo, para aquela massa densa que se locomovia, ao mesmo tempo, em todas as direções, sem atentar para a invenção de mão e contramão.

As ruas mal pavimentadas e malcheirosas, sem calçada, comportam, controlados apenas na buzina, diferentes espécies de rodantes: riquixás, autorriquixás (também chamados de *tuk-tuk*, um carrinho de três rodas que pula que nem mula xucra), bicicletas, motos, carros novos, carros velhos, caminhões enfeitados para a Marquês de Sapucaí, pedestres e vacas. Tantas vacas que o trânsito indiano talvez pudesse ser chamado de rebanho. E, em alguns lugares do país, somam-se elefantes, camelos e búfalos. O estouro da boiada, era isso o trânsito da Índia, levando-se em conta um espaço físico limitado e bois por todos os lados, mugindo loucamente.

Na primeira viagem, alimentei um ódio assassino aos motoristas de autorriquixá. Já me aproximava deles com disposição para a briga. Os dentes vermelhos, manchados pelo *paan*, uma coisa que mascam e cospem o tempo inteiro, me irritavam. Eles não falavam inglês e, sim *indoglês*, um inglês desfigurado, composto de palavras-chave. Tornei-me fluente no *indoglês*. Era capaz de passar horas discutindo os preços das corridas. Obviamente, eu sempre saía perdendo, pois quem estava naquela guerra profissionalmente não se deixaria vencer no jogo da barganha, o esporte nacional. Uma das cenas mais impressionantes que vi na Índia foi em Nova Déli. Sentei-me na calçada para assistir. Um israelense de dreadlocks e um hindu de turbante chegaram à minúcia de negociar centavos de rupias, que nem valor econômico tinha fora da Índia. Invejei aquele judeu.

Com a energia turbinada pela cafeína, eu precisava caminhar. Poderia ir para a Índia a pé. Mas fui só até a livraria da Church Square comprar um livro. Emma ficou me esperando nas *lanes*. Ela odiava a Church Square. Achava muito caótica. Convenhamos, minha amiga não exibiu muita sensibilidade ao dizer aquilo para alguém que estava indo para Bombaim. Eu não sabia que livro queria ler na viagem. Demorei quase uma hora, indo da seção de best-sellers à seção de clássicos para em seguida voltar para a seção de best-sellers. Por um triz não parei na seção de autoajuda. Eu bem que estava precisando. Um livro pulou da estante: O *lobo da estepe*, de Hermann Hesse. Se eu pudesse escolher um livro para ter escrito, escolheria O *lobo da estepe*. Comprei e, feliz, saboreando o meu instante de felicidade, fui procurar um banheiro para fazer xixi. A cafeína tinha que sair por algum lugar.

Não digo que foi um ataque de pânico porque não sei como é um ataque de pânico. Mas eu me lembrei deles, dos banheiros indianos. E assim que me lembrei dos banheiros, eles subiram para o topo do meu inventário de desgraças. Mesmo nos hotéis menos ruins ou nos restaurantes não tão ordinários, os banheiros eram pavorosos: cagados, mijados, sem água nas torneiras ou com água pingando para todos os lados. E nunca, nunca, havia papel higiênico. Não que não houvesse papel higiênico na Índia. O problema é que nunca estava à mão quando você mais precisava. A primeira vez que frequentei um banheiro indiano representou uma mudança de paradigma na minha relação com excrementos, incluindo os meus.

Tinha chegado naquele dia e fui a um restaurante no terraço de uma pensão de Paharganj, uma região perto da estação central de Nova Déli, onde os viajantes *low-budget* estacionam as mochilas em pensões *low-budget*. O restaurante era bem simpático. Sentada nas mesinhas do terraço, pude curtir com certa distância a música das buzinas que não cessavam, uma cacofonia tão ensurdecedora que, se não parasse um pouco para prestar atenção, você simplesmente deixava de ouvir. Nunca entendi por que os indianos buzinam tanto. Como todo mundo buzina o tempo inteiro, o ato de buzinar perde a essência básica de ser um instrumento para chamar a atenção. Comi um pratão de vegetais ao curry, arroz e *dal*, uma espécie de sopa de lentilha. Não demorou muito e meu intestino começou a dar sinais de desagrado. Corri para o banheiro. Respirei fundo. Tapei o nariz. E fiz o meu trabalho. Cadê o papel higiênico? O recurso foi usar a mão esquerda. De cócoras naquele vaso até bem lógico, pois se a pessoa tiver equilíbrio, não encosta em nada, entendi a função da torneirinha com baldinho que estava ali no lugar onde o papel higiênico deveria estar.

A merda era, inclusive, um assunto muito recorrente entre os viajantes. Entabulei longos colóquios sobre banheiros. Houvesse um campeonato mundial de merda, a Índia seria medalha de ouro. A merda das vacas, a merda dos macacos, a merda dos búfalos, a merda dos camelos, a merda dos elefantes, a merda dos ratos, a merda dos homens, todas as merdas se somavam nas ruas.

Em *O grande bazar ferroviário*, Paul Theroux dedicou páginas a esse assunto. Numa das passagens, ele descreve uma cena que eu gostaria de ter visto. Não que eu seja uma shit voyer, digamos assim. Mas é pelo lado emblemático da coisa, que explica uma das minhas teorias sobre a Índia, a de que os indianos, na verdade, cagam para você. Literal e metaforicamente. Theroux escreveu:

> No início, pensei que as pessoas estivessem simplesmente assistindo à passagem do trem, mas depois notei as espirais amarelas brilhantes embaixo delas. Observando um, vi mais de uma centena diante do trem, felizes com a diversão que ele lhes proporcionava, sujando o caminho sem pressa. Defecavam tranquilamente quando o trem chegou e assim continuaram depois que ele partiu. Havia um trio curiosíssimo: um homem, um menino e um porco enfileirados, cada um evacuando a sua maneira. Um homem com o aspecto digno levantara o *dhoti* para agachar-se na estrada. Olhava o trem passar; parecia disposto a permanecer ali algum tempo, pois se abrigara sob um guarda-chuva e tinha um jornal sobre os joelhos. Era o símbolo perfeito do comentário de um amigo que eu ouvira em Déli: "o excremento do mundo".

O céu de chumbo finalmente se decidiu. Caiu uma tempestade sobre Brighton. O vento arrastou a bicicleta de uma moça que a empurrava na minha frente. O veículo voador quase me atropelou. Logo em seguida levei uma guarda-chuvada na cara. Emma e eu chegamos ao carro encharcadas, geladas, murchas. O meu humor nublado estava agora molhado. Eu queria mais um café. Que diabos! Eu precisava parar de aumentar a lista de motivos para não ir e tratar de arrumar motivos para ir para a Índia. Não havia escolha. O dinheiro do adiantamento da minha editora já tinha virado fumaça. Eu havia espalhado aos quatro ventos que escreveria um livro.

Para voltar para casa, pegamos a beira-mar. O mar estava prateado, revolto, imenso, dramático. Uma densa camada de nuvens nos envolvia. Emma, que já morou na Índia, só me dizia para ficar tranquila, que quando eu chegasse lá esqueceria o mundo de cá. Fizemos a lista dos três tipos de viajantes que me aguardavam. Havia aqueles que estariam na Índia pela qualidade do haxixe, o melhor do mundo, e pela possibilidade de viver em rupias. Desse grupo, os israelenses eram maioria. Bandos, recém-saídos do exército, em busca de esquecimento. Havia os perdidos, que, ao mesmo tempo que fumavam haxixe, praticavam yoga, meditação, faziam cursos de budismo, tratamentos aiurvédicos... Esses não queriam muita coisa, talvez só achar um substituto para o Rivotril. E havia os que levavam a coisa a sério, que apostavam todas as fichas, que consumiam a Índia em doses cavalares.

Subi para o quarto, tomei um banho, enrolei um baseado, dei uma baforada, fiz uma xícara de chá com leite, fui para a cama com o Hermann Hesse:

> Mas na realidade não há nenhum eu, nem mesmo o mais simples, não há uma unidade, mas um mundo plural, um pequeno firmamento, um caos de formas, de matizes, de situações, de heranças, de possibilidades. Cada indivíduo isolado vive sujeito a considerar esse caos como uma unidade e fala de seu eu como se fora um ente simples, bem-formado, claramente definido; e a todos os homens, mesmo os mais eminentes, esse rude engano parece uma necessidade, uma exigência da vida, como o respirar e o comer.
>
> O homem é um bulbo formado por cem folhas, um tecido urdido com muitos fios. Os antigos asiáticos sabiam disso muito bem e encontraram no yoga búdico uma técnica

precisa para descobrir a ilusão da personalidade. Divertido e múltiplo é o jogo da humanidade: a ilusão que levou milhares de anos para ser descoberta pelos hindus é a mesma ilusão que aos ocidentais custou tanto trabalho custodiar e fortalecer.

Em vez de reduzir teu mundo, de simplificar tua alma, terás de recolher cada vez mais mundo, de recolher no futuro o mundo inteiro na tua alma dolorosamente dilatada, para chegar talvez algum dia ao fim, ao descanso. O mesmo caminho foi percorrido por Buda e por todos os grandes homens, uns conscientemente, outros inconscientemente, na medida em que a fortuna favorecia sua busca. Nascimento significa desunião do todo, limitação, afastamento de Deus, penosa reencarnação. Volta ao todo, anulação da dolorosa individualidade, chegar a ser Deus quer dizer: ter dilatado a alma de tal forma que se torne possível voltar a conter novamente o todo.

Duas horas se passaram. Eu tinha que ir para o Pool Valley. Não queria levar um casaco gigante, que eu teria que jogar fora assim que chegasse à Índia. Decidi pelo sacrifício de congelar até o ônibus chegar. Perdi os meus óculos escuros. Em vez de me convencer de que eu era Buda, eu podia, primeiro, ter assimilado "a regra básica para a preservação dos óculos", do sábio Geoff Dyer, no livro *Toga para quem não está nem aí*. Ele ensina: "Se não estiverem no nariz, devem permanecer guardados no estojo."

Não havia tempo para procurá-los, já que não estavam onde deveriam estar, no estojo. No momento seguinte, lá estava eu, na minha chuva interior, tiritando de frio, com o meu baseado, escorada na cabine telefônica, olhando aquele *junky* carcomido pelas agulhas e pela desesperança, pensando aquelas coisas... Eu e a mulher de sári acomodamos nossas bagagens no porta-malas ao mesmo tempo, sem parar de sorrir uma para a outra. Ela, a valise Louis Vuitton. Eu, uma mochila contendo quatro leggings, seis camisetas, dois vestidos, um par de havaianas, uma nécessaire com cosméticos e outra entulhada de remédios. Estava orgulhosíssima da minha capacidade de síntese. Minha mochila era a menor que o senhor de cabelos brancos organizava britanicamente no porta-malas. E eu estava partindo por seis meses. Já era quase Buda no quesito desapego. Puxei papo com a dona do sári de seda.

— Você vai para Índia?

— Sim, para Bombaim, no voo da British. Você também?

— Eu vou pousar em Bombaim, mas sigo para Pune.

— Coincidência. Eu também. Podemos pegar um táxi juntas, se você quiser — ela disse, aquecendo a minha crença em milagres.

O nome dela era Lakshmi. Nome de deusa. Lakshmi é uma divindade do hinduísmo, esposa do deus Vishnu. Personifica beleza, fartura, generosidade, boa fortuna. Boa fortuna, generosidade e companhia, tudo de que eu precisava para um pouso tranquilo. Enquanto falava, Lakshmi balançava a cabeça, no típico gesto indiano de "tirar água das orelhas", como descreveu Paul Theroux. Um maneirismo engraçado. Parece um "não". Mas é um — quase — "sim". Pois não é um "sim" definitivo, mas uma concordância descompromissada. Esse balançar de cabeça muito me confundiu na minha primeira viagem à Índia.

— O que você faz na Inglaterra? — bisbilhotei.

— Um congresso de tecnologia. Trabalho para uma empresa de desenvolvimento de softwares de Boston, com filiais na Índia.

— Você é casada? — emendei, na sequência.

Mulheres casadas servem o lar e os maridos no Oriente. Foi o que eu pensei, mas não disse.

— Sim, tenho uma filha de 20 anos que está estudando moda.

— Moda? Mas todo mundo não veste a mesma roupa? — indaguei, estupidamente. Na Índia, para mim, há basicamente quatro tipos de roupas. Para homens, o kurta pajamas e o dhoti. Para mulheres, o sári e o shalwar qamiz.

— Minha filha adora moda. Quer fazer mestrado em Londres — comentou, jogando-me na cara a minha ignorância.

No free shop, Lakshmi encheu a matula com produtos de beleza. E me ajudou a encontrar um adaptador para o meu computador. No café, tomou coca-cola e comeu batata frita. Eu bebi mais café, e devorei um cheese cake e um bolo de cenoura com calda de chocolate. Minha fome existencial se transformara em larica. Chegamos à sala de embarque quando nossos nomes já eram gritados no alto-falante.

— Você é hindu?

— Sim, da casta dos brâmanes, a mais alta casta — respondeu-me, invocando a casta como um cartão de visitas.

— Achei que as castas haviam sido abolidas.

— Oficialmente, sim. Mas continuam aqui dentro — falou, apontando o peito.

— E o que elas significam, na prática?

— São importantes principalmente na hora do casamento. As famílias levam em conta duas coisas: a casta e o horóscopo.

— Você escolheu seu marido ou foi um casamento arranjado?

— Eu não escolhi. Mas isso não é importante. O amor vem depois.

— Aqui acaba antes.

Ela entendeu a piada. Minha primeira piada da viagem. Lakshmi riu, sacudindo-se inteira.

— Você trabalha, viaja, tudo o que uma mulher ocidental faz. Vou te chamar de A Brâmane Moderna no livro que estou escrevendo.

— Você está escrevendo um livro? Sobre o quê?

— Sobre os malucos que vão para a Índia virar brâmanes.

Ela riu de novo. Ponto para mim. Dentro do avião, nos separamos. Não acredito em Deus, mas também não acredito em coincidência. Lakshmi foi como um sinal dos 36 milhões de deuses: Venha! Venha! Você é bem-vinda! Não tenha medo! Nada te acontecerá! Você será feliz! Você conhecerá o céu! Tudo isso parecia estar escrito naquele sári de seda. Apesar de toda a cafeína e açúcar que circulavam no meu sangue, pela primeira vez no dia respirei sabendo que estava respirando. Recostei no meu banco, liguei a televisão — adoro essas aeronaves que têm televisão individual — e assisti a um documentário sobre o Ayrton Senna. Como diria Paulo Leminski: "PERHAPPINESS".

Bom dia, Índia

Eu não conhecia Bombaim e não queria conhecer Bombaim. Sobre ela V. S. Naipaul disse, em *An Area of Darkness*: "Temi desaparecer sem deixar rastro em meio à multidão." O jornalista Suketu Mehta, em *Bombaim: Cidade máxima*, soou o alarme: "Bombaim é o futuro da civilização urbana do planeta. E que Deus tenha piedade de nós."

Meu medo da cidade máxima consistia, então, em: sufocar, asfixiar, parar de respirar. E, por isso, e por causa da companhia da Lakshmi que eu não podia perder, enfiei-me num táxi atrás dela, sem nem cogitar uma espiada. Eu, definitivamente, vestia a roupa errada. Não houve tempo para tirar a armadura ineficaz contra o frio britânico e eficaz demais para o calor indiano. Caso desse certo, o que era uma probabilidade bem pequena, seriam quatro horas de viagem até Pune. O problema era, eu sabia, que os indianos tendem a minimizar a relação espaço-tempo. "Espere o inesperado", foi o conselho que um veterano me dera na primeira viagem. O táxi demorou duas horas e cinquenta minutos só para sair de Bombaim. Segui suando em bicas, abobalhada pelo cansaço e pelo bafo úmido e pegajoso.

O trajeto entre o aeroporto e a estrada me pareceu bem normal para os padrões indianos. Ou bem anormal para os nossos. Mas nada que pudesse meter medo. O carro, um Ambassador branco, o robusto veículo que aparece nos folhetos turísticos como sinônimo de confiabilidade, avançava tão lento que era como estar parada no meio de uma selva de máquinas enlouquecidas. Todo mundo buzinando ao mesmo tempo, como se aquilo fosse fazer alguma diferença naquele cenário. Entre um veículo e outro, a distância era de centímetros. Talvez milímetros. Por pouco não levei uma cusparada de *paan* no meio da fuça. O motorista do tuk-tuk ao lado lançou, eu recuei e a massa sangrenta manchou de vermelho a lataria reluzente do nosso Ambassador. Os dois motoristas trocaram insultos. Soava como insultos. Pela janela, gritei na direção de um homem que fritava samosas praticamente no meio da pista. Ele correu, jogou duas samosas quentinhas enroladas no *Hindustan Times* no meu colo, arrancou as moedas da minha mão e voltou trotando para o panelão de gordura preta. O lado bom de ficar presa num engarrafamento indiano — engarrafamento é maneira de dizer, pois o trânsito indiano não para, move-se organicamente — era que havia um monte de coisas para ver. Não há o menor limite para a falta de regras. Capacete, por exemplo, ninguém usa. Havia centenas, milhares de motocas nos rodeando. E nenhum capacete. Não deviam nem estar disponíveis no mercado. A internet chegou à Índia antes do capacete. Lakshmi dormia, com a cabeça pendendo ora para a frente ora para trás, a boca entreaberta, alheia a tudo o que acontecia à nossa volta. Ela trabalhava numa multinacional de softwares e vivia num país sem capacete. E isso não fazia a menor diferença. A quantidade de pessoas por veículo era outra coisa espantosa. Parou bem na minha janela uma moto carregando uma família inteira: pai, mãe, quatro crianças, duas no motor, uma entre o pai e a mãe, e um bebê no colo da mãe. E a mãe ainda estava de sári, sentada de lado, como uma dama antiga.

Fiquei com a impressão de que seria possível passar o resto da vida no trânsito de Bombaim e jamais parar de se surpreender. As vacas pareciam em transe, cruzando de um lado para o outro como se estivessem num pasto, cientes da sua condição sagrada. Os carros e afins que desviassem. Passaram por nós: um jovem bonito, metido em um elegante *kurta pajamas*, branco bordado de ouro, transportando na garupa uma garota coberta por um sári negro inteiramente trabalhado com fios dourados; uma mulher gorda, muito gorda, acomodada em um sári cor-de-rosa, agarrada ao marido franzino, de bigodinho bem-aparado. Três muçulmanas trajando burcas, empoleiradas em uma scooter; um motorista de *tuk-tuk* envergando um gigante e majestoso turbante vermelho, minuciosamente enrolado, formando perfeitos gomos. Caminhões enfeitados. Tudo tinha cor. Uma explosão de cores. Quem se entediaria?

Quando o Ambassador afinal ganhou a estrada, o ar ficou mais fresco, e a paisagem, mais amena. Eu precisava fazer xixi, comprar uma água, respirar. O motorista, Sanjay, me garantiu que havia um restaurante maravilhoso logo à frente. Uma hora depois ele estacionou. Não parecia um restaurante. Era uma estalagem, com panelas de chai fervendo, masala no ar, gordura no ar, e gente, muita gente. Meu primeiro banheiro! Lá estava ele! Mas eu estava preparada. Tinha o meu pacote de lenços umedecidos. Entrei. Como me trocar ali? Dentro de um dos cubículos cheirando a merda, com água encharcando as botas, sem encostar em nada, consegui realizar as duas tarefas: fazer xixi e trocar o jeans por um vestido. A vida melhorou bastante. Não consegui comer nada. As samosas incharam dentro de mim. Enquanto eu esperava Lakshmi se abastecer, fui dar uma caminhada para esticar as pernas.

Numa árvore solitária, havia um espelho com moldura laranja, uma cadeirinha na frente e uma placa pendurada num galho: *Beauty Parlor*. O barbeiro estava lá, com o bigode preto reluzente, os cabelos avermelhados pela hena, a pele cor de azeitona preta, de cócoras no seu estabelecimento, esperando o próximo freguês. O mais informal salão de beleza do mundo.

Booooooooom dia, Índia!

Era bom estar de novo na Índia. Não saberia explicar por que era tão bom. Era bom. Onde mais eu encontraria tanta estranheza, tanta simplicidade? Fui tomada de uma excitação, uma vontade plena de mergulhar. Porém, sabia: demoraria algum tempo para que conseguisse sair do papel de espectadora espantada. Eu precisaria atravessar a arrebentação para nadar em águas menos turvas. Tomar uns caldos, afundar, submergir e então, só então, dar algumas braçadas.

Chegamos à Pune com o entardecer cobrindo o caos. Despedi-me de Lakshmi. Oswaldo me recebeu. Eu não conhecia Oswaldo e Oswaldo não me conhecia. Ou melhor: éramos amigos de Facebook. Amigos íntimos, afinal, nos últimos meses, trocamos diversas mensagens, vimos fotos um do outro e curtimos coisas que um ou outro postou. Oswaldo era gaúcho e estava na Índia havia quatro anos. Tal como Lakshmi, trabalhava numa empresa americana de desenvolvimento de softwares. Pune está cheia delas, as multinacionais de tecnologia. Ele me recebeu com um sorriso largo. Eu descobriria depois: Oswaldo nunca tirava aquele sorriso do rosto. A Bhau Patil Road, onde ele morava, era uma avenida larga, com duas pistas separadas por um canteiro — ou uma tentativa de canteiro. Não dava para saber se estávamos numa área nobre ou numa favela, as duas coisas se misturavam. Oswaldo vivia num conjunto de prédios gigantes, sem nenhum esforço arquitetônico. Subimos até o sétimo andar e adentramos um apartamento amplo, com piso branco, sem mobília.

— Gosto de ter pouca coisa, eu me mudo muito — ele se desculpou, levando-me para um quarto onde os únicos móveis eram uma mesa com uma foto do seu guru, o Swami Dayananda, e um colchão comprado de véspera para me receber.

Naquela noite, jantamos num restaurante *maharashtra* típico. Eu não comi muito. Estava no país havia poucas horas e já tinha enjoado da comida. O cheiro da *masala* estava em tudo. Até a poeira cheirava masala.

Depois do jantar, caminhamos pelas beiras das ruas sem calçadas, tropeçando em lixo, desviando dos vendedores, dos porcos, das vacas, dos cachorros, dos mendigos, das pessoas, das bicicletas, dos tuk-tuks. Era como estar num jogo de videogame, cujo objetivo era apenas conseguir seguir em frente. Não há muito o que dizer sobre Pune. Está entre as importantes cidades da Índia, com 3 milhões de habitantes. Na escala de feiura urbana, ocupa um grau intermediário. Não chegava a ser horrorosa. Só feia. À primeira vista, até os olhos se acostumarem, as coisas pareciam sempre as mesmas. Uma portinhola atrás da outra, amontoadas, que vendiam desde remédios até computadores. Já passava das dez da noite e o movimento continuava intenso. E eu continuava, inexplicavelmente, feliz. Propus a Oswaldo caminhar de volta para casa. Ganhamos o jogo, chegamos em casa.

Só conheço dois motivos para se visitar Pune: o Instituto de Iyengar Yoga e o Osho International Meditation Resort. Por esses dois motivos, decidi começar a minha peregrinação por lá. Na primeira viagem, passei mais de um mês na cidade. Aluguei um apartamento com duas amigas, Sarah e Nina. Eu e Nina fazíamos yoga no instituto e nós três frequentávamos a piscina e as meditações do Osho. A iyengar yoga, o método de hatha yoga mais consumido no mundo, ao lado da ashtanga yoga, era um capítulo da minha história. O mestre B.K.S. Iyengar tinha 92 anos e ainda dava aulas. Dessa vez, eu queria entrevistá-lo.

O *ashram* do Osho era uma disneylândia espiritual. O Osho foi o guru que arrebatou multidões nos anos 1960-1970, pregando a liberdade sexual como forma de se atingir a iluminação. Dizem até que foi assassinado pela CIA, por promover orgias tântricas e bagunçar o coreto dos puritanos americanos, onde ele criou uma cidade espiritual no Oregon. Hoje, 21 anos após sua morte, seu *ashram* em Pune virou um resort, com um imenso cardápio de técnicas de meditação, comandado pela Osho International Foundation. Eu queria voltar lá, pelo menos para tomar um banho naquela piscina, a piscina mais linda que eu já vira na vida.

Na manhã seguinte, pulei da cama, ansiosa para rever o passado. Eu não conhecia a região onde Oswaldo morava. Ele me falou que, de *tuk-tuk*, eu levaria meia hora até o Instituto e uma hora até o Osho. Tomei um chai no *Chaiwalla* do outro lado da avenida. Antes, claro, tive que atravessar a avenida. Fiquei ali parada algum tempo até criar coragem para seguir adiante. Não havia sinal de trânsito, nem faixa de pedestres, óbvio; e a travessia representava um ato de habilidade, bravura e confiança. O vendedor de chai ria da minha incerteza quando, enfim, consegui me sentar numa de suas mesas enferrujadas. Ele lavou o copo numa torneira de rua e me serviu a bebida fumegante. Embora eu não gostasse de masala, e o chai levava masala, eu adorava chai. Nada como começar o dia com um açucarado chai.

Os sentimentos mudam e a gente só se dá conta ao rever o inimigo. Quando me encaminhava para o ponto dos motoristas de *tuk-tuk*, eu percebi: não mais os odiava. Eu agora estava do lado deles. Afinal, tivesse eu que ganhar a vida daquele jeito, também passaria a perna nos turistas, barganharia até o último centavo, falaria *indoglês*. Talvez não mascasse o *paan*. O *paan* era repugnante. A baba vermelha, os dentes manchados. Acho que o meu ódio se transformou em compaixão quando li *O tigre branco*. As palavras do Aravind Adiga ressoaram. Ele estava falando dos motoristas de riquixá — e não de autorriquixá. Mas, no fundo, a merda era — quase — a mesma, com apenas um motor como upgrade: "Homens magros, parecendo umas varetas, encurvados no selim de uma bicicleta, pedalando para transportar uma carrocinha, que leva um monte de carne de classe média."

O primeiro da fila dos motoristas era um homem magro, parecendo uma vareta... E já estava velho — ou parecia velho. Vestia uma roupa encardida, abriu um sorriso sangrento e fez um sinal para eu me acomodar.

— Model Colony, *please* — pedi, cheia de gentileza.

Model Colony é o bairro do Iyengar Yoga Institute.

— Cento e cinquenta rupias — ele disse.

— Cem — retruquei, sem muita disposição para barganhar.

— Ok, ok, ok.

E o diálogo seguiu:

— *Country name?*

— *Brazil.*

— *Hot country?*

— *Hot.*

— *Good food?*

— *Good.*

— *Chapati?* — ele me perguntou, referindo-se ao pão indiano, uma massa fina e circular, como um disco de farinha de trigo.

— *No chapati.*

— *Masala dosa?* — indagou, falando de outro prato popular da culinária indiana.

— *No masala dosa.*

— *No good country* — o senhor simpático concluiu.

— *You, Pune?* — perguntei, desviando o assunto da culinária.

— *Me Pune, 30 years tuk-tuk.*

— *Traffic crazy, no?*

— *No crazy. Traffic good. India good.*

Saltei na porta do instituto feliz da vida com o meu indoglês. Não havia perdido a fluência. A casa do B.K.S. Iyengar era uma construção sólida, de três andares, amplas janelas, pintada de bege, com figuras do mestre em posturas esdrúxulas esculpidas nas paredes. Tudo estava igual. O porteiro era o mesmo bigodudo. Ele não me reconheceu. Eu, no entanto, disse "bom dia", como se tivesse estado lá no dia anterior. Entrei. Tinha muitas memórias daquele lugar. Eu e Nina vivíamos tomando broncas. Éramos avoadas demais para a rigidez e a austeridade da escola. Um dos meus maiores problemas consistia em acertar a ordem dos salamaleques ao cruzar com um dos mestres: abaixar, tocar os pés, levantar, juntar as mãos em prece, dizer "namastê". Não bastaria um "bom dia, boa tarde"? Não, não bastava.

Lembro-me de um dia especialmente memorável, Nina e eu, sentadas diante de Mr. Pandurang, o Pandu, o secretário-geral do instituto, ouvindo um sermão cantado aos gritos. Tínhamos infringido a regra máxima: abordamos Geeta Iyengar, a filha do Iyengar, enquanto ela fazia o *puja*, as orações da tarde, no jardim. Queríamos dicas de posturas para problemas de saúde específicos, perguntamos, ela respondeu simpática. Minutos depois, éramos chamadas à secretaria e ameaçadas de expulsão.

Dessa vez, eu precisava mais do que apenas frequentar as aulas. A entrevista, eu queria a entrevista. Adentrei o prédio já com sorriso e discurso armados para derreter Mr. Pandu:

— Mr. Pandu, lembra de mim? — fui logo perguntando.

Ele estava sentado à mesma mesa, no mesmo salão da recepção, no andar térreo. Nos dois andares superiores, ficavam as salas de aula. E, no porão, a imensa biblioteca onde Guruji passava as tardes.

— Brasileira? — ele sorriu, para a minha mais grata surpresa.

Mr. Pandu era notório pela cara amarrada, pelo mau humor crônico. Mas me convidou para um chai.

— Depois de amanhã, quatro horas, na biblioteca. Não chegue antes nem depois. Chegue na hora — ele disse, ao final da conversa, e me enxotou.

Uma das missões, complicada em termos de logística, de uma pessoa que não gosta de comida indiana na Índia é descobrir lugares que servem refeições não indianas. Os viajantes, hordas, seguem uma rota. No verão, sobem as montanhas. No inverno, vão descendo, até chegar ao sul. As cidades e vilarejos pelos quais passam são praticamente os mesmos, portanto providos de um mínimo de estrutura. A estrutura que eu buscava. Em Pune, o reduto é o Koregaon Park, onde fica o *ashram* do Osho. No entorno, tem até café. E eu queria um café, um bom café, café de verdade. Nos restaurantes locais, quando servem café, é Nescafé. Nada pior do que Nescafé. Saí do instituto correndo para Koregaon Park. Dessa vez, o motorista do meu tuk-tuk era um rapaz jovem, de camisa vermelha de cetim barato e calça boca de sino de um tecido brilhante amarronzado. Ele ligou o rádio, alto. Enquanto seguíamos em zigue-zague, os hits de Bollywood preencheram meu pensamento. O tuk-tuk era equipado com luzes que piscavam no painel. Um tuk-tuk rave.

Meu destino era a German Bakery. Não existia mais German Bakery. O motorista me largou na porta de uma casa abandonada. Um passante me informou que a confeitaria, outrora o ponto mais animado de Koregaon Park, onde os seguidores do Osho, com suas túnicas cor de vinho, se reuniam, fora bombardeada no ano anterior. Bombardeada? Decidi seguir até o *ashram*. Mais uma vez fiquei paralisada, tentando descobrir um jeito de cruzar a histérica avenida principal do bairro. Um senhor, que estava do outro lado, cruzou para o meu lado da avenida, segurou o meu braço e me conduziu. Não era difícil. A técnica consistia em ignorar e avançar. Talvez fosse essa a única regra do trânsito da Índia: não atropelar os pedestres. Os veículos milagrosamente desviavam ou paravam quando você se mostrava decidido a seguir.

Chegar à rua do resort era como conquistar o paraíso: canteiros ladeando calçadas, árvores frondosas, jardins, construções bem-arranjadas. Antes de caminhar até a guarita de acesso ao *ashram*, no final da rua, comprei uma veste cor de vinho no camelô da esquina. Eram vários os modelos, desde túnicas convencionais até vestidos cheios de pontas, esvoaçantes, que pareciam saídos de *Hair*, o filme. Optei por um estilo mais *Senhor dos anéis*. Um robe com um longo capuz pontudo. Fui recebida na recepção por um espanhol. Não nos conhecíamos. Pelo menos eu não me lembrava dele. Mas ele me deu um abraço tão apertado e prolongado que fiquei na dúvida. Logo me lembrei que os abraços fraternos faziam parte do show. Ganhei vários abraços de boas-vindas. O rapaz me informou que eu teria que fazer um teste de HIV antes de obter a carteirinha de acesso.

— Rapidinho, 10 minutos. Temos um equipamento de última geração.

Tudo bem, eu não tinha pressa e não duvidava do equipamento de última geração. Só havia um problema: eu havia esquecido o meu passaporte.

— Sem passaporte, infelizmente, não posso te ajudar — o espanhol emendou, lançando-me um olhar de compaixão.

Eu não queria compaixão, queria um café. Essa era a parte irritante daquele lugar: os sorrisos beatos, os olhares de compaixão, os abraços constrangedores... O exame de HIV, o ridículo de assumir um lugar no rebanho cor de vinho, nada disso era um problema. Eu já tinha até o meu disfarce de elfo. Fazendo o trajeto de volta, descobri o Dario's, um restaurante italiano, o novo ponto de encontro. Ficava atrás de uma *guesthouse* chique, com um gramado verde envolvendo a construção. Sentei-me numa mesinha sob uma árvore e pedi um cappuccino *double shot*. Comi salada de folhas verdes com queijo de cabra. E consegui o telefone de uma massagista, uma especialista em massagem ayurvédica, segundo me informou o Dario (em pessoa).

A massagista não morava muito longe. Cruzei novamente a avenida histérica. Uma mulher magra, atlética, mulata e bonita me recebeu, vestida de jeans e camiseta. Na sala do apartamento, apenas um colchão no chão, coberto por uma manta colorida, esperando por mim. Ela manipulou o meu corpo, ora me massageando com uma mistura de óleos, ora me esticando, abrindo as minhas articulações com precisão. Aquilo era melhor do que um orgasmo. Um orgasmo de duas horas de duração pela bagatela de 15 dólares.

— Você não é da Índia, é? — perguntei, enquanto me vestia.
— Não, sou da África, da Eritreia. Vim para cá há vinte anos, estudar.
— E resolveu ficar?
— Não resolvi, fui obrigada pela guerra civil. Ia e voltava. Depois não tinha mais para onde voltar.
— Você não gosta da Índia?
— Gosto. Mudou nos últimos dez anos...
— Por quê?
— Agora os indianos querem ser ocidentais. E os ocidentais querem ser orientais.
— Como assim?
— Os europeus buscam espiritualidade. E os indianos querem carros, eletrônicos, calças jeans... Muito engraçado.

Já passava das seis da tarde, e o estouro de boiada vivia o seu apogeu. Fiquei um bom tempo esperando um *tuk-tuk* vazio. Desejei ter uma daquelas máscaras de médico. A poeira acumulava nas minhas narinas, me fazendo espirrar sem parar. Foi então que dois garotos de menos de 20 anos resolveram me ajudar a arrumar um transporte. Falavam até bem o inglês e estavam vestidos à moda do motorista de *tuk-tuk* que eu pegara mais cedo, uma coisa *seventies*. A conversa começou com as quatro perguntas fundamentais, repetidas por todos os jovens — e também os não tão jovens — para introduzir um diálogo: "Qual o seu país?", "Quantos anos você tem?", "Qual o seu nome?", "Você é casada?". Quando respondi que não, que não era casada, eles se entreolharam, com certa pena de mim, e lançaram a quinta pergunta do manual para conquistar ocidentais solteiras: *"Do you like sex?"*

A prolífera conversa seguiu com a minha gargalhada ecoando e um *tuk-tuk* surgindo milagrosamente.

Planeta Osho

A bermuda jeans era Dolce & Gabbana; a camisa, uma Lacoste rosa; e nos pés, espadrilhas xadrez. Tinha um rosto perfeito. Se Dorian Gray fosse de carne e osso, teria aquele rosto delicado, aqueles lábios carnudos e vermelhos, aqueles olhos grandes cor de mel, aqueles cabelos finos e louros, aquele corpo esguio e andrógino. Eu não conseguia tirar os olhos do rapaz. Ele se mantinha de cabeça baixa, brincando com as pulseiras. Dezenas delas, de cobre. Estávamos ambos numa situação insólita: aguardando, sentados na recepção do Osho Ashram Meditation Resort, o resultado dos nossos testes de HIV. Fomos chamados ao balcão ao mesmo tempo: "soronegativos", revelaram os olhos sorridentes do sujeito atrás do balcão. Dorian fez a carteirinha primeiro. Eu, em seguida. Pagamos mil rupias pelo passe do dia (custava 250 rupias em 2006) e penetramos, lado a lado, na Disneylândia espiritual.

O resort do Osho ocupa um terreno de trinta hectares. São três complexos, entremeados por jardins bem-cuidados, muito verde, enriquecidos por árvores centenárias. Tudo é lindo, confortável, arquitetonicamente luxuoso, minuciosamente desenhado para o gosto ocidental. A piscina é de azulejo negro, o que a torna um lago, com a água escura e cristalina. O *ashram* parece um hotel cinco estrelas pousado em terra arrasada. No caminho até a tenda onde se reúnem os novatos para uma palestra introdutória, a fauna oshiana foi se materializando na minha frente. Num dos gramados, guiados por um senhor de longas barbas, vestido, como eu, à moda *Senhor dos anéis*, só que com robe preto e faixa branca na cintura, vi uma turma linda e loura praticando a whirling meditation. Ah, como eu adorava a whirling meditation! Era uma coisa que lembrava os dervixes da Turquia. Consistia em rodar sobre o próprio eixo.

Dorian Gray continuava arrastando as espadrilhas ao meu lado, calado, blasé:

— Por que você está aqui? — perguntei, tentando puxar assunto.

— Por que não? — ele retrucou, com sotaque francês, sem render muita conversa. Forneceu informações básicas: chamava-se Arthur. Nasceu no sul da França, tinha 25 anos, estudou filosofia e teatro em Paris e era a primeira vez que viajava pela Índia. Pretendia ficar seis meses.

Sob uma tenda branca, no complexo principal, cerca de trinta pessoas aguardavam a iniciação no planeta Osho. Oito eram indianos. E o restante, aparentemente, da Europa. Muitos escandinavos. A coisa começou esquisita. Um israelense e uma japonesa se apresentaram como instrutores. A palestra introdutória tinha um nome babaca: *Welcome Morning*. E os instrutores falavam com aquela entonação de compaixão infinita dos muito espiritualizados.

Após a conversa, convidaram-nos a bailar. Da caixa de som, eclodiu uma música new age, tipo Enya. Como todos, eu me encolhi perto da parede. Não poderia ser vista naquela situação, pagando aquele mico. A impressão que eu tinha era de que o mundo inteiro me assistia; fui acometida de uma espécie de Síndrome de Big Brother. Não sei o que aconteceu no meio da história, pois fomos encorajados a fechar os olhos, mas a balada Enya transmutou para uma balada Café del Mar. Até reconheci o CD, pois sou do tempo em que Ibiza era cool: *Buddha Lounge*.

De soslaio, vi a galera se jogando na pista, performática. Inclusive o Dorian Gray. A música parou.

— Todas as técnicas de meditação que vocês vão conhecer aqui foram desenvolvidas pelo mestre com o intuito de quebrar os padrões, libertar as tensões e liberar as emoções suprimidas — o israelense explicou, caprichando na compaixão.

Ele nos informou que faríamos ali, na *Welcome Morning*, uma degustação de tipos variados de meditação. Ou seja, sua colega japonesa iria demonstrar e deveríamos acompanhá-la. Normalmente, as meditações do Osho duravam uma hora. Como se tratava de uma degustação, seriam apenas 15 minutos para cada técnica e só algumas das técnicas seriam apresentadas: *pocket-meditation*! No cardápio, o Osho Resort contava com cerca de 14 técnicas diferentes, de meditação sufi a meditação budista. A mais famosa — e imprescindível, como frisou o israelense — era a meditação dinâmica, praticada por todos os seguidores do guru.

Cinco passos: 1) respirar vigorosa e desordenadamente, forçando a exalação com movimentos frenéticos do corpo. Ao final, a sensação foi de embriaguez, provocada pela hiperventilação; 2) dançar, gritar, rolar no chão, fazer o que der na telha, sem se preocupar com o vizinho. Todos estavam na mesma embaraçosa situação; 3) com os braços levantados, saltando como macacos, repetir o mantra hoo. Tipo: *Hoo! Hoo! Hoo!*. Em alto e bom som; 4) congelar, na posição que estivesse; 5) dançar, ao som de uma música suave, sem regras. As mudanças de estágio foram marcadas pelo som de um gongo. No fim de tudo, parecia que eu tinha corrido a São Silvestre, jogado um balde de estresse para fora.

Intervalo para o cafezinho. Conheci Miguel, de 42 anos, um espanhol de Málaga, muito simpático, com feições e dureza de campesino:

— Você já veio aqui ou é a primeira vez? — eu perguntei, enquanto botávamos açúcar no chá e nossos cotovelos se encontravam.

— Não. Li um dos livros do Osho, há uns cinco anos. Desde então planejo vir.

— Tá feliz?

— Muito. Acho que eu sempre me senti um peixe fora d'água.

— É?

— Málaga é um lugar simples, de gente do campo. Minha inquietação nunca coube naquele lugar.

— O lugar era pequeno ou sua inquietação era grande?

— Não brinca, não sei explicar. Inquietação, sensação de que é possível ir além desse corpo.

— E o que você espera encontrar aqui?

— Vou ficar quarenta dias e ver o que acontece.

Osho morreu em 1990, aos 59 anos. Foi um guru fora dos padrões. Nos anos 1960 e 1970, era idolatrado, seguido por milhares, em todo o mundo. Pregava a liberdade sexual, falava de dinheiro sem pudor, andava de Rolls Royce (chegou a ter 93 deles) e vivia cercado de belas mulheres. Defendia a ideia de que ninguém estaria livre do "sistema" se não se libertasse sexualmente. A repressão sexual seria a mais eficiente forma de dominação. Palavras dele: "O sexo é o instinto mais poderoso no ser humano. Os sacerdotes entenderam isso desde o princípio."

Osho mantinha dois impérios, um em Pune e outro no Oregon, Estados Unidos. No deserto americano, criou uma cidade chamada Rajneeshpuram. O discurso libertário — e as orgias tântricas — logo incomodaram o governo americano, que passou a dar batidas constantes em Rajneeshpuram e a perseguir os seguidores do guru, fáceis de reconhecer em suas vestes cor de vinho. Osho voltou à Índia em 1984, expulso dos Estados Unidos. Passou um mês pulando de aeroporto em aeroporto. Nenhum país o queria, nem mesmo a sua terra natal. A propaganda americana o havia transformado em um homem perigoso. Depois de ser rejeitado por 21 governos, conseguiu entrar na Índia, onde ficou até a morte. Corre a lenda de que foi envenenado pela CIA.

A palestra introdutória durou mais de três horas. Exausta, me refugiei à beira da piscina-lago. Fechar os olhos era tudo o que eu queria. Um homem puxou assunto. Vestia uma sunga à Fernando Gabeira; tinha os cabelos grisalhos; a pele bronzeada; o corpo atlético para os seus cerca de 60 anos. Os olhos eram muito azuis. E, pelo sotaque, vinha dos Estados Unidos. De Nova York, ele logo me contou. Seu nome era Moksha, "significa libertação. Foi o próprio Osho que me rebatizou".

Moksha disse que o seu (re)batismo aconteceu em Rajneeshpuram.

— Você morou lá?

— Por muito tempo. Conheci o Osho logo que ele chegou aos Estados Unidos.

— Como ele era?

— Incrível. Olhava tudo por ângulos inesperados. Combatia qualquer forma de dominação.

— Mas a coisa era como dizem as más línguas?

— Ele mudou o rumo de muita gente.

— Aconteciam muitas surubas?

— Sexo tântrico. Dias e dias transando em grupo. É extremamente forte, tudo vem à tona, todos os seus monstros.

— Ainda rola?

— O quê?

— O sexo tântrico.

— Não. No início dos anos 1980, Osho suspendeu essas práticas. A Aids e a histeria... Mas nunca foi apenas isto: sexo.

— O que mais?

— Osho era um homem ultrainteligente. Sabia que um ocidental não seria capaz de se sentar e contemplar. Era preciso criar técnicas de meditação dinâmicas. O objetivo sempre foi ensinar a meditação.

— Você vem sempre aqui?

— Claro, todos os anos, é o meu resort de férias.

O papo estava bom, mas eu estava irritada. Queria dar um mergulho e não podia. Eu não tinha um biquíni vinho. Até na piscina exigiam a cor do sangue de Jesus. E ainda havia outras regras mais irritantes. No café, no restaurante, na livraria, na biblioteca, no spa, na loja, só podia se usar o *osho-money*, que você adquiria ao entrar. Se por acaso gastasse mais do que o previsto, precisaria fazer todo o caminho de volta à recepção. Meu volume de *osho-money* não era suficiente para comprar um biquíni. Cortei o assunto com meu novo amigo e parti em busca do meu objetivo: um mergulho!

Além do biquíni, fui obrigada a fazer mais compras para entrar no padrão. Depois das sete da noite, os frequentadores eram obrigados a trocar o robe vinho por outro, branco, para o Encontro Noturno da Irmandade do Robe Branco. Era a última rodada de meditação do dia. A primeira era às seis da manhã. Eu também precisei adquirir um par de meias brancas. Para adentrar o T-Zuo, a construção onde estavam as cinzas de Osho e um dos seus Rolls-Royce, onde aconteciam as meditações em silêncio, fazia-se necessário calçar meias brancas.

O lugar mais impressionante do resort era a pirâmide. Era soberana, rodeada por um lago, gigante, revestida de azulejos pretos. Por dentro, era ainda mais gigante, climatizada, com acústica perfeita. Após fazer as compras, desisti do mergulho e fui até lá, *desestressar*. Estava para começar uma das meditações mais concorridas, a *Kundalini Meditation*. Quando entrei, o lugar já estava cheio de vultos de robe vinho. Todos de pé, sacudindo ao som da música. Estendi meu tapete e imitei os demais.

Logo, dois instrutores, vestidos com o uniforme *Senhor dos anéis*, robe preto com faixa branca, iniciaram as instruções: 1) a partir dos pés, tremer o corpo, sem parar, por 15 minutos. Gongo!; 2) dançar livremente, por mais 15 minutos. Gongo!; 3) sentar, fechar os olhos e observar o silêncio e as sensações do corpo por 15 minutos. Gongo!; 4) e, nos 15 minutos finais, deitar e descansar. Gongo!

Uma hora depois saí da pirâmide, levitando. Caminhando ao léu pelo jardim, vi um senhor com um cajado que só podia ser a reencarnação de Osho, a alma penada de Osho: a mesma barba, os cabelos longos, a túnica branca. Ele andava olhando para o chão, como que contando os próprios passos. Eu tinha ouvido falar que o irmão de Osho morava no *ashram*:

— O senhor é irmão de Osho? — eu gritei, um grito que saiu de repente, sem ter sido planejado, sem ter passado pelo cérebro.

O senhor olhou para mim, sorriu e disse que não, que seu nome era Anand. Ele conhecera Osho em Bombaim, em 1974. Era, então, funcionário público. Um dia assistiu a uma palestra do guru e resolveu seguir a "filosofia da liberdade".

— E o que é a filosofia da liberdade?

— A proposta de liberdade verdadeira. Irrestrita. A verdadeira liberdade está na mente. Você pode estar numa prisão e se sentir livre, se sua mente for livre.

O sr. Anand falava comigo e continuava a contar os passos. Aquilo era aflitivo e ao mesmo tempo curioso. Tentei imitá-lo.

— Osho era bacana?

— Muito engraçado. Um piadista. Estudou todas as filosofias a fundo, do cristianismo ao sufismo, do hinduísmo ao judaísmo. E tinha sua própria interpretação, nos ensinava a colher o melhor de cada uma.

Tropecei e quase caí de boca no chão. Não conseguia falar, olhar para o meu interlocutor e contar os passos ao mesmo tempo.

— Quando ele construiu esse *ashram*?

— No ano em que o conheci, 1974.

— Você ainda mora aqui?

— Sim, sou um *sannyasin*.

— E o que é um *sannyasin*?

— É o nome dado a quem dedica a vida ao autoconhecimento, à meditação, ao estudo.

— Eu não entendo o que se passa aqui. Aonde isso pode me levar?

— Dançar, gritar, rir, tudo isso é um começo, para que as pessoas se soltem, se desprendam daquilo que conhecem como sua personalidade. Quando você se coloca numa situação em que se acha ridícula, está cutucando, amansando o seu ego. À medida que a pessoa avança na prática, ela não precisa mais de nada disso. Eu não preciso.

— O que você conquistou?

— Paz. Acontece quando os desejos cessam.

Fui fumar um cigarro com a palavrinha na cabeça: PAZ. O Smoking Temple, como era chamado o canto reservado aos fumantes, estava cheio. Duas meninas conversavam e eu me escorei ao lado delas. Logo já havia sido tragada pelo diálogo surrealista. Uma delas se chamava Anna. Era russa. Incrivelmente bonita, com os traços do Leste Europeu bem marcados. A outra vinha do Canadá, uma loirinha sem graça. Não consegui saber o nome dela. No momento, estava sem nome.

— Você já recebeu o seu nome de *sannyasin*? — a canadense me perguntou.

— Não, estou só de passagem. Qual o seu nome?

— Estou em dúvida de como quero me chamar. Eles me deram duas opções — ela explicou.

Como o assunto parecia sério, engoli o riso e me mantive compenetrada.

— Quais?

— Não quero dizer, quero que a melhor opção se revele para mim.

— Mas a gente podia dar um palpite, sei lá.

Ela ignorou a minha sugestão. Estava crente na revelação por vir.

— Eu não quero mudar meu nome — Anna me salvou.

— Eu quero. Quero renascer. Sinto-me já transformada. Não vou explicar porque não há explicação. Este lugar é sobre a não mente, portanto a não racionalização — a canadense filosofou.

— Só me diga uma coisa: isso que você está sentindo é bom? — perguntei.

— Claro que é bom. Você também vai sentir — ela afirmou. E continuou, convicta: — Todos os gurus têm algo a ensinar. Você só precisa encontrar um que fale com você. Osho fala comigo.

Haveria uma "degustação" de um curso que aconteceria nas três noites seguintes. E, juntas, seguimos para lá: eu, Anna e a Sem Nome. O curso se chamava *Tantra Waves*. Uma mulher loira com sotaque alemão nos recebeu. Já passava das cinco da tarde. Eu só pensava no trânsito que enfrentaria para voltar. Por que eu não me hospedara no resort? Cerca de sessenta pessoas se encontravam sentadas em círculo. Mulheres de um lado, homens do outro. A mulher loira introduziu o assunto:

— O tantra, para o nosso mestre, era mais uma forma de meditação, de penetração no silêncio. Nós vamos manter os nossos robes, não vamos ficar nus, para criarmos uma atmosfera segura. Quero que vocês entendam o poder da troca de energia, como essa troca pode conduzi-los à meditação.

Por três horas, trocamos energia. Não sei como fui parar nos braços do Dorian Gray. Ficamos nos esfregando, respiração pesada. A voz da professora germânica soando a distância, abafada, dizendo qualquer coisa sobre separar a sua energia da energia do outro para depois aprender a juntá-las. E rolei para os braços de outro. E, depois, outro. Saí dali — quase — correndo.

— Bhau Patil Road, plisssssssssss — solicitei ao *tuk-tuk* que encontrei, por um golpe de sorte, na porta do *ashram*.

A noite já se instalara sobre Pune. Percorri o caminho até o apartamento de Oswaldo pensando na descrição de Geoff Dyer para um dos personagens de *Jeff em Veneza, morte em Varanasi*. Fazia frio, muito frio. Pune tinha clima de deserto naquela época do ano, dias febris e noites glaciais.

Havia algo na expressão de plenitude dos olhos de Ashwin que me fazia pensar em altas doses de Prozac ou Zoloft. O amor que o preenchia (genuíno, absoluto, incondicional, elogiável, revigorante) era tudo o que havia entre ele e o colapso nervoso que, assim como a noite nos quadros de Ackerman, estava à espreita.

O encontro

Em 2001, eu estava em São Paulo quando uma luz se apagou. Blecaute! Breu! Não conseguia dormir, nem ficar acordada. Nas horas em que tinha que estar dormindo, passava em claro, amedrontada pela possibilidade de nunca mais dormir. Durante o dia, vagava feito zumbi, as olheiras confirmando o negrume do meu estado de espírito. A sensação era de, a qualquer momento, soltar o fio terra. Bati o carro duas vezes. Não conseguia mais escrever. Não conseguia ler. E, pior, não conseguia dividir o peso com ninguém. A confusão interna era tão grande que me fechei, virei uma ostra. O mundo lá fora — e eu trancada em mim.

Os motivos que me levaram ao naufrágio eram muitos, um acúmulo de motivos que não vem ao caso. Frequentei de homeopatas a psiquiatras. Quase um ano de peregrinação. Um dia alguém me indicou um médico chinês, muito afamado na cidade. Fui vê-lo. Ele atendia em um consultório de dezenas de metros quadrados, nos Jardins. Assim que entrei na sala, sem muita conversa, tomou o meu pulso. Ficou ali, segurando o meu braço, por um tempo que me pareceu interminável. Eu vivia em um estado de ansiedade tão grande que não conseguia ficar parada. Se sentava, logo queria me levantar. Se saía para a rua, desejava estar em casa. E o senhor de olhos puxados e camisa elegante não parecia ter pressa. Quando, enfim, me soltou, disse:

— Você está à beira de um ataque de pânico, precisa parar. Por que você não medita?

Saí do consultório aos prantos, pisando alto, enfurecida, andando de óculos escuros no escuro da noite pela avenida Paulista. Havia pagado uma fortuna pela consulta para o cara me avisar que eu precisava parar. Isso eu sabia. Era bem óbvio. E meditar? Meditar como? Poucos dias depois, encontrei uma conhecida numa livraria da Vila Madalena. Andava me escondendo das pessoas e foi com muito custo que me virei quando ela falou um "oi, querida". O papo girou em torno do nada, uma indicando livros para a outra, trocando informações sobre restaurantes vegetarianos do bairro. Ela me pareceu muito bem e resolvi fazer um comentário gentil.

— Você está com uma cara ótima — eu disse.

— Estou fazendo yoga, amando. Você devia experimentar — ela retrucou, afirmativa, fitando a minha aparência em frangalhos.

Na manhã seguinte, lá estava eu, na recepção da escola de yoga que a conhecida me indicara. Àquela altura, experimentaria qualquer coisa. A escola ocupava uma casa bacana, também na Vila. Os alunos que circulavam enquanto eu aguardava a minha vez de ser atendida eram bonitos, saudáveis, dispostos, bem-dormidos. Eu tinha pouca informação sobre yoga. Tudo que sabia ouvira nas raves de Brighton, chapada de ácido. Espiei o salão de práticas e não vi nenhum altar, nenhum incenso queimando, nada que pudesse ferir o meu senso crítico. Só achei estranho as cordas penduradas nas paredes, a pilha de blocos de madeira, o cesto cheio de cintos esquisitos. A moça da recepção foi paciente. Ela me explicou que ali se ensinava iyengar yoga, um método criado pelo mestre B. K. S. Iyengar. Ele ainda estava vivo, morava em Pune, na Índia. O professor era alemão, radicado no Brasil, chamava-se Kalidas.

Fiz uma aula experimental e passei a fazer aulas todos os dias. Troquei as outras obsessões, como conferir se o telefone estava no gancho várias vezes seguidas ou abrir e fechar a janela da sala, pela yoga. Às vezes, ia de manhã e à tarde. Enquanto estava me esticando e me contorcendo, minha mente me deixava em paz.

Com o passar das semanas, fui, milagrosamente, me sentindo melhor. Uma aula de iyengar yoga não soava para mim, novata no meio, como aula de yoga. O pouco que eu sabia de yoga era que as pessoas praticavam para relaxar, com musiquinhas new age ao fundo, velas acesas. Ali não era nada disso. Parecia mais um treinamento militar. O professor, com sotaque germânico, gritando pela sala: "Escápulas para dentro", "Contrai as patelas", "Abre os artelhos", "Gira as virilhas internas para dentro", "Cóccix para dentro". Na maioria do tempo, eu nem sequer sabia do que ele estava falando. Eu nunca soube que eu tinha patelas ou artelhos ou escápulas ou virilhas internas ou mesmo um cóccix. Era como descobrir um novo corpo, uma nova forma de respirar. Era sair da mente e visitar o físico. Era meditar.

Três anos depois, final de 2005, após fazer um curso de formação com Kalidas e outro curso de formação na Inglaterra, viajei para a Índia. Sem perceber, havia entrado de cabeça naquele mundo. Tinha deixado de lado o jornalismo, não queria mais fazer aquilo, estava de saco cheio, pronta para me aposentar. Ainda escrevia algumas reportagens e perfis como freelancer, mas só para pagar as contas. O jornalismo se tornara um bico, um bico incômodo. Só queria mesmo ir mais fundo naquela coisa boa que a yoga me proporcionava.

Eu me lembro o momento exato, a primeira vez que o vi. Iyengar estava sentado na recepção do instituto, numa cadeira grande e velha. Vestia uma túnica franciscana bege. Simples, sem qualquer detalhe. Na testa, dois traços desenhados com sândalo, adorno dos seguidores de Vishnu, o deus da manutenção. Um homem grande, forte, ereto, imponente, carrancudo, que não distribuía sorrisos ou afagos, embora as pessoas se ajoelhassem aos seus pés. Parecia em perfeito repouso, inabalável, como o rei Dahfu, o guru de *Henderson, o rei da chuva*, personagem de Saul Bellow: "Havia no rei uma qualidade ou grau de luz superior."

A vida de Iyengar era um épico, uma saga. Nasceu miserável e doente, numa vila no estado de Karnataka, em 1918; enfrentou várias batalhas contra a morte; foi iniciado na yoga por T. Krishnamacharya, o pai da yoga moderna; e tornou-se um dos mestres de yoga responsáveis pela popularização da prática no Ocidente. Em 2004, foi incluído pela revista *Time* na lista das pessoas mais poderosas e influentes do mundo.

Pulei da cama. Soou a voz de Mr. Pandu:

— Depois de amanhã, quatro da tarde, na biblioteca. Não chegue antes nem depois. Chegue na hora. — Depois de amanhã era hoje. Não fiz nada o dia inteiro. Permaneci em modo de espera, sentada na varanda, aguardando a hora de seguir para a entrevista. Eu vi Iyengar várias vezes durante o mês que passei praticando yoga no instituto. Mas falar com ele era outra coisa. Para isso, eu não estava preparada. Cruzei o portão da escola, trêmula, com a garganta seca. Não conseguia me controlar. Antevia um desastre, ele me expulsando porta afora. Tinha fama de maltratar jornalistas. E eu o temia como se teme — sei lá — Deus. Todavia, aconteceu o oposto: os Iyengar me acolheu. Desconfio que tenha pressentido um desmaio e quis evitar transtornos. Não falou nada. Ficou aguardando, com sorriso nos olhos, eu me entender com o gravador. Acabou não acontecendo entrevista nenhuma. Eu simplesmente não conseguia falar, articular pensamentos. Propus quatro temas: tempo, envelhecimento, Ocidente e Oriente, e morte. E o mestre, calmo e visivelmente se divertindo com o meu embaraço, falou:

— Eu não acredito em falta de tempo. Eu acredito em desperdício de tempo. Quando as pessoas dizem "eu não tenho tempo", estão falando o idioma da fuga, do escape. O tempo físico existe. Não existe o tempo mental, o que é muito diferente. A falta de tempo é algo psicológico. Está na mente, na incapacidade de contemplação. Isso é tudo o que tenho a dizer. Não tenho paciência para a frase "eu não tenho tempo".

"O corpo colapsa. Isso é inevitável. É muito estúpido tentar parar o tempo. O corpo é mortal. Digo para os alunos: deixem o corpo fluir na direção natural. Isso é yoga: viver de acordo com a natureza. Os asanas apenas mantêm o corpo alinhado e saudável para que a velhice e a evolução sejam plenas.

"A coisa está meio confusa, não está? Os orientais pensam que podem obter todas as coisas que os ocidentais possuem. E que nelas está a realização. Os ocidentais dizem que nós, os orientais, temos tudo, pois temos a espiritualidade na nossa base social. Vejo desta forma: o Ocidente está alimentado com todas as riquezas materiais que o homem pode sonhar. E agora sente que precisa regressar à natureza. E a natureza é o seu próprio Eu. O Oriente, por sua vez, está sendo escravizado pela mentalidade materialista. Está sob o controle do ideal consumista. Por muitas gerações, não tivemos nada, nem mesmo comida suficiente para todos. E agora, que o chamado progresso está chegando, as pessoas querem tudo, querem consumir. Eu entendo a euforia. Mas tenho certeza de que, aos poucos, os orientais vão sentir a necessidade de voltar para a natureza também, como os ocidentais estão, cada vez mais, sentindo.

"Por que vocês temem a morte? Eu tenho sofrido e enfrentado a morte desde a mais tenra infância. Quando ela vier, eu a receberei com imensa gratidão. Enquanto ela não vem, continuo a viver com alegria. Só é possível assim. Não há o que questionar."

O sadhu e o chimarrão

Toda manhã, Oswaldo tomava seu chimarrão sem pressa. À tarde, trabalhava como tradutor numa multinacional americana de desenvolvimento de softwares. À noite, ouvia música em seu quarto, o único mobiliado no enorme apartamento da Bhau Patil Road, e escrevia coisas elevadas, pensamentos e afins que distribuía para sua rede virtual de seguidores. Nos meus primeiros dias em Pune, Oswaldo me irritava — ah, como ele me irritava! —, protegido em sua capa de humor imperturbável. Dia após dia, o mesmo estado de espírito: bem disposto, de banho tomado, limpinho, arrumadinho, com os brancos dentes à mostra. Quando eu lhe perguntava, por educação, "Tudo bem?", ele respondia: "Claro, meu anjo, estou sempre bem." Oswaldo tinha uma questão pairando no seu plácido mundo: ser ou não ser... sadhu!

A história de Oswaldo era representativa de um tipo clássico entre os viajantes da Índia. Ele carregava A Certeza. Encontrara, ali, em meio a 1,02 bilhão de almas, nos escombros de uma civilização carcomida pela pobreza, O Caminho da Verdade. Foi assim: nasceu no interior do Rio Grande do Sul, fronteira com o Uruguai, em 1973. Estudou filosofia e administração de empresas em Santa Maria. No alvorecer da juventude, aos 25 anos, partiu para a Finlândia, para trabalhar numa multinacional de engenharia, dedicada ao ramo das energias renováveis.

— Talvez o meu primeiro e inexprimível choque cultural. Pega o Brasil, vira do avesso e você cai na Finlândia — ele comentou, certa noite em que conversávamos em seus aposentos, ouvindo Facundo Cabral, o cancioneiro dos pampas. — Existem certos estereótipos e condicionamentos que regem a nossa sociedade que inexistem na Finlândia. As pessoas respeitam a individualidade.

Naqueles anos escandinavos, Oswaldo não sabia o que era um *sadhu*. Um *sadhu* abdica da vida ordinária para se dedicar ao estudo dos textos sagrados e às práticas do hinduísmo. Na Índia, faz parte da tradição religiosa saltar da locomotiva para centrar forças no objetivo mais nobre da passagem do ser humano por aqui: a Iluminação. Costumava ser o quarto estágio na vida de um homem. Primeiro, o estudo. Depois, o sustento. Em seguida, formar e prover uma família. E, quarto, abandonar a vida material para se entregar ao ascetismo. Os *sadhus* são considerados homens santos. Existem cerca de 5 milhões de *sadhus* na Índia.

— Meu objetivo de vida era uma carreira executiva. Gostava de participar de organizações, fazer a máquina mover, gerar empregos... No meu quarto mês na Finlândia, já comecei a viajar pela empresa. Minha função era analisar mercados.

Oswaldo tinha a vida que um jovem executivo sonha. Viajou por toda a Europa, pelo Oriente Médio, pelas Américas.

— Eu passava 11 meses por ano viajando. Não me alimentava direito, vivia em jet lag. Eu bebia, comia carne. Emocionalmente, a vida de executivo é muito desgastante.

Um dia, Oswaldo recebeu uma proposta para trabalhar no México. Uma empresa francesa estava desenvolvendo um projeto de energia eólica no sul do país.

— O México é fascinante, admirável. Uma riqueza cultural, histórica e espiritual vasta. E o povo mexicano? Uau! Me apaixonei. Fiquei dois anos no México, fiz grandes amigos e tive acesso a leituras que me despertaram questionamentos.

Aos 30 anos, Oswaldo se descobriu um profissional muito bem-sucedido e um homem insatisfeito.

— A leitura me brindou com lucidez. Parei: "Poxa, eu tenho 30 anos. Será que vou passar o resto da vida assim?". Comecei a me questionar.

A virada foi radical. Ele pediu demissão, comprou um sítio na serra gaúcha e resolveu que tiraria um ano sabático, para pensar na vida.

— Passei um ano lá, lendo, estudando, escrevendo. Conheci pessoas interessantes, íntegras, com conhecimentos profundos, onde existia a coerência entre o estudo e a maneira de viver.

A essa altura de sua história, entra em cena a Índia. Enquanto ele contava a saga, nós comíamos peras e maçãs. Oswaldo se alimentava basicamente de frutas, iogurte, cereais e chimarrão. Passei quase duas semanas na casa dele. Aos poucos, minha implicância com o seu jeito foi amainando, transformando-se em amizade. Tudo bem, ele era um chato. Eu não podia cozinhar nenhum tipo de carne. E eu adoro peixe. Não podia fumar nada, nem um honesto cigarrinho. Mas era bom de conversa. A primeira vez que pisou na Índia foi em 2006, atraído pela Sociedade Teosófica, com sede no sul do subcontinente.

— Não deu certo na Sociedade Teosófica. Surgiu a ideia de estudar Vedanta.

Na busca por um guru, encontrou Swami Dayananda, um dos mais ilustres mestres de Vedanta da Índia. Vedanta é o estudo dos Upanishads, a última parte dos Vedas. Seu *ashram* tem duas sedes, uma em Rishkesh, no norte do país, e outra em Coimbatore, ao sul. Oswaldo foi para Rishkesh para um curso de 15 dias.

— Minha primeira reação foi de rejeição. Achei tudo exagerado, beirando o surreal: a idolatria ante o guru, uma aparente cegueira diante das doutrinas, ensinamentos, ritualística... Tudo muito rígido, estruturado.

Com companheiros do Brasil que também faziam o curso e uma turma de indianos, Oswaldo partiu para um casamento em Nova Déli. No caminho, fez-se a luz:

— Fui conversando com um senhor. E ele foi me respondendo todas as perguntas de forma muito lúcida, sistemática. Sugeriu que eu voltasse para o *ashram*, para ficar mais um tempo e estudar o último texto que o Swami ensina no curso de três anos. O Brahma Sutra é um texto elaborado. Ele iria ensinar esse texto pelos próximos três meses. Vedanta trabalha com três coisas: Diva, o indivíduo; Jegha, o mundo; e Ishavara, Deus. A visão do Vedanta é revelar que apesar da aparente distinção entre esses três pontos tudo é uma coisa só.

Todas as noites eu me aboletava na cama do Oswaldo, com o meu prato de peras e maçãs no colo, e puxava conversa sobre a filosofia védica. Ele se sentava na cadeira da escrivaninha. E, ao mesmo tempo que discorria sobre o seu tema favorito, escolhia músicas no laptop. Tinha, porém, uma coisa no Oswaldo que continuava a me irritar. Não é exatamente irritar. Mexer um nervo errado. Acho que era a arrogância inconsciente — ou não — dos que têm tanta Certeza. O cara tinha uma certeza danada da coisa. E sabia tudo na ponta da língua, todas as teorias:

— Os Vedas são divididos em duas partes. A primeira descreve tudo relacionado ao nosso mundo dual: estrutura social, estágios da vida, política, astronomia, medicina, saúde, arte da guerra. Daí vem o sistema de castas, por exemplo. A medicina ayurvédica também. A ritualística védica é imensa.

Trata-se de uma enciclopédia sobre a vida sociopolítica e econômica. A outra parte são as Upanishads — ou Vedanta —, cujo objetivo é revelar a existência de toda a manifestação sob uma perspectiva não dual. O que é uma perspectiva dual? Nós dois, aqui, somos um exemplo. Eu, sujeito, estou falando contigo, objeto. Tudo o que não é sujeito é objeto. Quando você se refere a si mesmo fala sempre "eu", considerando que seja mentalmente sã. Mas, pela perspectiva do Vedanta, só existe, de fato, a não dualidade.

Na Índia, as pessoas falam dessas coisas como quem fala de futebol.

— Sob uma perspectiva absoluta, só existe EU. Então o Vedanta só fala do Eu. Eu sou Deus. Você é aquilo. O que é aquilo? Aquilo é o Todo. O Vedanta é uma equação. Ele te revela o tu, ele te revela Deus e ele te revela o sinal de igualdade.

Oswaldo achava tudo lógico. E tinha senso de humor, isso eu não podia negar.

— Quando você entende: "Ah, essa outra pessoa, na verdade, sou eu", tu ficas tolerante, aceitas mais. Empatia é algo que tu desenvolves. Na Índia podemos testar isso com motoristas de *tuk-tuk*. Quando você conseguir com eles, é porque já é Ph.D.

Na primeira esticada, Oswaldo ficou sete meses. Voltou ao Ocidente e instalou-se na Espanha. E, seis meses depois, decidiu fazer o caminho de volta para o Oriente. Vivia na Índia fazia quatro anos. Nos dois primeiros, morou no *ashram* do Swami Dayananda, em Coimbatore. Por tratar-se de um lugar de estudo e ascetismo, a vida exigia sacrifícios: acordar de madrugada, cumprir vários rituais, estudar dia e noite.... E se abster de sexo.

— Quando a integridade vai tomando conta do cotidiano, você se transforma numa pessoa simples. Uma pessoa simples é aquela sem conflitos, aquela que se desproveu das máscaras. O sábio nada mais é do que uma pessoa simples.

Quando saiu do *ashram* de Coimbatore, subiu para as montanhas, para o *ashram* de Rishkesh. Como não queria mais, pelo menos naquele momento, viver o celibato, estudava de dia e tinha a sua casinha na mata à noite. Ficou por lá até se mudar para Pune, há um ano, para trabalhar. Oswaldo não parecia plenamente em casa. Nunca mobiliou o apartamento da Bhau Patil Road porque preferia estar de malas prontas. Numa noite, ele me confessou:

— Estou pensando na possibilidade de me tornar um *sadhu*.

Domingo

Acordei no meu colchão estendido sobre o piso de cerâmica branca, dei uma boa espreguiçada, ouvi as primeiras buzinas do dia, sorvi o ar empoeirado e malcheiroso de Pune e disse para mim mesma: domingo! Meu primeiro domingo na Índia. Demorei um pouco para me levantar. Fiquei curtindo a perene buzinada, tentando me lembrar de como era o silêncio. Oswaldo já caminhava pela casa. Certamente estaria de banho tomado, cheirando a sabonete, bebericando chimarrão. Pulei da cama, preparei uma xícara de café e fui me juntar a ele.

— Oswaldo, o que é *maya*? — eu perguntei.

Oswaldo soltou uma das suas gargalhadas, pegou o meu braço e me conduziu para o terraço do prédio, 12 andares acima do chão. Lá embaixo, sob a luz encardida do sol envolto em poeira, Pune já chacoalhava.

A realidade é dependente, transitória, temporária. Tudo o que existe na galáxia é isso: dependente, interdependente, transitório e temporário, até as estrelas. Esse é o conceito de *maya*.

A impressão, ao mirar uma cidade indiana do alto, era de que uma guerra estava em curso, como se tudo fossem escombros de um bombardeio.

Arrastei Oswaldo para um passeio. Cruzamos a Bhau Patil Road e entramos em uma espécie de pequena favela, um emaranhado de vielas. Eu estava de ótimo humor e saí distribuindo "namastês" para os mil olhos que nos observavam, como se tivéssemos acabado de descer de uma nave espacial. Olhos de jabuticaba, olhos expressivos, que olhavam sem pudor de olhar. Seguimos para o centro de Pune, o miolo, onde o comércio misturava lojas de grife e *engraxates de orelhas*, uns sujeitos que andavam de um lado para o outro com cotonetes em punho oferecendo o serviço. Comemos samosas. Tomamos chai. Entramos numa loja de doces de todas as cores. Tinha até doce azul. A doceria devia ser muito boa, pois estava lotada. Como bem observou Geoff Dyer, em *Jeff em Veneza, morte em Varanasi*, "a ideia de fila tinha outro significado na Índia, um significado oculto. Não obedecia a nenhuma lógica. Não era uma pessoa atrás da outra, seguindo a ordem de chegada. Nem era uma não fila. O princípio da fila não era totalmente ignorado e também não era absolutamente levado em conta". Logo peguei a manha. Parei na frente de umas pessoas e fingi que estava naquele lugar há várias encarnações. Ninguém reclamou e consegui a minha caixinha de doces rosa, roxos e alaranjados.

Andamos mais. E mais. Sempre jogando o jogo: seguir em frente sem sermos atropelados ou agarrados por algum vendedor ou mendigo. Paramos num Dabha Walla, que, traduzindo, significava comida caseira. Comida caseira era sinônimo de *thali*, o feijão com arroz dos lares indianos: uma bandeja com pequenas cumbucas contendo vegetais ao curry, *dal* (uma espécie de sopa de lentilhas), iogurte e arroz.

Depois de passar a tarde em zigue-zague, fomos encontrar uma amiga do Oswaldo, a Shivani. Ela era uma contradição. Usava roupas ocidentais. Havia se formado em física. Trabalhava fora, na mesma multinacional do Oswaldo. Desdenhava da ritualística hinduísta. Questionava tudo. Mas não largava o osso. Fazia questão de dizer que era da casta do brâmanes. Shivani dirigia por Pune como uma maníaca, o que, na verdade, era normal, pois todo mundo dirigia como maníaco. Tinha por hábito soltar o volante e olhar para trás, para fazer algum comentário.

— Minha avó é tão tradicional que só come o que ela cozinha. Se alguém a toca, toma banho. — O carro subiu no passeio, um homem numa bicicleta se jogou para o lado, um tuk-tuk deu uma leve esbarrada em nós, e retomamos o curso, como se nada tivesse acontecido. — Ela faz duas refeições, uma antes do nascer do sol e outra depois do pôr do sol. Todos os dias confere o calendário para checar se há algum ritual a cumprir. E, claro, todo dia tem um ritual.

Naquele domingo, fomos jantar em um restaurante de comida típica do sul do país. Esperamos mais de uma hora por uma mesa. O garçom que nos atendeu trabalhava ali havia mais de trinta anos. Ele nos contou que, antes da internet, para fugir dos casamentos arranjados, moças e rapazes frequentavam a casa em busca de possíveis pretendentes. O papel do sr. Jamal, o garçom, era levar e trazer informações: casta, signo, sobrenome de família, posição econômica. Caso o currículo fosse compatível, caberia ao rapaz arrumar um intermediário para levar o pedido de casamento aos pais da moça. Ninguém podia saber que já se conheciam. Segundo o sr. Jamal, o Facebook o substituiu nesse papel de alcoviteiro.

A noite terminou em um templo para Ganesha, o deus da sabedoria. Paramos na banca de flores. Shivani iniciou a mais longa barganha que já presenciei. Só tínhamos que comprar guirlandas.

— Pratique a paciência, meu anjo. Elas vão chegar a um acordo. — Oswaldo proferiu, emergindo do silêncio em que se mantinha mergulhado desde que encontramos Shivani, que nunca parava de falar.

O templo estava cheio, embora passasse das dez da noite. Era grande, cercado por jardins e cores berrantes. A imagem do Ganesha ocupava um altar no centro da construção. As pessoas davam voltas em torno dele, no sentido horário. Fizemos o mesmo. Voltamos para casa com Shivani ainda ligada na tomada.

— Todo mundo faz medicina ou ciência da computação. As empresas americanas de software são a única fonte de bons empregos. Estudei física porque gosto.

Havia poucas pessoas na rua àquela hora da noite e Shivani podia dirigir mais rápido, o que elevava o nosso risco de vida.

— Minha família queria que eu fosse médica. Meus pais não me aceitam do jeito que eu sou — ela disse. — Sou moderna. Mas só sou moderna por fora. Por dentro, sou tradicional. É impossível se livrar. Os indianos são sistematizados.

Chegamos em casa. No dia seguinte, eu partiria para Goa. Oswaldo decidiu me acompanhar, nunca tinha ido a Goa, o que parecia inacreditável, já que Goa era destino certo dos viajantes. Estiquei-me no colchão sobre a cerâmica branca. Curti o som das últimas buzinadas que ouviria até o despertar. Traguei a poeira. E me agarrei a *Henderson, o rei da chuva*:

> O medo governa a humanidade. Tem o maior domínio que existe. Faz as pessoas ficarem brancas como cera. Corta cada olho pela metade. Criou-se até hoje muito mais medo do que qualquer outra coisa. Como força modeladora, só perde da própria natureza.

On the way to Goa

— Cadê o ônibus? — perguntei depois de mais de uma hora de espera na calçada imunda.
— Breve, breve, madame! — o senhor de bigodinho impecável me respondeu, balançando a cabeça, com os olhos redondos e negros fixos em mim.

Ele deu a notícia, sorriu e virou as costas. Foi como deixar de existir. A partir daquele momento, para ele, eu não mais existia. Virei um espectro.

— A que horas vai sair? — soltei um grito, um uivo de irritação.

Segundo me informava o tíquete que eu tinha nas mãos, o ônibus para Goa deveria ter saído às nove da noite. Passava das dez. O homem não deu bola para a minha histeria. Ficou olhando para o além. Em *O grande bazar ferroviário*, Paul Theroux fez uma observação certeira, grande lição para sobreviver na Índia: "O estrangeiro sente algo de estranho, porque ainda não aprendeu o hábito indiano de ignorar a evidência e se alienar para preservar a calma."

O ponto de partida dos ônibus para Goa se encontrava apinhado, cheirando a fritura, curry, lixo, perfume barato. Dali saíam ônibus de várias empresas, uma confusão dos diabos. Era véspera do Diwali, o mais importante feriado indiano, também chamado de Festival das Luzes, em que se celebrava a deusa Lakshmi. Estávamos em uma avenida caótica, em frente a um hotelzinho cafona, decorado com neon. Minha cabeça latejava. A paciência era a única virtude capaz de te salvar na Índia. Ou você fazia como eles, alienar-se para preservar a calma, ou explodia. Na noite em questão, porém, não dava. O problema de uma mulher viajar pela Índia era somente um: TPM. TPM e Índia, ao mesmo tempo.

    O dia havia transcorrido como num filme cujo título poderia ser *24 horas na Faixa de Gaza*, sendo a Faixa de Gaza um estado interno. Tudo começou logo após eu depositar o livro de Saul Bellow ao lado do meu colchão e fechar os olhos. De repente, os vidros das janelas começaram a tremer, chacoalhar com uma música que vinha não sei de onde. Tão alta que a sensação era de estar deitada debaixo de uma muralha de caixas de som. O pior de tudo nem era o barulho. Mas a música em si, um trance da pior qualidade, saindo do pior sistema de som da terra. A cacofonia perfurava os tímpanos e fazia os meus nervos se contorcerem. Saltei da cama e fui perguntar a Oswaldo o que era aquilo. Um ataque de terroristas clubbers? Ele estava deitado na cama, lendo, com um fone de ouvido, escutando música clássica.

    — Ah... Eles fazem umas festas nos fins de semana, os garotos. Não se preocupe. Não vai até muito tarde.

    A segunda-feira amanheceu opaca. Quer dizer... não literalmente. O sol brilhava lá fora. Eu estava opaca, inacessível à luz. O dia seria de providências práticas. Eu precisava: comprar um chip para o celular, conseguir um modem para me conectar à internet, achar uma mochila para o computador, sacar dinheiro. Não seria muita coisa se eu não estivesse na Índia. Shivani me pegou por volta das dez da manhã. Só na loja de celulares ficamos mais de quatro horas. Havia tanta gente lá quanto na doceria e a fila era a mesma não fila. Os dois atendentes tentavam satisfazer todo mundo ao mesmo tempo. Um deles pegou meu passaporte para tirar xerox. Sumiu. Devolveu o passaporte. Sumiu. Voltou com uma ficha de cadastro para eu preencher.

Sumiu. Levou a ficha de volta. Sumiu. Trouxe um contrato com a operadora para eu ler e assinar. Sumiu. Entregou-me um recibo para pagar no caixa. Sumiu. Fiquei um tempo indeterminado tentando pagar. E, quando voltei para pegar o chip, o vendedor havia saído para almoçar.

Voltei ao apartamento de Oswaldo em cima da hora. Catamos as coisas e partimos em busca de um tuk-tuk. Era hora do rush. Mais de meia hora para conseguir um e mais de uma hora para chegar ao ponto do ônibus. No site em que compramos as passagens, pediam para que estivéssemos a postos uma hora antes da partida. A questão, então, seria ter adivinhado o horário da partida.

Quase duas da manhã, o ônibus da Paulo's Travel finalmente apareceu. Um amigo de Oswaldo — ou inimigo — havia recomendado a empresa como sendo a melhor. Nós compramos duas camas. Havia uma categoria de ônibus chamada sleeper, diferente do ônibus-leito. Eram beliches, e cada um tinha uma cama. Eu mal podia esperar para me esticar nela. Não levamos em consideração um detalhe, pois não sabíamos desse detalhe. Existiam dois tipos de sleepers: camas para uma pessoa e camas duplas. As nossas eram camas duplas. Bem que eu notara algo estranho. Quando marcamos os assentos pela internet, tivemos que informar se era cama para homem ou para mulher. Ou seja, eu teria que dividir a minha cama com uma senhora gorducha, de sári verde purpurinado. Oswaldo dormiria com um sujeito gordo e arfante. Resolvemos negociar. E, após um vai e vem, muita discussão, mais quarenta minutos de atraso, conseguimos viajar juntos. Porém, viajaríamos na última cama, transversal, sobre o motor traseiro.

— Não, aquela cama, não. Pula, outra cama — eu disse ao motorista.

— Não pula. Estradas Índia ótimas — ele rosnou, abaixando o olhar.

— Óooootimas?

O pessoal do ônibus caiu na gargalhada. Acho que devo ter sido contaminada pela vibração. O meu mau humor se diluiu nas ondas sonoras. Não era uma gargalhada em uníssono. Mas em camadas. Quando a gargalhada de um estava no fim, a de outro começava, como uma cascata de risos. Eu não ouvia uma explosão como aquela havia muito tempo. Não que eu tivesse dito alguma coisa especialmente engraçada. Os indianos riam muito, era outro traço cultural esquecido no fundo da minha memória.

O ar-condicionado estava alguns graus abaixo de zero. Compramos dois cobertores por setenta rupias cada, um dólar e meio, uma pequena fortuna para o mercado. Pouco tempo depois de partirmos, o ar-condicionado foi desligado. Suávamos. O ônibus, numa proporção mais condensada do que os trens, era também um microcosmo da Índia: cheiro de curry no ar, famílias amontoadas em uma única cama, desorganização, solidariedade. Era muito impressionante quantas pessoas podiam caber numa cama e quantas pessoas dividiam a mesma marmita.

Nosso ônibus parou várias vezes durante o caminho. Mas parecia que estávamos sempre no mesmo lugar: grandes lanchonetes decrépitas, onde panelões de chai ferviam para aquecer os viajantes. Resolvi ir ao banheiro na terceira parada. Inesquecível! Não havia compartimentos, mas privadas à moda indiana, enfileiradas. O cheiro de merda me fez recorrer a uma versão terrestre da apneia: prender a respiração e só soltar ao emergir do mergulho na câmara de odores. Enquanto eu me esvaziava das canecas de chai, tentando me equilibrar sem me encostar em nada, uma bunda gorda se descortinou em frente a minha cara. Sem pudor, a senhora levantou o sári e virou o traseiro na minha direção. A bunda chegou tão perto dos meus olhos que enxerguei detalhes sórdidos da anatomia humana. Quando ela, enfim, se agachou, olhou para mim e sorriu, como quem dissesse: "Todo mundo tem bunda, não tem?"

A paisagem indiana naquela parte do país era monótona. Imensas planícies de terra vermelha entravam pela janela. As cidades não eram menos monótonas. À primeira vista, tinham algo de pitoresco. Mas, uma depois da outra, tornavam-se enfadonhas. A monotonia da pobreza: bazares do tipo medieval e arquitetura leprosa.

A primeira vez que eu fui a Goa, em fevereiro de 2005, fui de trem. Parti de Nova Déli. Eu achava que sabia tudo sobre Goa. Na Inglaterra, as pessoas iam a Goa como os mineiros vão a Cabo Frio. Eu tinha até um amigo DJ que gravara dois discos em homenagem à praia: *On the way to Goa* e *Back from Goa*. A imagem de Goa que morava na minha cabeça era uma trilha sonora na batida Café Del Mar. A única coisa que eu não sabia, então, consistia no fato de Goa ser um estado e não uma faixa de areia branca com pessoas chapadas de ecstasy dançando com flores no cabelo e roupas de lurex. Só fui ser informada da novidade no trem.

Dividi a cabine com três pessoas, uma grega e um casal do Cazaquistão. A grega, egressa das raves dos anos 1980, tinha estado na Índia 18 vezes. Sabia todos os truques para uma jornada suave. Ensinou-me coisas preciosas. Bastava um pequeno *baksheesh* (suborno) para fumar haxixe no banheiro, sem que nenhum funcionário do vagão te incomodasse. Para conseguir bebida alcoólica também era uma questão de *baksheesh*. Eu e a minha nova amiga tomamos um porre de vinho barato, embora eu odiasse vinho ou qualquer bebida alcoólica. Passei o dia seguinte de ressaca, enjoada, andando de um vagão para o outro. Um trem indiano era a Índia em movimento. Tudo que acontecia nas ruas acontecia dentro. O caos no diminutivo. Estávamos sentadas na porta (os trens viajavam com as portas abertas), observando a paisagem, tomando chai, quando a grega me perguntou:

— Para onde você vai?
— Goa.
— Mas para onde em Goa?

— Como assim?

— Qual vilarejo?

Um *Lonely Planet*, eu devia reconhecer, tinha um valor inexorável. Mas eu não possuía um. Sofria de aversão aos guias e, somando-se a isso, sofria também de imprecisão geográfica. Nunca fui capaz de localizar nem os países da Europa na cabeça. A grega acabou me carregando com ela para Arambol, ao norte de Goa, onde o meu imaginário se tornou concreto: uma faixa de areia branca, cabanas de estilo neo-hippie uma depois da outra, que, quando a tarde caía, se iluminavam com neon, música chata e lurex.

Estacionamos na praça de Mhapsa, uma das principais cidades de Goa, no fim da tarde. Assim que descemos do ônibus, tonta pelas 14 horas de sacolejos — uma cortesia da Paulo's Travel —, meus olhos se contraíram com a luz do sol e o meu estômago também, com a iminência do início de 24 *horas na Faixa de Gaza* 2. Fomos cercados por um bando de motoristas e vendedores ensandecidos. Éramos puxados de um lado para o outro, com ofertas de tudo. Acabamos praticamente carregados por um garoto mais esperto, que pegou as mochilas e as arrastou na direção de um táxi. O destino era Anjuna, a mais famosa praia de Goa, onde, na verdade, Goa começou. Goa passou por três colonizações: a dos portugueses (de 1510 a 1961), a dos hippies, nos anos 1970, e a dos ravers, nas décadas de 1980 e 1990.

Quando o carro pegou a estradinha esburacada e estreita, a paisagem tropical, luxuosamente verde e abafada, tomou conta de tudo. Fechei os olhos. Pela primeira vez desde que cheguei à Índia, o silêncio. Ele não era pleno. Mas existia.

Iniciação na prática do nada

Eu estava cheia de boas intenções quando o táxi estacionou na porta da Martha's Guest House. O objetivo em Anjuna era praticar ashtanga yoga, a modalidade mais hardcore da yoga. O plano consistia em: 1) acordar às seis da manhã todos os dias; 2) fazer a aula do Rolf, um professor alemão radicado em Goa, famoso em todo o mundo — no mundo da yoga —, discípulo do mestre da ashtanga, Pattabhi Jois; 3) reduzir a alimentação a frutas, cereais e saladas; 4) encerrar a temporada de três semanas com a disposição e os músculos da Madonna. Em resumo: preparação física para encarar a turnê Índia.

A pensão da dona Martha foi um sinal auspicioso. Era uma construção portuguesa sólida, com astral de casa de família. A dona Martha era casada com o seu Paulo. Tinham uma filha, Mabel, e um neto, Marcos. Mabel cuidava do negócio. Seu Paulo corria de um lado para o outro, sempre atarefado, embora fôssemos, no máximo, dez hóspedes. Ele fazia o pior chai de toda a Índia. Mabel, a filha, gostava de conversar. Seu Paulo não gostava. Na noite em que chegamos, tomei o chai do seu Paulo e me inteirei da vida em Anjuna com a Mabel. Os quartos dos hóspedes ocupavam uma construção anexa muito simples, com varandinhas expostas ao coqueiral que rodeava a propriedade.

— Vocês são hindus ou católicos? — perguntei a Mabel, enquanto ela arrumava a minha cama.

— Católicos, há várias gerações. Meu avô foi o primeiro a hospedar os hippies.

— Mesmo?

— Ele punha a família nos fundos e alugava a sala. Não tínhamos o anexo.

Mabel fez cara de quem achava tudo aquilo muito engraçado:

— Os hippies andavam pelados, fumavam maconha — ela contou, escondendo o riso com o dorso da mão.

— E o seu avô? Não botava os cabeludos para fora?

— Não, ele gostava. Dizia: "São bons garotos."

Mabel viu, de certa forma, todos os "colonizadores": os portugueses, que converteram sua família ao cristianismo; na infância, os hippies; depois, os herdeiros dos hippies, os ravers.

— Você se lembra dos hippies?

— Ué, claro! Eles estão por aí até hoje. Você tem que conhecer o Bobby Mescalina!

— Quem é o Bobby Mescalina?

— Ah, só conhecendo o Bobby para saber.

— E as festas? Anjuna ficou famosa pelas festas.

— Começou no início dos anos 1980. *Full power. Boom! Boom! Boom!*

Mabel cobriu a minha cama com uma manta indiana tão colorida e brilhante que eu não precisaria acender a luz.

— Você experimentou drogas?

— Nunca, Deus me livre.

— As festas eram na praia?

— Em todo lugar. Tinha festa no meu quintal.

— Você gostava?

— No começo, sim. Depois, foi ficando insuportável. Muita droga. Morreu gente de overdose.

— Você viu?

— Não! Os hóspedes me contaram.

— O que mais eles te contavam?

— Ah! Fulano tomou quatro ácidos. Outro tomou não sei quantas pílulas e não dormiu por três dias e três noites.

— Hoje não tem tanta festa?

— Não. Agora só pode na praia, e com autorização.

— E como é Anjuna?

— Não é mais *full power*. Agora é mais o povo da yoga.

No dia seguinte, acordei às onze da manhã, com novas regras. Eu faria tudo aquilo que me propusera. Mas teria cinco dias de folga, para me habituar. Os mestres de yoga chamariam isso de dualidade. Os psicanalistas, de autoboicote. Eu chamava de feriado. Nos paraísos da Nova Era, eu sabia, a única obrigação MESMO era assistir ao pôr do sol. Não importava tanto o que você fazia no resto do dia, contanto que, na hora sagrada, estivesse lá, na praia, de preferência fazendo alongamentos ou meditando ou fumando haxixe ou tocando *didgeridoo*. O *didgeridoo* era um instrumento dos aborígines da Austrália. Não sei como foi incorporado pelos alternativos. O som dele, misturado aos outros instrumentos de percussão que também faziam parte do ritual do pôr do sol, proporcionava uma atmosfera tribal, de somos-livres-do-sistema-e-podemos-não-fazer-nada. Era a hora da prática do nada.

Logo, eu e Oswaldo estabelecemos uma rotina. Ele, eu descobri, era chocólatra. O Artjuna Cafe, uma bela casa que abrigava uma galeria de arte e um café no jardim, comandado por um casal simpático, uma francesa e um israelense, tinha os melhores croissants de chocolate do subcontinente. Por isso, todos os dias tomávamos café da manhã no Artjuna Cafe. A *shala* (escola) do Rolf ocupava uma tenda nos fundos. Tínhamos, então, no mesmo lugar, os croissants de chocolate e a ashtanga yoga, que eu iria praticar depois do meu feriado. No fim da tarde, pegávamos a scooter que alugamos e íamos para Vagator, uma praia tranquila onde eu podia fazer alongamentos e assistir ao pôr do sol.

No sexto dia em Anjuna, pulei da cama às seis da manhã. Já fazia um calor amarelo, de esmorecer. Comi um mamão e tomei água de coco. Nada de café. Segui para a shala no horário, seis e meia da manhã. Uma olhada em volta e identifiquei vários continentes. Cerca de cinquenta pessoas na tenda. Uma turma de ashtanga yoga era uma coisa linda de se ver. Corpos esguios, alongados, torneados, que pareciam ignorar a gravidade. Estendi meu tapete num cantinho e fiquei aguardando. Rolf (ele não usava sobrenome) apareceu: um tipo magro, esculpido, barba longa, cabelos também. Devia ter mais de 60 anos, já que estava na Índia desde 1969, mas não aparentava. Consegui — quase — chegar ao final da série de asanas: duas horas intensas de flexões de braço e contorcionismos. Quando a aula acabou, bebi duas xícaras de cappuccino e comi croissant de chocolate. Perdi todos os pontos acumulados naquela manhã.

Manhã após manhã, o Artjuna era o resumo de Anjuna — e de Goa. Tinha a turma da yoga, atracada a bacias de salada de fruta com curd, o iogurte caseiro indiano. Após a aula do Rolf, concentrava-se por ali, falando, claro, de yoga. Havia a trupe da balada eletrônica, com cara de ontem, fumando haxixe acompanhado de café preto. E habitavam ainda o jardim do Artjuna os velhos hippies, veteranos, também partidários do café com haxixe. Oswaldo e eu nos juntamos à turma da yoga. Éramos uma gangue. A gente se cruzava no café e, no fim do dia, nos encontrávamos de novo, no Sri, um restaurante com camas no lugar de mesas, deitados em frente às nossas saladas de panir, o queijo da Índia. A última obrigação do dia era o pôr do sol. Eu estava mais perdendo do que ganhando de mim mesma. Ia à aula um dia e matava dois, com desculpas variadas, de dores musculares a intoxicações alimentares. Nas manhãs em que eu não aparecia na shala, fazia relatos detalhados, um exercício ficcional, dos meus males no café. Só não cabulava nunca o pôr do sol.

María se tornou minha melhor amiga da semana. Era espanhola, tinha 28 anos e trabalhava com terapias corporais em um hotel cinco estrelas de Barcelona. Odiava os hóspedes "ricos, gordos e estúpidos" e o seu plano era se mudar para a Ásia. Pensava em ir para o Japão, para a Indonésia ou — quem sabe? — para a Tailândia. Além de praticante de ashtanga, María era budista fervorosa, do tipo que falava "o meu lama" no lugar de "o meu terapeuta". Nossa primeira conversa foi bem esquisita.

— Só viajo sozinha — ela me disse, logo que trocamos as primeiras palavras.

Estávamos cada uma em sua varanda, curtindo a hora da inércia, entre o café da manhã e o pôr do sol. O calor paralisava tudo. O único movimento possível era o de virar a página do livro.

— Por que você está dizendo isso?

— Ah, sei lá. Fico sempre com medo de alguém se oferecer para viajar comigo.

No primeiro momento, achei que María era louca, paranoica. Mas, com o desenrolar do assunto, fui percebendo que ela dizia coisas estranhas o tempo todo.

— Você acha que eu vou me oferecer para viajar com você? Nem sei para onde você está indo.

— Eu também não sei para onde estou indo. Mas, se você também não souber, eu me transformaria na companhia ideal para você.

— Eu sei para onde estou indo.

— Para onde?

— Para o sul, para Chennai.

María soltou uma gargalhada em cascatas. Ela era uma daquelas espanholas lindas, exageradas, que riem com todos os dentes e parecem que a qualquer hora podem sair sapateando e tocando castanholas.

— Você está louca — María decretou, jogando os longos e cacheados cabelos pretos para um lado.
— Por quê?
— Não faz sentido.
— Por quê?
— Você está fazendo a viagem ao contrário. Se for agora para o sul, vai chegar ao norte no inverno e vai morrer congelada.
— Não é assim, já morei na Inglaterra.
— E daí?
— Estou acostumada.
— O Himalaia não é Londres, querida.

Duas semanas depois, eu embarcaria para o Himalaia, para Dharamsala, a cidade do dalai-lama. María me convenceu a mudar de rota e a fazer um retiro budista de dez dias de silêncio.

— Não existe nada melhor do que retiro de silêncio. Você não tem que pensar que vai ficar sem falar por dez dias. Você tem que pensar que ninguém vai falar com você por dez dias — pontuou, encerrando o assunto e sumindo para dentro do quarto.

Uma tarde, Oswaldo, María e eu resolvemos fazer um passeio turístico. Fomos visitar o forte Aguada, uma herança portuguesa. Seguimos, os três, empoleirados, numa única scooter. Sem capacetes. A viagem demorou mais de três horas. Atravessamos Kalangute — e a confusão de Kalangute. Paramos para tirar fotos com um elefante, na porta de um templo. Paramos para pesquisar o preço de barcos. Fomos cercados por centenas de barqueiros. Paramos para tomar chai. Paramos em outro templo. Seguimos, uma estrada sem fim.

Havia centenas de turistas indianos no forte Aguada. E poucos ocidentais. Não havia nada para ver no forte Aguada, além da paisagem. E a paisagem a gente podia ver de qualquer canto. Como Bob Dylan disse sobre Roma: "O lugar estava cheio de ruínas." A construção — ou o que restou da construção — ficava no topo de um morro. Um guia conduzia um grupo de Bombaim. María e eu resolvemos segui-los. No meio da ladainha sobre a colonização portuguesa, o rapaz soltou a seguinte frase:

— Os portugueses são muito espertos. Muito, muito espertos.

María e eu nos entreolhamos e piscamos cúmplices.

Oswaldo partiu. Shivani chegou. E trouxe um drama para o nosso plácido cotidiano: usar ou não usar biquíni. Ela queria muito. Mas a brâmane que existia nela jamais permitiria. María deu uma ideia. Shivani poderia comprar um short de lycra. E estaria no meio do caminho. Partimos para Kalangute, em busca de um short de lycra. Shivani tinha feito as centenas de quilômetros entre Pune e Anjuna de carro. Agora tínhamos um carro. E um motorista, Paphu. María e eu seguimos caladas. Shivani estava eufórica. Estava em Goa.

— Ninguém consegue mudar a Índia. São tradições tão antigas e tão profundas que entra colonizador, sai colonizador, e permanecemos indianos — ela ressaltou, olhando a paisagem marcada por igrejas católicas. — Você sabia que as igrejas cristãs também obedecem ao regime de castas? Existe contradição maior do que essa?

Enquanto caminhávamos sob o sol do meio-dia em busca do short perfeito, Shivani resolveu me educar.

— Ninguém diz "namastê" nesta parte do país. Talvez no norte. Essa coisa de juntar as mãos em prece e se curvar é só em outdoor de aeroporto — ela avisou.

— Todo mundo fala "namastê", Shivani. Só você que não.

— Pergunta para o Paphu se ele diz "namastê".

Shivani achou o short. Ele era azul e cobria até a metade das coxas. Fomos para a praia estrear. Resolvemos levar Shivani para o Curleis, uma espécie de tratamento de choque. O Curleis era o canto da praia de Anjuna, o ponto da turma do trance. Um bar atrás do outro, todos tocando música ruim, em sistemas de som ruins. A cacofonia no Curleis era algo que ultrapassava o significado da palavra cacofonia. A praia estava lotada de jovens, muitas louras de topless. Nunca entendi por que as europeias insistiam em fazer topless na Índia. Os jovens indianos ficavam loucos, babando sobre elas. Aí, elas ficavam putas e brigavam com eles. O ciclo, o *samsara* das praias de Goa.

Encontramos Julian, um francês de 50 e poucos anos, corpo apetitoso, pele bronzeada, que gostava de andar por Anjuna vestido com saias bem-cortadas, certamente compradas em alguma loja bacana de Paris. Contamos para ele que seria o primeiro banho de mar de Shivani usando um short. Das outras vezes, entrou de roupa. Formamos uma torcida, a claque da Shivani. Foi uma cena comovente. Ela chorou. Depois disso, fez três tatuagens, uma no pescoço, outra no braço e outra na mão. Nunca mais vi Shivani.

Continuei a vagar em Anjuna por mais alguns dias. Não tinha praticado yoga como queria, mas havia conseguido atingir parte do meu objetivo. Eu me sentia disposta, menos acelerada e, principalmente, enturmada com a fauna de viajantes, o que me enchia de vontade de prosseguir. Minhas últimas duas missões eram: entrevistar o Rolf e encontrar Bobby Mescalina. "Você tem que conhecer o Bobby", era a frase que eu ouvira de muita gente nas últimas semanas.

Convoquei María para me auxiliar na caça. A única coisa que eu sabia do Bobby era que tinha 73 anos e estava na primeira leva que invadiu Anjuna. Chegou em 1969. Mabel nos disse que ele ia ao Curleis todo fim de tarde. Estava em Anjuna havia tantos anos e ainda cumpria o ritual do pôr do sol. Devia ser um mestre na prática do nada. Tentei fazer as contas de quantas vezes Bobby Mescalina viu o pôr do sol no Curleis. Pelo menos 10 mil vezes, levando-se em conta os períodos das monções.

Naquela tarde, o Curleis estava mais lotado do que nunca. Para eu ouvir María, ela precisava gritar. Perguntamos para o dono do primeiro bar. Não havia visto Bobby. Perguntamos para outro. Também não. Para um terceiro, a mesma resposta.

O cara passou 10 mil tardes ali e, justo no meu penúltimo dia em Goa, havia resolvido cabular o pôr do sol. Tentei descobrir onde morava Bobby Mescalina. Recebi informações desencontradas.

Julian apareceu, de saia vermelha. No dia anterior, eu o vira num modelo azul-celeste. As saias de Julian eram sempre longas e rodadas. Lindas! Pensei em perguntar onde ele comprava aquelas saias. Mas, em vez disso, perguntei se tinha visto Bobby Mescalina. Julian apontou para um homem magrelo, atlético, tostado pelo sol, com um coque de cabelos brancos no alto da cabeça, fumando *chilam* (o cachimbo em forma de cone usado pelos *sadhus* e peregrinos para fumar haxixe).

— Oi, Bob — eu disse.

— Oi, garota — ele respondeu, soprando uma baforada espessa de fumaça na minha cara.

O último hippie

Bobby Mescalina nasceu em 1938, no Brooklyn, em Nova York. Em meados dos anos 1950, serviu o exército. Foi expulso. Na aurora dos anos 1960, vagava pela cidade, dopado de heroína, quando esbarrou em uma amiga que lhe deu a real. Ele era um otário. Heroína era a droga da morte. Ela lhe daria a droga da vida. A amiga meteu-lhe alguns microgramas de LSD — o último grito da moda — goela abaixo. Bobby viu a ponte do Brooklyn "derreter em moléculas". Daquele dia em diante, passou a questionar a realidade. Nunca mais confiou nela. Segundo apregoa, viu, com os próprios olhos, que "a realidade era uma coisa relativa".

Logo ouviu falar dos hippies. Bobby, cabra macho, brigão, criado num gueto italiano regido pela máfia, nunca tinha visto um homem de cabelo comprido. Quando se mudou para o Greenwich Village, atraído pelo boca a boca, achou aquilo esquisito. O seu vizinho de porta se chamava Allen Ginsberg. E era uma "bicha que queria me comer". Bobby ficou por ali, tomando ácido e tentando entender o que se passava. Caiu em suas mãos uma revista, que falava de experimentos com LSD em São Francisco. Pegou a rota 66, como muitos naquele tempo de "a nova conquista do Oeste", e partiu. Chegou a "Frisco" quando a Ashbury-Haight, o pedaço da cidade que se tornaria o ninho do movimento hippie, estava sendo gestada. Descolou uma casa; dividiu baseados e ácidos com os vizinhos que viriam a formar o Greatful Dead; ouviu Jimmy Hendrix tocar no seu quintal; e, dali, decolou!

Era uma noite quente, em que as árvores estavam estáticas, e nem mesmo a proximidade do mar trazia alívio em forma de brisa. Bobby morava atrás do Curleis, mata adentro. Ao longe, ouvia-se o rufar do trance. A casa era espaçosa, com o pé-direito alto, e um jardim circundando a varanda. Nas paredes, fotos amareladas e pinturas assinadas por ele próprio. Não era um bom pintor. No chão de cimento queimado, um tapete afegão. Sentamo-nos em volta da mesa da cozinha. O anfitrião serviu *dal*, arroz e *chapati*. Ofereceu cervejas. Preparou um *chilam* caprichado de haxixe. Começou o show. Bobby foi inventado sem a tecla pause. Com décadas de psicodelia na cabeça, sua mente trabalhava em velocidade anfetamínica.

— Tudo começou no Exército. Aqueles caras me expulsaram do sistema. Saí com o carimbo na carteira: "Indesejável". Escreviam isso na sua ficha, os filhos da puta. Nunca consegui emprego. O caminho foi a heroína e os guetos do Brooklyn. Roubava aqui para injetar acolá. Um dia uma amiga me apresentou o LSD.

Já tive os meus momentos de hiperatividade, em que eu poderia ter escalado o monte Everest. Mas o Bobby... O Bobby era uma fotografia em movimento, dessas que a gente vê em exposição de arte moderna. Seu vulto se materializava por toda a casa, enquanto eu, da cozinha, tentava acompanhar a biografia frenética, relatada aos gritos. Quarenta anos depois, ainda carregava o sotaque — e as gírias — de nova-iorquino. Não tinha mais passaporte americano. Mas, quando falava, parecia ter chegado ontem de Woodstock, embora nem tenha ido a Woodstock.

— Tenho muita energia, cara. Sou italiano, é isso. Se fosse americano, seria gordo e idiota. Quando jovem, não sabia o que fazer com tanta energia. Poderia ter derrubado o Nixon.

Aos 73 anos, Bobby era um homem bonito, de traços mediterrâneos, olhos verdes. Quase não tinha rugas. Os cabelos evoluíam para um volumoso chumaço prateado amarrado no topo da cabeça com um lenço indiano. Não usava camisa, expondo o corpo, magro, forte, bronzeado, e as tatuagens desbotadas.

— Não gosto de ficar citando nomes, porque essas pessoas acabaram ficando famosas. Na época, éramos todos uns fodidos. Você sabe, o Allen era gay. E caras como eu não gostavam de gays. O Village estava cheio de bichas recitando poesias.

No final de 1961, ele zarpou para São Francisco, seguindo os passos de Jack Kerouac, pulando de trem em trem, de carona em carona. No Texas, levou uma surra dos caubóis. Foi parar no hospital. Quando, enfim, chegou à meca dos hippies, encontrou a Aishbury-Haight abandonada. A maioria dos casarões vitorianos da área estavam vazios, prontos para serem ocupados pelos jovens que vinham de toda parte. Bobby se instalou num sobrado com jardim e cadeira de balanço na varanda. Jerry Garcia, o líder do Grateful Dead, morava ao lado. Dividiam o quintal.

— Jerry estava lá, mas não estava. Lembro-me de uma ocasião em que nos reunimos para tentar organizar alguma coisa por ali. Ele ficou num canto, tocando guitarra. Era só o que fazia. O Jerry era um cara especial. Você podia perceber isso no primeiro segundo com ele. Eu vi os Deads no palco milhares de vezes. Mas nunca tocavam tão bem como em casa, chapados de *purple haze*.

De acordo com Bobby, Jimmy Hendrix deve ter composto *Purple Haze*, a música, no seu quintal.

— Jimmy veio para São Francisco e ficou uma temporada com a gente. Foi justamente no verão que *Purple Haze* apareceu.

Bobby contou que havia dois tipos de hippies em São Francisco: os intelectuais, envolvidos em ações políticas contra a guerra do Vietnã, e os vagabundos, que não estavam nem aí para a Guerra do Vietnã. Ele se alistou no segundo front.

— Nós estávamos fora, não queríamos protestar contra porra nenhuma. Foda-se tudo aquilo. Queríamos viver as nossas vidas e espalhar um pouco de consciência.

Foi "espalhando consciência" que Bobby foi parar na cadeia. A ação educativa dos "vagabundos" consistia em ir às universidades mais tradicionais e distribuir ácidos para os estudantes. Numa dessas, Bobby garantiu ter conseguido um feito.

— Foi uma viagem coletiva. Todos aqueles caretas. Uma alegria, cara. Só que eu fui pego em casa. Chegaram chutando tudo. Um amigo dos Deads me tirou da prisão e me disse: "Bobby, você está ferrado. Vai ter que desaparecer."

Bobby não desapareceu imediatamente, ainda tentou ficar em São Francisco.

— Não havia paz e amor. Era guerra: nós contra eles. Lutávamos para existir. Eu tinha um irmão, Super Spade. Super Spade era negro e chamávamos os negros de *spade*. Ele era o Super Spade, a mente mais rápida da Haight. Quando a polícia levou 64 hippies para a cadeia por conta de uma migalha de haxixe, Super Spade soltou todo mundo com uma mala de dinheiro.

— Super Spade era advogado? — eu perguntei, numa das raras intervenções no discurso anfetamínico de Bobby.

— Não, traficante. Foi o primeiro a trazer maconha do México. Depois, o primeiro a fabricar LSD em casa. Tinha 25 carros. Os traficantes de pó mataram o Super Spade na Golden Gate. Atiraram na cabeça dele. Isso me deixou puto.

Após dois enterros — o de Super Spade e o de um conhecido cujo corpo foi encontrado boiando no mar —, Bobby se mandou. Para o Oregon. Lá conheceu um índio americano chamado

Paul que mudaria sua vida e lhe conferiria a alcunha de Bobby Mescalina. Ele ficou encantado pelo sujeito a primeira vista. Apaixonado, até. O índio descrito por Bobby era a imagem e semelhança de um índio dos filmes de John Wayne.

— Eu me encantei por aquele cara. Ele tinha o cabelo mais lindo do mundo. Fiquei doido por aquele cabelo. Paul acabou se tornando o meu "guru". Nunca segui ninguém na vida. Mas Paul, bem, Paul mudou as coisas.

O índio era um xamã afamado nas redondezas, que comandava cerimônias secretas com o peiote.

— Eu implorava, mas ele não me deixava participar. Dizia: "Bobby, você é maluco demais."

Numa tarde de verão abundante, quando o céu pintado de cinza-chumbo ameaçava desabar, Paul apareceu na casa de Bobby. Não disse uma palavra sequer. Pegou Bobby pelo braço, conduziu-o até o carro e dirigiu por horas até a fronteira com a Califórnia. Estacionou num posto de gasolina. Dali para a frente, iriam a pé. Entraram pela floresta e caminharam para as profundezas de um desfiladeiro.

— Nunca vou esquecer esse lugar. Totalmente selvagem. Ele abriu uma cesta cheia de peiotes e me disse: "Coma o quanto você aguentar. Espero que os grandes espíritos estejam com você, Bobby." Eu comi 25.

Bobby ficou ali, sozinho. O índio virou as costas e sumiu na mata.

— Assim que terminei de fazer um fogo, comecei a me sentir mal. O peiote te leva para o inferno antes de te levar para o céu.

Ele narrava a própria saga com o entusiasmo de quem faria tudo outra vez. Caso lhe fosse dada a oportunidade de reencarnar, iria escolher nascer de novo Bobby Mescalina.

— Eu vomitava, cagava, tudo ao mesmo tempo. No chão, derrotado, vi um índio. Ele era apenas fibra e luz. Não posso te dizer se a conversa durou dez segundos ou dez horas. Só me lembro das últimas palavras dele: "Nunca deixe o fogo se apagar. Sua missão é manter o fogo aceso." Eu entendi aquilo. As drogas psicodélicas se tornaram o meu caminho espiritual.

Bobby carregou a mensagem para a Índia. Foi para o Oriente sem exatamente querer ir para o Oriente. Poucas semanas depois de ver a "luz", partiu para a Dinamarca. Por que Dinamarca? Ele não fazia ideia. Só sabia que queria sair dos Estados Unidos.

— Nenhum lugar no mundo é tão preconceituoso como a América. Você não tem ideia da merda. Uns racistas, fanáticos, assassinos, filhos da puta. Eu te pergunto: o que pode ser mais vulgar do que o sonho americano?

A fuga dos Estados Unidos se tornou uma epopeia. Bobby não possuía um passaporte. Não podia deixar o país, pois estava em liberdade condicional. Com a certidão de nascimento de um amigo e uma foto sua, conseguiu um documento falso. Quando chegou à Dinamarca, achou que não era ali. Seguiu para a Iugoslávia. Lá também não estava bom. Um amigo de São Francisco, então, lhe ofereceu 2 mil dólares. Ele só teria que ir até o Afeganistão e lhe enviar, por correio, "a maior quantidade de haxixe que conseguisse".

— O haxixe custava dois dólares o quilo. Mandei duzentos quilos. Eles não checavam nada. Demoraram para entender o que estava acontecendo. Foi assim que sobrevivi nos anos 1970, mandando malas e malas para a América.

Bobby ficou no Afeganistão por longos meses.

— Minha viagem começou mesmo na Turquia. Foi o primeiro país diferente que eu vi. Depois, o Afeganistão. Imagina um cara de Nova York chegar a um lugar onde os homens usavam saia e turbante e andavam a cavalo, com espadas na cintura?

O ano de 1968 já ia ficando para trás quando Bobby seguiu para a Índia. Cruzou o Paquistão e chegou ao país pelo Punjabi. Na primeira noite, dormiu no Golden Temple, o templo de ouro de Amritsar, a cidade dos sikhs.

— Os sikhs me alimentaram, me deram abrigo. Nunca vou esquecer a amabilidade que encontrei no Punjabi.

Bobby sentava-se na cadeira, levantava para se sentar de novo em outra, acendia e apagava o cachimbo. Já era tarde e eu continuava ali, entrincheirada na cozinha. Àquela altura do papo, Bobby chegou a Anjuna. O vilarejo abrigava uma comunidade tradicional, que vivia da pesca e da agricultura. No Curleis, uma outra comunidade estava se formando. Cerca de trinta hippies de diferentes lugares já moravam ali.

— Vivíamos na natureza. A gente nem usava roupas. O paraíso durou até o final dos anos 1970. Começaram a chegar malucos demais. Havia todos os tipos de drogas já inventadas e outras que ainda seriam inventadas.

Sobre a mesa, Bobby depositou um livro de fotos intitulado The Book of the Hippies, editado por uma sueca que viveu no Curleis. A cada página, ele se lembrava de um caso. Muita gente morreu, muita gente encaretou e muita gente ainda estava por aí, vivendo uma vida alternativa em algum lugar alternativo. Bobby sabia do paradeiro de quase todos. Em uma das fotografias, apareciam dezenas de crianças, dispostas como num retrato de família.

— Filhos do amor livre. Eu tenho dois. Nasceram aqui, na praia. Meu filho hoje mora na Espanha. E a minha filha, em Anjuna. É a minha melhor amiga.

Em uma das páginas, havia a reprodução da capa de uma revista chamada The Stoned Pigs [Porcos chapados]. Era a revista mensal do Curleis, que além de artigos sobre o que acontecia lá fora, no mundo, falava de novas drogas em circulação em Goa. Bobby fez questão de explicar o nome da revista.

— Obviamente, não havia descarga nos banheiros. O que tínhamos eram cabanas, e atrás das cabanas, porcos que comiam a nossa merda. A gente comia, descomia e os porcos comiam. Esse era o nosso sistema sanitário. Os junkies sofriam com diarreias mortais, cara. A heroína explode o sistema imunológico. Cagavam heroína. Os porcos ficavam loucos, morriam de overdose. Eu vi porcos doidões de todas as drogas que você pode imaginar: anfetamina, ácido, cocaína, mescalina.

Por volta das duas da manhã, resolvi partir. Queria ficar. Antes de ir embora, já na porta, fiz duas últimas perguntas.

— Você nunca se interessou por yoga, meditação, religião, nada?

— Acho que eu teria preferido a Guerra do Vietnã.

— Você encontrou o que procurava, Bobby?

— Não. Não há liberdade neste mundo. Passei a vida inteira em busca de liberdade. O ser humano carrega uma jaula em torno de si. Na morte deve estar a liberdade.

Rolf

O Rolf era casado com a Marci. Os dois comandavam juntos a *shala* que todos os anos recebia centenas de pessoas do mundo inteiro. Depois da morte do guru Pattabhi Jois, em 2009, boa parte dos praticantes que se dirigiam à Mysore, onde vivia o mestre, migraram para Anjuna, transformando a escola do Rolf e da Marci em centro de referência de ashtanga yoga. Na minha última manhã em Anjuna, tomei café da manhã com eles. Nós três bebemos cappuccino.

Nas muitas manhãs em que tomei o meu cappuccino no Artjuna, ouvia — e participava — as fofocas. Todos adoravam o Rolf. Ele era — quase — perfeito. E, na mesma proporção, não adoravam a Marci. Ela era americana, cultivava longos cabelos louros e, segundo o comentário, tinha lábios de botox. Lábios inchados, que faziam biquinho.

Rolf havia chegado à Índia no início dos anos 1970. Fazia parte da turba de jovens que atravessou o Oriente Médio em busca de espiritualidade, liberdade, simplicidade e outras bandeiras da época. Marci pertencia a outra geração, mais precisamente a que veio depois, a geração que transformou essas bandeiras em comércio. Durante o café da manhã, Rolf respondeu ao meu interrogatório com uma voz tão suave que eu mal o ouvia. Marci não disse nada, só ficou ali, ouvindo.

— Como você veio para a Índia? — perguntei, já sabendo a resposta. Todos os velhos hippies de Goa carregavam uma trajetória parecida.

— Eram os anos 1960. Anos loucos, de muita busca de liberdade. Em 1969, peguei a estrada: Turquia, Irã, Afeganistão, Paquistão. E cheguei aqui.

— Você já sacava a yoga?

— Não. Eu já tinha alguma experiência com o corpo, com a dança. No começo, fiquei morando no norte e comecei a praticar hatha yoga tradicional. Eu não tinha um professor formal. Aprendia na rua, com os *sadhus*. Depois fui para o Nepal. Lá tive o meu primeiro professor, um yogue de Bengala.

— Você não sabia nada, nunca tinha ouvido falar de yoga?

— Muito pouco. Tinha lido algumas coisas. Fui aprendendo devagar, aqui e ali. Em 1975, já conseguia praticar sozinho. Nada profundo, mas possuía a minha própria prática.

— E a Alemanha? Não voltou lá?

— Percorri a rota do Oriente Médio três vezes. E, no meio dos anos 1970, fiquei. Foi a única vez que vim de avião. As outras viagens foram por terra. Cruzar o Oriente Médio naquela época era incrível. Os afegãos, apesar da propaganda contrária, são o povo mais hospitaleiro que já conheci.

— A ashtanga surgiu quando na sua vida?

— Demorou. Pratiquei iyengar yoga por seis anos. Não com o Iyengar. Mas com um alemão formado por ele. Em 1983, conheci a ashtanga aqui em Goa. Não tinha a menor intenção de morar em Goa. Só fiquei por causa de um professor que achei em Chapora. Ele havia estudado com Guruji.

— Foi tipo paixão à primeira vista? Digo, você e a ashtanga?

— Não, não. Eu não tinha dinheiro para pagar as aulas. Nós vivíamos de maneira muito simples, com muito pouco. Eu ia de vez em quando à *shala*, aprendia algumas coisas. Levei ainda seis anos para juntar dinheiro suficiente para ir me encontrar com o Patthabhi Jois, em Mysore.

— Com o Patthabhi, sim, foi paixão à primeira vista?

— Definitiva. Encontrei o mestre que eu procurava. A partir de então, final dos anos 1980, passei a ficar pelo menos quatro meses por ano em Mysore, até a morte de Guruji.

— Quando você resolveu cruzar o Oriente Médio pela primeira vez, qual era a motivação? Você já tinha uma busca espiritual, a busca por um mestre?

— Era o caminho dos hippies naquela época. Todo mundo estava buscando algo fora do sistema. Na Holanda, onde morei por dois anos, conheci algumas pessoas que tinham vindo para cá. Então eu disse para mim mesmo: Vou para a Índia. Já tinha ido para a África, passado uma longa temporada no Marrocos.

— Quando você chegou aqui não era muito louco? Qual foi o sentimento?

— Eu me senti em casa. Apenas isto: eu me senti muito bem na Índia. E chegou um dia em que decidi: É isso, vou ficar para sempre.

— Rolf, o que é yoga?

— Para mim, algo muito simples, uma forma de acordar para o aspecto não dual da consciência. Yoga é um caminho espiritual, é o caminho para a não dualidade.

— Quanto tempo você demorou para sacar isso?

— No começo, era apenas uma coisa que eu gostava de fazer. Aos poucos, fui percebendo que algo estava se transformando. Existe uma palavra em inglês que define bem o sentimento: *awareness*. Você vai acordando, acordando, acordando... Um processo longo, que foi ficando mais e mais poderoso com a prática regular e diária. Fui conquistando um estado interno de muita paz, entendendo a conexão do ser humano com o divino. Ou como você quiser chamar. Fui entendendo o quão divino é o ser humano, o quanto tudo está conectado e o quão estúpido é o ego.

— E por que a ashtanga?

— Para o meu corpo, era perfeito. Isso não quer dizer que seja o caminho para todos. Cada pessoa tem que buscar o estilo a que se adapta. Qualquer estilo vai te levar para o mesmo lugar, se a prática for verdadeira. Yoga não é ginástica. Ashtanga não é uma série de exercícios físicos. Mas a pessoa só vai entender isso se realmente praticar.

— Como você soube que para você o caminho era a ashtanga e não a iyengar, por exemplo?

— Assim que botei os olhos no Guruji, eu soube. Olhei e falei: "É ele." Não houve questionamento, dúvida.

— Como era o Patthabhi Jois?

— Um homem feliz. Um disciplinador. Guruji era diferente com cada estudante, desenvolvia uma relação pessoal. E dava o que ele achava que a pessoa precisava: amor, disciplina, alegria, leveza... Sabia reconhecer o ser humano. Quando eu comecei a frequentar Mysore, a ashtanga não era tão popular como é hoje. Éramos poucos alunos. Uma época muito especial porque tínhamos a total atenção dele.

— Você nunca pensou em voltar para Berlim?

— Não. Eu nunca vou voltar — Rolf finalizou, olhando bem fundo nos meus olhos.

Pedágio no inferno

De trem, de ônibus ou voando, havia Nova Déli no meu caminho. Decidi voar. Logo na chegada, um susto. No caso, um susto agradável, um sopro de esperança. O Aeroporto Indira Gandhi se encontrava reformado, irreconhecível. Ali dentro eu não conseguiria nem mesmo dizer se havia pousado em Paris, Londres, Nova York. Ou Nova Déli — um lugar à parte no mundo.

O cafezinho me custou quatro dólares. Saquei dinheiro num caixa do Citibank. Comprei livros numa livraria com cara de livraria, em que os livros podiam ser encontrados, seguindo uma lógica universal de organização. Isso não era verdade para o resto da Índia, embora houvesse na Índia um vasto mercado de livros. Achava-se de tudo por preços incomparáveis. Na prateleira onde estavam dispostos os mais vendidos, li na capa de O tigre branco: "O futuro do mundo está nas mãos dos homens de pele amarela e marrom, agora que nosso antigo amo, o homem branco, se perdeu completamente em meio à sodomia e ao uso de telefones celulares."

A esperança de que os ventos de bonança econômica tivessem modificado Nova Déli, porém, se esvaiu assim que a porta automática do Indira Gandhi se fechou às minhas costas. A briga por um táxi se estendeu por pelo menos uma hora. Havia uma fila. Tudo certo. Nem era uma fila tão grande, e tudo poderia ter ocorrido sem desgastes caso ela respeitasse o princípio das filas.

Os táxis surgiam, os mais espertos saltavam dentro deles e eu ficava para trás, com cara de "opa, esse táxi é Meu!". Repeti o ritual de correr na direção de um táxi e assistir a alguém apossar-se dele diversas vezes. Cheguei a tentar argumentar educadamente com um casal que entrou no carro cuja porta eu abri. Eles me ignoraram, com sorrisos e cabecinhas balançando. Ódio e fúria tomaram conta de mim. Da próxima vez, ninguém me passaria para trás. Driblei um, driblei outro, empurrei um casal de idosos e — ufa! — sentei-me no banco de trás do veículo preto e amarelo com estofado de oncinha. O motorista nem mesmo esperou que eu fechasse a porta. Arrancou.

Uma lição eu sabia de cor: em Nova Déli, todo e qualquer motorista de táxi tentava um truque para te levar para o hotel que lhe pagava comissão por turistas. Em casos extremos, sequestravam. O sujeito tocava para o lugar que lhe convinha, sem discutir o assunto. O meu motorista era do tipo mais comum, o tipo que argumentava. A insistência era outro traço do indiano. Do mendigo ao vendedor, todos persistiam em insistir. Eu sabia para onde queria ir: Paharganj, uma área da cidade perto da estação de trem, onde os viajantes de passagem se concentravam em hotéis baratos. E era para lá que eu iria.

— Paharganj, por favor — eu solicitei, com voz decidida.
— Bom hotel, táxi de graça. Não gosta, não fica, ok?
— Não. Paharganj, ok?
— Hotel bom, perto aeroporto. Não gosta, não fica.
— Paharganj, por favor.
— Paharganj fecha domingo.

— Senhor, Paharganj, por favor.

— Domingo fechado.

— Paharganj, por favor, senhor.

Seguimos assim por um bom tempo, até que ele se cansou de mim. Transformei-me em um disco arranhado, que repetia a mesma frase, variando a entonação. Ele me despejou em Paharganj. O bairro consistia num labirinto de becos estreitos, fedorentos, amontoados, em que circulavam tuk-tuks, riquixás, ambulantes, vacas, mendigos e turistas. Serpenteei até a Ajay Guest House. Lá, eu sabia, teria as facilidades imprescindíveis para a sobrevivência em Nova Déli: café, haxixe e terraço.

Em Paharganj, quase todos os quartos disponíveis não tinham janela. E, quando havia, ela se abria para o muro do prédio ao lado. Portanto, as pensões que contavam com um restaurante no rooftop eram consideradas cinco estrelas, o caso da Ajay Guest House. O senhor da portaria me fez preencher um questionário interminável, enquanto um garoto era enviado à loja de xerox com o meu passaporte. O moleque demorou mais de meia hora para retornar com o documento.

Para chegar ao meu quarto, nos esgueiramos — eu e o carregador — por cinco lances de uma escadaria tortuosa, com cheiro de cachorro molhado. Quatro rapazes limpavam o meu quarto quando, enfim, chegamos lá. Na Índia, a abundância de mão de obra faz a Revolução Industrial parecer uma coisa de ficção científica. Quando saíram, felizes com as gorjetas, borrifaram desodorante fedido no ar já empesteado. Sem ter como respirar, resolvi subir para o terraço. Como tudo podia sempre piorar em Nova Déli, o restaurante do terraço estava fechado. Fui obrigada a descer sete andares e me contentar com o restaurante do térreo.

Em meio à fumaça dos cigarros dos hóspedes, sentindo-me enjoada com o cheiro do desodorante que impregnou meu nariz, flagrei um garoto de dreadlocks sorvendo chai numa mesa de canto. Havia dezenas de jovens com dreadlocks ali, mas escolhi aquele para me ajudar na tarefa: comprar haxixe. O nome dele era Patrick, e era irlandês, de Belfast. Estava a caminho de Rishkesh, vindo também de Goa. Ele me disse que já havia abordado o garçom, mas este se encontrava sem estoque. Sugeri que fôssemos dar uma volta, pois certamente encontraríamos o que estávamos procurando — ou o que estávamos procurando nos encontraria.

Não havia como dar dois passos em Paharganj sem ser interpelado. Fomos perseguidos por uma mulher torta e coberta por um sári que pedia socorro. Sucumbimos ao desespero de duas crianças que se agarraram às nossas roupas implorando: "Chapati! Chapati! Chapati!." Cedemos à pressão de um vendedor que nos obrigou a tomar chai enquanto desenrolava tapetes que não queríamos comprar. Depois de muita luta e nenhum sucesso, quando já pensávamos em desistir, encontramos um vendedor que nos interessava. Ele cochichou no ouvido de Patrick:

— Haxixe, senhor? Bom haxixe, melhor preço.

Patrick balançou a cabeça em sinal de "sim pelo amor de Deus", e o garoto nos guiou pelo labirinto. O nome dele era Naresh e viera de Calcutá para Nova Déli sozinho aos 9 anos de idade. Agora tinha 14. Era esperto, falante, engraçado. Antes de nos levar até o que nos interessava, resolveu nos apresentar "ao melhor chai de Paharganj". Não havia nada de diferente naquele chai, mas Naresh pareceu muito orgulhoso dele. Terminamos a jornada sentados numa loja de pedras (havia centenas de lojas de pedras e joias nas redondezas), negociando com um homem gordo, pançudo, suado, vestido à moda dos muçulmanos. Saímos do estabelecimento satisfeitos, com o preço e com a mercadoria.

De volta ao restaurante do hotel, Patrick e eu trocamos e-mails já sabendo que jamais escreveríamos um para o outro, e ele desapareceu em meio à densa fumaça que embaçava o ambiente. Subi para o quarto. Já passava da meia-noite. Tomei um banho de balde. Não havia chuveiro. Na maioria das hospedarias era assim. Fumei um grande e gordo baseado. Dormi. E acordei, no dia seguinte, às oito, para pegar meu voo para Dharamsala, que sairia às onze da manhã do Indira Gandhi. Paharganj já fervilhava, gritava, berrava, vendia, comprava, negociava. Dizem que existem lugares lindos em Nova Déli. Nunca os vi. A cidade, para mim, se resume ao ninho de enguias que é a incansável Paharganj.

A terra do dalai

Lá estavam eles: os picos gelados, infinitos, silenciosos, sólidos, antigos. Entremeados por despenhadeiros que mais pareciam sem fundo. O triunfo da natureza. Praticamente uma única família de árvores, as coníferas gigantes. O Himalaia tinha poder... Poder de esmagar o ser humano, reduzi-lo ao seu tamanho: um trequinho pequeno, frágil, temporário. Quando o avião com vinte e poucos passageiros pousou no aeroporto de Dharamsala, no meio da tarde, senti alívio. Não era como chegar a um lugar qualquer. O sol brilhava. Mas parecia não emitir calor. Só luz. Havia um cheiro de planta molhada no ar. E o silêncio, embora as pessoas estivessem falantes e saltitantes, era tão vasto que poderia calar o mundo inteiro.

Ramih estava me esperando no aeroporto. O dono de uma guest house que María me indicou organizara o transporte. O meu destino era Dharamkot. Quando alguém dizia que ia para Dharamsala, na verdade, nunca ia para Dharamsala. Ficava em McLeod Ganj, onde estava o templo do dalai-lama, a vinte minutos de Dharamsala. Ou subia para Dharamkot e Bhagsu, dois vilarejos encarapitados acima de McLeod Ganj. Do aeroporto até a pensão, levamos uma hora serpenteando a montanha. Ramih dirigia com a típica precisão indiana: buzinando, ultrapassando carros numa estrada em que pela lei da física só caberia um veículo, desviando dos macacos, aproximando-se perigosamente das beiradas mortais.

O sol já se escondia quando chegamos à pensão do sr. Arnand, um soldado aposentado que havia lutado muitas batalhas na Caxemira, a tumultuada fronteira com o Paquistão, conforme me contou antes mesmo de me empurrar a ficha de hóspede. O sr. Arnand deu ordens e desapareceu, me deixando com um adolescente que não falava inglês. O menino levava às últimas consequências a mania que mais me irritava nos indianos: fingir que entendeu quando não entendeu nada. Eu falava. Ele fazia que sim com a cabeça. E continuava a me olhar, com o sorriso abestado. Nunca cheguei a saber o nome dele. Aparentemente eu era a única hóspede ali. Novembro era o último suspiro da temporada. De dezembro a março, o frio espantava a turba morro abaixo, para as planícies onde o calor, por sua vez, ainda era ameno.

Ocupei um quarto no segundo andar, com a varanda pairando sobre um vale. Era um quarto de verdade, com piso de madeira, móveis de madeira, tapete e até um chuveiro. Possuía uma penteadeira antiga, que custaria uma fortuna num antiquário europeu. Desarrumei a mochila, coloquei as roupas no armário, tomei um banho demorado (com água quente), vi o sol se pôr, vi a lua nascer.

O único problema do meu novo endereço era que a pensão ficava fora do vilarejo, levando-se em consideração que Dharamkot só tinha uma rua comprida, transversal à montanha, e um largo, o ponto dos motoristas de tuk-tuk. Como a lua estava redonda, imensa, confiante, resolvi caminhar até o Chaiwalla da pracinha. Bebi o meu chai, apreciando o lugar. Não sei por quanto tempo fiquei ali. Só sei que, quando resolvi ir para casa, a lua havia me abandonado. O céu ficou cinza. Caminhei e caminhei. Tudo era igual: coníferas gigantes, desfiladeiros, montanhas gigantes. Sentei-me numa pedra, para tentar me localizar e me consolar. O pior nem era estar perdida. O pior era suportar o frio entrando nos ossos, paralisando os sentidos.

Do meio do breu, surgiu um homem, uma silhueta. Era um tipo enorme, um grandalhão desengonçado. Quando pousou a luz da lanterna na minha frente, vi que corria, de moletom e tênis. Ou melhor: fazia a corridinha engraçada, em que as pessoas não correm, caminham depressa, a passos estreitos, e rebolam.

— Você está hospedada na Shivalay Guest House — ele afirmou, com sotaque carregado, que não distingui de onde era.

— Estou? — questionei, pois até então não sabia o nome da pensão.

— Eu vi você chegar, da minha varanda.

O grandalhão era russo, de Moscou. Chamava-se Boris. Seguimos andando depressa, eu tentando acompanhar a corridinha dele. De repente, ele freou.

— Você caminha com objetivo. Usa a energia da frente do corpo, que é a energia do impulso, que te faz ser uma pessoa produtiva, ativa. Mas e a energia que está aqui atrás, a energia que te permite sentir e intuir?

O desconhecido colocou a mão no meu peito, me mandou fechar os olhos, e respirar. Depois, pôs a mão no meio das minhas costas, entre as escápulas, e ordenou que eu, de novo, fechasse os olhos e respirasse. Repetimos o exercício algumas vezes, inúmeras vezes. Ali, no meio do nada, tiritando de frio. Quando voltamos a caminhar... Uau! Passei a andar mais devagar, mais atenta, mais presente, sem ansiedade de chegar. "Quem é esse maluco?", era o que eu me perguntava.

— Você precisa encontrar o meio-termo entre a energia da frente do corpo, a energia do impulso, do movimento; e a energia que está atrás do seu corpo, a energia da intuição. Nem para a frente nem para trás.

Nas situações mais improváveis, você encontra o guru. Assim diziam. Boris me falou, sem rodeios, traços da minha personalidade. Ousou falar coisas que nem a minha analista ousaria. Fui ficando assustada.

— Você deve estar se perguntando como sei todas essas coisas sobre você, não é? É muito simples: está tudo escrito na sua energia.

Pensei em agradecer e seguir sozinha. Mas eu não sabia o caminho. Boris não parava de falar. Contou que era formado em psicanálise e, atualmente, tinha 2 mil seguidores. Não disse pacientes. Disse seguidores. Achei que pudesse estar falando do Twitter. Mas não... Ele, segundo ele mesmo, era um mestre. Sua missão neste mundo seria ajudar as pessoas a evoluir.

— Quando você chegou, eu estava na varanda. E você me chamou.

— Eu te chamei?

— Sim, você está pronta para evoluir. Poucas pessoas estão prontas para evoluir.

Na pensão, o recepcionista pateta assistia a um filme pateta na televisão. Boris me convidou para um chá, que ele mesmo preparou. Congelada, aceitei. O homem imenso, de olhos azuis e cara de lua, agora eu conseguia ver direito, sentou-se na minha frente com caneta e papel na mão. Desenhou para mim o que seria O Diagrama Evolutivo da Humanidade. Não consegui entender boa parte da conversa. O inglês dele não era dos melhores. Pelo que captei, a maioria das pessoas se encontrava na base da pirâmide, presas na ignorância, preocupadas com casa, emprego, carro novo. No topo, os iluminados, como ele, Boris, que haviam compreendido A Manifestação da Existência. E, no meio, os medrosos, covardes, aqueles que vislumbravam a luz, mas não tiravam os pés do escuro. Como eu, na opinião de Boris.

— Você precisa de um mestre. E eu sou esse mestre. Você não estava perdida naquela estrada. Você estava procurando por mim.

E, apenas com o olhar, um olhar irônico, cheio de sarcasmo, Boris fez o meu corpo se mover involuntariamente. Eu ia para a frente e para trás. Ele parecia se regozijar com a demonstração de poder. Daí em diante, a noite descambou — de vez — para o surreal, com um papo *Guerra nas estrelas*. Segundo Boris, havia no mundo bruxos de energia branca, que lutavam contra a energia negra do planeta. Ele era um desses bruxos brancos, e eu deveria me alistar nas suas fileiras. O sujeito me disse, em tom de revelação, que sabia do 11 de Setembro antes do 11 de Setembro. Com os seus iguais, os bruxos brancos, teria tentado evitar a tragédia. O lado B, porém, venceu.

Acordei com o dia entrando pela janela, sem saber se Boris tinha sido um sonho ou era mesmo real. Saí para caminhar e logo percebi onde eu havia me perdido na noite anterior. Em vez de pegar a trilha da pensão, peguei a trilha que daria, caso eu tivesse continuado a andar, num acampamento de monges budistas. No local de retiro, apenas pequenas construções de pau a pique onde eles se isolavam por meses a fio, às vezes anos, em silêncio. Ainda bem que Boris surgiu. Os monges não quebrariam o retiro para me informar o caminho da Shivalay Guest House.

As raízes budistas de Dharamsala remontam ao século VIII. O nome da cidade queria dizer, literalmente, "dentro do templo". No começo do domínio do Raj, os britânicos moveram para lá dois regimentos para subjugar a região, então já hindu, e transformaram a cidade em uma estação de verão. Em 1905, um terremoto destruiu tudo e matou mais de 10 mil pessoas. Só em 1959 Dharamsala voltou às origens budistas, quando o dalai-lama e o governo exilado do Tibete foram recebidos pelo governo da Índia e instalados ali, nas montanhas, a cerca de 2 mil metros de altitude. A sensação era a de estar no Tibete, embora eu nunca tenha ido ao Tibete. Ou a de estar no que foi o Tibete, antes da invasão dos chineses.

Já passava do meio-dia e eu estava louca para comer *thukpa*, a sopa tibetana, uma iguaria dos budas. Minha energia da frente do corpo entrou em ação. Caminhei rápido, com um único objetivo: *Thukpa! Thukpa! Thukpa!* Cruzei com bandos de crianças voltando da escola. Cruzei com monges. Cruzei com montanheses sentados ao sol. Havia dois lugares abertos em Dharamkot, os dois iguais: mesas no chão, tapetes encardidos, almofadas encardidas, pinturas psicodélicas nas paredes. Lugares feitos para os fumadores de haxixe que invadiam o vilarejo na alta temporada. Dharamkot tinha um apelido entre os viajantes: pequena Tel Aviv, dada a quantidade de jovens israelenses que ali ancoravam depois de cumprir os três anos de exército. Existia até uma sinagoga ortodoxa em Dharamkot. Não era bem uma sinagoga ortodoxa, mas uma espécie de casa de apoio ortodoxa, para os israelenses não se perderem do rebanho.

    Escolhi o café do Sandip. Ele me serviu uma tigela de *thukpa* e, de sobremesa, um tablete de haxixe. Satisfeita com o tratamento, resolvi caminhar até Bhagsu, atravessando o vale que separa os dois vilarejos. Em Bhagsu, fui atraída para um café igual ao do Sandip — e igual a todos os outros. De lá de dentro, ecoava o som de tablas, em cadência. Dois alemães, um norueguês, um casal holandês e quatro indianos se revezavam nos instrumentos. Sem nada para fazer, pedi um chai. Fazia um frio esbranquiçado, enfeitado pelos picos nevados. As tablas ou o haxixe ou a combinação das duas coisas me fez ficar ali, jogada no tapete, por horas.

    Na trilha de volta para Dharamkot, me perdi de novo. Fui salva, dessa vez, por um pastor de ovelhas, que me levou até a entrada do vilarejo. Na porta da primeira pensão da rua, a Chill Out Guest House, conheci Marcel: alto, pele clara, cabelos pretos, olhos azuis, magro, bem-tratado, enrolado numa pashmina de boa qualidade. Devia ter uns 40 anos. Estávamos indo na mesma direção, e caminhamos juntos. Ele nasceu em Bruxelas, na Bélgica. Morava no Vietnã havia oito anos, onde dava aulas na faculdade de economia de Saigon. E duas vezes, todo ano, vinha à Índia para retiros de meditação Vipassana.

— Há quanto tempo você faz retiros de Vipassana?
— Uns 11 anos.
— Todo ano?
— Pelo menos duas vezes por ano.

Em Dharamkot ficava um dos centros de Vipassana mais procurados pelos estrangeiros, o que eu não sabia. Sabia o que era Vipassana: a técnica do Buda, em que o praticante se concentrava somente — e tão somente — na respiração e nas sensações do corpo. Os retiros duravam dez dias. E durante dez dias, cerca de 12 horas por dia, as pessoas ficavam caladas, sentadas, imóveis, respirando, conscientes da respiração.

— Por que você faz Vipassana?

— Ah... No início você fica ali, batalhando para se concentrar, a mente foge. Depois, você refina, vai para as sensações mais sutis do corpo. Sentado no mesmo lugar, sente raiva, alegria, prazer, tristeza, vazio. A meta é conseguir cada vez mais não se apegar a nenhum desses sentimentos, nem os bons nem os maus. Acho que me tornei mais independente, tanto da felicidade quanto da infelicidade.

Minha vida em Dharamkot só começou depois que mudei para a Chill Out Guest House, convencida por Marcel, que reencontrei tomando chai no Sandip na manhã seguinte. Corri de volta para a minha pensão, arrumei a mochila, desapeguei-me dos móveis de madeira, do chuveiro e da penteadeira inglesa e me instalei num singelo quarto azulejado na casa de Shiva, o dono da Chill Out. Shiva morava com a mulher e a mãe. E tinha quatro quartos construídos no terraço para alugar. Todas as manhãs o mesmo ritual: a gente sentava na varanda, enrolados em nossos cobertores (cada dia fazia mais frio), tomávamos chai e, dali, cada um partia para o dia.

Além de Marcel e de mim, havia mais dois hóspedes: Isaac, um judeu que se dizia budista; e Martin, um americano que odiava judeus e budistas. Isaac era jovem, menos de 30 anos, mas comportava-se como se já tivesse vivido várias vidas. Martin era o mais velho de nós, mais de 50, e se comportava como adolescente. Botava música eletrônica já no café da manhã. E travava discussões inúteis com Isaac, sobre judaísmo, budismo, ou mesmo sobre a quantidade de açúcar que se devia colocar no café.

Numa manhã, quando acordei, a confusão estava armada. Shiva se encontrava sentado no terraço, chateado, resmungando, rodeado por Marcel e Isaac. Ele havia achado no altar para Shiva, o deus, uma boneca inflável com a boceta suculenta, enrugada, à mostra. A imagem da divindade tinha desaparecido. Aquilo consistia numa blasfêmia, um desrespeito a sua fé. Isaac tentava explicar que não se tratava de um ataque pessoal. E, sim, um ataque a todas as crenças. Mas Shiva não queria nem saber. O altar, um pequeno templo construído delicadamente no jardim, era seu. O deus era seu.

— Vamos expulsar o Martin da casa — Marcel decretou.

— Vocês têm certeza de que foi ele? — eu perguntei, só para garantir.

— Quem mais tem cabeça de terrorista? — Isaac indagou.

A indignação, os ânimos inflamados, o desejo de vingança, tudo acabou em chai no bar do Sandip. Não podíamos expulsar o Martin. A temporada já estava acabando, dificilmente apareceria outro hóspede e Shiva precisava do dinheiro para pagar o fogão a gás que comprara no início do verão. Marcel propôs dar um gelo em Martin. Ninguém mais lhe dirigiria a palavra. Eu topei. Isaac achou pouco. Nós o convencemos a optar pela indiferença. Martin gostava de provocar só para ter o prazer de exibir seu imenso, gigantesco tédio ocidental.

Naquela manhã, fui com Isaac passear em McLeod Ganj. Descemos a pé, pela trilha dos macacos. Caminhamos sem trocar uma palavra. Isaac continuava bravo. E só voltou a ser Isaac quando, à noite, reencontrou Martin.

McLeod era o que eu pensava que McLeod fosse: um bazar amarfanhado. Minha primeira grande descoberta lá, que me faria mudar para McLeod algumas semanas mais tarde, foi o cheesecake do Kunga Cafe. Além disso, o Kunga tinha um terraço imenso, voltado para um pico nevado, onde os viajantes se encontravam para não fazer nada. O melhor programa de McLeod: não fazer nada no Kunga.

A segunda descoberta da expedição: os tibetanos, ao contrário dos indianos, não barganhavam. Tentei, arduamente. Encontrei uma lojinha, a lojinha do Tenzin, que exibia, penduradas na porta, mantas tecidas à mão com lã de iaque. Os bordados e a combinação de cores lembravam o artesanato andino. Eu precisava de uma manta como aquela e não tinha dinheiro para comprar. Devo ter passado uma hora fuçando as prateleiras, tentando ganhar Tenzin no papo. Passei a ir à loja do Tenzin todas as vezes que descia à McLeod para comer cheesecake.

MacLeod tinha duas ruas, uma subindo e outra descendo, ambas desembocando no complexo que abrigava o dalai-lama. Dezenas, centenas, de monges se espalhavam pelos grandes pátios. Minha terceira descoberta da tarde foi: um encontro de monges não correspondia a minha ideia de silêncio inviolável. Ao encerrar uma frase, batiam uma forte palma, quase na cara do outro. Isaac me explicou: batiam palmas para marcar um ponto importante no debate. O templo em si, uma sala adornada com budas dourados, não era um lugar majestoso, esmagador, como era, por exemplo, a basílica do Vaticano. Até bem singela, a casa de Sua Santidade, o dalai.

Isaac estava ansioso para exibir a sua intimidade com a sociedade budista de Dharamsala. Ao todo, entre idas e vindas, ele somava mais de quatro anos de Índia. Antes da surpresa, tínhamos um encontro com Hannah, uma israelense de Jerusalém, que morava na cidade havia 14 anos. Tomamos chá de maçã no Kunga enquanto aguardávamos. Hannah chegou acompanhada de uma monja francesa. Isaac trocou algumas palavras com ela, em hebraico. E, de repente, tínhamos que correr, estávamos atrasados.

Num beco, adentramos uma casa. Vários estrangeiros aguardavam na varanda dos fundos. Todos moradores de

Dharamsala. Só então fiquei sabendo que estava na residência de um monge de alta patente, um dos conselheiros do dalai-lama. As pessoas esperavam meses para serem recebidas por ele. Fiquei ansiosa. Não tinha a tira de tecido branco que todos exibiam. Não tinha uma oferenda, como o restante das pessoas. Isaac só me dizia para ficar calma.

Hannah, Isaac e eu fomos os últimos a entrar no quarto onde se encontrava o lama Denma Lochö Rinpoche. Ele recebia por grupos. Sentado de pernas cruzadas sobre a cama, o senhor velhinho, beirando os 100 anos, eu presumi, era a encarnação da imagem clichê do Buda: um gordinho de sorriso simpático. Fiquei esperando que algo redentor acontecesse. Nada aconteceu. Nós nos prostramos diante dele, ele tocou as nossas cabeças. Estava terminada a sessão. Quando saíamos para a rua, vi na expressão de Isaac que ele esperava um agradecimento efusivo da minha parte.

Quando retornamos à pensão, a imagem de Shiva estava de volta ao lugar. E Martin ouvia música eletrônica na varanda. Marcel tinha ido para a meditação. Os vipassianos, quando não estavam em retiro, praticavam uma hora pela manhã e uma hora no fim do dia. Isaac foi para a cozinha preparar o café de todas as tardes. Eu corri para o meu quarto. Quando terminei de dar a descarga no banheiro, ouvi:

— Você é um babaca — Isaac falou.

— Em Israel vocês estão muito ocupados matando palestinos para terem tempo para piadas? — Martin retrucou.

— Talvez devêssemos parar de matar palestinos e começar a matar americanos. Seríamos admirados no mundo todo — Isaac revidou.

Três dias depois, Martin partiu, sem se despedir. Ao contrário das previsões alarmistas, o quarto não ficou nem uma tarde desocupado. Chegou Corine. Ela era o tipo de pessoa que eu nunca esperei encontrar em Dharamkot. Se eu estivesse hospedada no Taj Palace, de Nova Déli, sim, eu conheceria uma

Corine. Mas ali, na pensão de Shiva, ela não fazia sentido. A riqueza estava nos mínimos detalhes: no tênis bacana, no jeans de grife, na camisa xadrez de flanela, no cabelo ruivo, volumoso e sedoso, no rosto de diva da Nouvelle Vague, na magreza rígida. Ela se apresentou como sendo de Israel. E acrescentou o detalhe de ter nascido e crescido em Paris. A menção à França, no final da frase, soou como um detalhe sem importância. A ênfase estava no fato de viver em Jerusalém.

Um novo hábito se instaurou na casa de Shiva. Passamos a jantar juntos, todas as noites, no Trek and Dine, o café que não era o café do Sandip. Tomávamos o chai da manhã no Sandip e jantávamos no Trek and Dine. Não faria diferença se alterássemos a ordem dos fatores, mas a coisa se estabeleceu assim. No Trek and Dine, formamos o grupo dos remanescentes, aqueles que resistiam ao frio que apertava. Além de Marcel, Isaac, Corine e eu, compunham o grupo fixo Anna, uma hippie australiana que não falava muito e nunca era vista durante o dia; Amitav, um garoto de 20 anos, também de Israel, cujos olhos azuis e os traços fortes do Oriente Médio me lembravam Jesus Cristo; Jay, um irlandês andarilho de 30 anos; e, por fim, Amy, inglesa, de Londres, também judia.

Corine, Amy e eu nos tornamos um trio inseparável. Juntas encararíamos, duas semanas depois, um retiro de silêncio, de dez dias, no Tushita Meditation Centre, um monastério budista que ficava na encosta da montanha de Dharamkot. Corine e Amy eram os dois lados da mesma moeda: ricas, judias e opostas. Embora renegasse a França, Corine era francesa até a raiz do cabelão ruivo. Ela havia passado a maior parte da vida no Havaí. Migrou para lá com 20 e poucos anos, onde se casou com uma estrela do surfe e teve cinco filhos. Na hora de se decidir pela educação da prole, resolveu que queria dar às crianças uma base religiosa sólida. Arrumou as malas e partiu, sem o surfista, para Israel. Lá se casou de novo, com um professor mais velho do que ela, e teve mais um filho.

Corine era fervorosa na sua fé. Tinha 51 anos, seis filhos, e uma questão: "Jewbu, can I be both?" [Judia-budista, posso ser as duas coisas?]. Pensava em escrever um livro baseado na própria experiência.

Nos últimos cinco anos, sua vida dera cambalhotas. Primeiro, perdeu um filho. Depois, o marido. Para se manter de pé, foi buscar força na filosofia budista. Após dois anos de prática e estudo, passou a achar que o judaísmo e o budismo estavam se chocando. Assim, partiu para a Índia. Deixou o casarão de três andares de Jerusalém sob os cuidados da filha mais velha. E se instalou no quarto azulejado da Chill Out. Não faltavam judeus budistas em Dharamkot, e ela teria todo o material de pesquisa para o livro.

Corine não se conformava com o fato de Amy ter um namorado não judeu. Não fazia sentido para ela. Amy cresceu num bairro judeu do norte de Londres, cercada de tradições. Aos 28 anos, era uma menina bem-formada e bem-sucedida, que dirigia o braço social de uma multinacional britânica. O justo e o certo seria casar-se com alguém da sua comunidade, um dos seus. Amy retribuía as caretas de desprezo de Corine com gargalhadas. Não estava nem aí para a preservação da raça. Amava o gói. Corine era um poço de opiniões radicais:

— As pessoas estão aqui buscando uma forma de sobreviver sem Prozac. Só isso. Não tem nada de elevado em querer parar o Prozac — ela disse, na nossa última tarde de liberdade, enquanto fazíamos compras em McLeod, quando eu, enfim, comprei, sem desconto, a manta de iaque do Tenzin.

O último jantar foi igual a todos os outros jantares. Rodeamos a mesa e nos entupimos de *chapati*, chai e revelações.

— Estou fazendo dieta de sexo há um ano. Eu me enchi das trepadas sem sentido. Enquanto não entender onde está a chave do meu padrão de relacionamento, vou ficar sozinho — disse Jay, o irlandês.

Amitav, ao contrário, queria mais sexo, todos os dias, se possível. Isso estava escrito nos seus olhos azuis famintos, que pousavam nos meus seios sempre que a minha blusa permitia. Vinha de uma família ortodoxa, cresceu em kibutz, foi presidente da Juventude Israelita e chegou a ser missionário na Inglaterra.

— Depois do Exército, passei um ano na América do Sul. Melhor ano da minha vida. Foi a primeira vez que eu trepei. Ano passado! Mas eu não comi carne argentina. Não era kasher. Isso eu me arrependo. Até hoje penso nessa carne.

Deixei Amitav relembrando a carne que não comeu e as mulheres que comeu. Deixei Jay discorrendo sobre as descobertas da vida sem sexo e com meditação. E fui para casa. Sozinha. A lua estava cheia. A manta de lã de iaque me protegia do frio. A rua de Dharamkot se encontrava deserta. Só os cachorros e a ventania. Há muito tempo eu ansiava por aquela oportunidade de ficar calada. O silêncio! Eu havia lido as regras do Tushita com cuidado. Eu não poderia falar com ninguém, ninguém poderia falar comigo. E qualquer tipo de comunicação, até mesmo a troca de olhares, deveria ser evitada. O silêncio era a meta. Fui dormir ouvindo a entrevista que tinha gravado dois dias antes com o sr. Lhakdor. Marcel chegou e se deitou na minha cama. O que eu mais gostava em Marcel era a sua intimidade com o silêncio.

Gueshe Lhakdor

Não consegui uma entrevista com o dalai-lama. Naqueles dias, ele renunciara ao papel de líder político do Tibete. O secretário pessoal de Sua Santidade, o sr. Tenzin, me disse que as entrevistas estavam suspensas.

Havia uma fila na minha frente, do *New York Times* ao *Le Monde*. O sr. Tenzin me aconselhou a procurar o sr. Gueshe Lhakdor, o diretor do Centro de Estudos Tibetanos. Ele havia traduzido boa parte dos livros do dalai-lama para o inglês, era o seu acompanhante nas viagens internacionais, e, ainda por cima, estava sentado na cadeira de chefe do patrimônio cultural do governo exilado: a biblioteca.

A sede do governo ficava em Dharamsala. Uma rua, com um arco na entrada e uma série de prédios de arquitetura tibetana. A biblioteca era o mais imponente, com uma rica *tankha* revestindo a entrada. A moça da recepção logo me mandou subir os quatros lances de escada, que me levariam à sala do diretor. Passei pela biblioteca em si, uma montanha de livros antigos, que mais pareciam obras de arte. Passei pelo museu, objetos e fotos da fuga para a Índia, quando o dalai-lama e sua *entourage* cruzaram o Himalaia fugindo dos chineses, no fim dos anos 1950. Cheguei à sala do sr. Lhakdor. Ele estava ao telefone. Vestia os trajes de monge, era jovial e me lançou um sorriso de boas-vindas. Na parede à minha frente, duas fotos: uma do dalai-lama e outra de Gandhi.

— Você é do Brasil, então. Estive lá recentemente na comitiva de Sua Santidade — ele disse, ao desligar o celular.

— O senhor gostou?

— É lindo, um lugar provido de muita energia.

— Eu vi nos jornais. Verdadeiro frenesi em torno do dalai-lama.

— Pois é. Você ficou sabendo que há poucos dias a África do Sul recusou o visto para Sua Santidade?

O sr. Lhakdor me serviu o chá de manteiga dos tibetanos. Eu temia esse momento. Fingi que tomava, enquanto a conversa pegava o rumo. O monge sorria com o corpo inteiro. O sorriso brotava nos olhos, descia pelos músculos do rosto, florescia na bochecha, contaminava o resto, provocando sacudidelas.

— O senhor veio para a Índia na comitiva do dalai-lama? Cruzou tudo aquilo em pleno inverno? Acabei de ver as fotos lá embaixo.

— Vim um pouco depois. Não me lembro de detalhes, era pequeno. Na época, houve um grande êxodo. O caminho é o mesmo que os tibetanos fazem até hoje: atravessar as montanhas, os grandes rios, cruzar os picos gelados. Muita, muita dificuldade.

— Senhor Lhakdor, meu objeto de pesquisa é a fome ocidental por espiritualidade. Por que o budismo atrai tanta gente, na sua opinião?

— As pessoas estão buscando, desde sempre. Algumas vezes por mera curiosidade. Muitas vezes por profunda necessidade. E hoje, por conta das facilidades tecnológicas, ficou muito mais fácil se conectar com diferentes perspectivas de vida. Os ocidentais estão mais expostos às ideias do Oriente. E os orientais, às ideias do Ocidente. Nos países democráticos, são livres. E têm liberdade para buscar onde acharem mais conveniente.

— E o lugar mais conveniente parece ser o budismo, pela avalanche de gente que estuda ou segue a filosofia.

— Acho que a maior atração do budismo é o fato de não se tratar de uma religião. Isso tem que ser entendido com clareza. O budismo é um caminho de vida, uma ciência da mente — e é bastante científico. Você pode perguntar, questionar. E, se não concordar, não tem que comprar o pacote inteiro.

— Como assim?

— Vamos olhar a história de Buda. Ele passou anos investigando, explorando a própria mente. Seu objetivo: minimizar o sofrimento de todos os seres. E descobriu que a única forma de encontrar a estabilidade era olhando para dentro. A menos que a pessoa possa explorar esse manancial de paz que há dentro de todo mundo, ela não vai encontrar estabilidade. Se continuar somente correndo e correndo atrás de coisas, pode obter satisfação. Mas nunca felicidade. Buda descobriu verdades muito profundas, que são válidas para todos os seres humanos.

— As tais quatro verdades nobres — eu disse, toda orgulhosa, pois acabara de ler o livro *As quatro nobres verdades*.

— Também, mas estou falando de outra coisa. Ele enxergou a interconexão, o sofrimento e a impermanência inerente a todos.

— Essa é a base do budismo?

— Os ensinamentos fundamentais de Buda são senso comum. Ele não estava falando de mágica ou de mistério. Tudo parte da mente. Só existe a mente. Mesmo a pessoa que busca o misticismo tem que partir da mente. A dificuldade, portanto, não é saber a verdade. Mas viver de acordo com a verdade.

— Como se consegue chegar a essa verdade?

— Meditação, contemplação. Vou te dar um pequeno exemplo. Buda disse: "Se você não sentir raiva, ódio, você será mais feliz." Julgue isso, contemple isso.

— Mas a raiva é um sentimento humano. Nada mais humano do que a raiva.

— Estamos falando de observar as emoções, de cultivar as emoções positivas e descartar as emoções negativas. Há emoções amigas e emoções inimigas. E basta contemplação para que se desenvolva atenção. E, a partir da atenção, você pode selecionar as emoções que lhe fazem bem.

— Se isso fosse fácil, os problemas do mundo estariam resolvidos, não?

— Um outro exemplo: se alguém te diz coisas boas, você fica feliz, certo? Se alguém te diz coisas ruins, você fica triste. Pegue esse exemplo e leve para o dia a dia. Aplique isso na relação com o outro. Seja honesto sempre, mas seja generoso.

— O budismo, então, seria a prática, minuto a minuto, da observação dos próprios sentimentos?

— Sim, simplificando é isso. Raiva é veneno. Ódio é veneno. Ciúme é veneno. Competição é veneno. Arrogância é veneno. Tudo isso destrói a paz, a estabilidade.

— Como o senhor pratica o que está me dizendo?

— Há culturas que alimentam o ego, a competição, como coisas necessárias à sobrevivência. As filosofias ocidentais alimentam tais sentimentos. No budismo, falamos de amor e compaixão, que não são sinônimos de fraqueza. Pelo contrário. Só estamos dizendo: use a sua sabedoria e seja duro quando precisar ser duro, mas sem raiva, sem ódio. Quando você sente raiva, torna-se fraco, fica cego. A partir do amor e da compaixão, a mente se mantém clara, afiada. Você age com precisão e inteligência.

— Como alguém que vive numa cidade grande, cercado de desafios e interferências, pode conquistar essa atenção?

— Apenas use o bom senso. Você já deve ter sentido raiva alguma vez na vida. Foi útil?

— Não, acho que não. Agora mesmo eu senti raiva do motorista do tuk-tuk que me trouxe aqui e não adiantou nada.

— Então, da próxima vez, contemple: "Não é útil." Obviamente você não vai conseguir se livrar de todos os sentimentos negativos de um dia para o outro. Nem o mais experiente praticante do budismo pode fazer isso. Mas, aos poucos, você vai melhorando, se for capaz de se observar. Gradualmente as emoções positivas vão se fortalecendo. E as negativas vão enfraquecendo.

— Quais as técnicas para que esse processo seja mais rápido?

— Obviamente, temos muitas técnicas diferentes, de acordo com o nível do praticante. Mas não existe milagre no budismo. Tudo vai depender de você, da sua honestidade e desejo de se transformar.

— O que é iluminação?

— Ah, não pense nisso agora. Isso é um longo caminho. A tarefa do principiante é limpar a mente do lixo que está lá. Sabe quando você se muda para uma casa nova e tem que fazer uma enorme faxina? É isso. Primeiro, a faxina.

— O senhor pode falar um pouco das quatro verdades nobres? Acabei de ler o livro do dalai-lama.

— Temos o sofrimento, a causa do sofrimento, a felicidade e a causa da felicidade. Essas são as quatro verdades nobres. O sofrimento tem uma causa. Se você reduz a causa, diminui o sofrimento. A felicidade também tem uma causa. E, se queremos felicidade, temos que cultivar essa causa. Estou te explicando da forma mais simples possível. Poderíamos falar das quatro verdades nobres por dias, meses, anos... De maneira geral, as causas estão na mente, tanto para a felicidade quanto para o sofrimento.

— Em Dharamsala só se fala de três coisas: viver no presente, karma e reencarnação.

— O passado já foi. Você pode aprender lições, mas não há utilidade em chorar sobre o leite derramado, você deve saber disso. O futuro. Claro, você tem que se preparar para o futuro. Mas ele não está aqui ainda. Então viver pensando que a felicidade está no futuro é destruir o presente. Você tem que ser feliz hoje, agora. E, para isso, temos que voltar a falar de meditação, de contemplação, de atenção.

— O senhor é feliz o tempo todo?

— Claro que não. Nem o dalai-lama o é. Mas eu posso ser feliz ou infeliz agora, nesse minuto, tudo depende da minha mente. Posso pensar: "O que eu estou fazendo sentado nesta sala, nesta cidade pobre? As pessoas estão nas praias, dirigindo carros maravilhosos, têm dinheiro. E eu não tenho nada. Sou velho, estou vestido com um robe feio, de monge budista. Nem outra roupa eu tenho." Mas eu posso pensar de outra maneira e ser extremamente feliz: "Eu tenho tanta sorte. Meus conterrâneos estão sofrendo sob a ditadura chinesa. E eu estou aqui, perto do dalai-lama, fazendo um trabalho importante para a preservação da cultura e tradição do meu país." A mente é a fonte de tudo.

— Mas como controlar a mente, senhor Lhakdor? Ninguém tem pensamentos negativos porque quer.

— Tudo está na mente. E a mente pode ser controlada. É um treinamento, como qualquer outro treinamento. Budismo é sobre acordar, estar atento ao presente em vez de ficar perambulando no futuro. Nós nos preocupamos com o que ainda está por vir e não fazemos o que temos que fazer agora. Tenho dito isso todos os dias para os meus amigos tibetanos. Não estamos fazendo o suficiente para manter a nossa tradição, que está sendo massacrada. Ficamos preocupados porque essa cultura vai desaparecer. Isso não ajuda em nada.

— O que o senhor acha que pode ser feito para reverter o sofrimento do povo tibetano?

— Precisamos melhorar nossa educação e elevar o nosso poder econômico. Não são poucas horas de slogans por dia que vão nos salvar. Os tibetanos precisam se fortalecer cultural e economicamente. Não se conseguem essas coisas sem trabalhar duro. Digo para as pessoas que vêm me procurar: "Em vez de reclamar, se preocupar, se frustrar, vá estudar e trabalhar. Só assim podemos ajudar o Tibete."

— O que é karma?

— Karma significa ação. Se você estuda, você tem uma boa educação. Se tem uma boa educação, consegue um bom emprego. Isso é karma. Uma ação vai gerar um benefício ou um malefício, dependendo da intenção dessa ação. O resultado da ação pode vir no minuto seguinte ou na vida seguinte.

— No Ocidente, o conceito de reencarnação não é automático, como no Oriente.

— O problema no Ocidente é exatamente este, na minha opinião: uma sociedade extremamente materialista. As pessoas só acreditam no que podem ver. Isso é muito limitador. Karma, porém, pode ser olhado como senso comum. Todas as vezes que fazemos algo, isso é gravado na nossa mente. E, quando uma situação surge, essa ação passada vai ter um impacto. Karma não é misticismo. É ação e resultado.

— E reencarnação? Reencarnação é pura crença.

— Essa mente vai de uma vida para a outra. Somos tão recicláveis quanto qualquer outra coisa.

— Por que os budistas não choram a morte?

— As pessoas que têm um bom entendimento da realidade não choram, não se desesperam diante da morte. Buda disse: "Você chora porque não conhece a realidade." Estou te encontrando agora, estamos tendo uma ótima conversa. Quando você for, eu não vou chorar, você não vai chorar. O mesmo deveria acontecer no dia a dia. A vida é isto: estamos aqui para encontros temporários. O importante é: enquanto estamos juntos, vamos aproveitar da melhor maneira possível — encerrou o senhor Lhakdor, me deixando com um desejo enorme de mergulhar no budismo. O budismo fazia todo o sentido para mim.

O caminho de Marcel

O destino estava traçado. O sucesso era algo inevitável para alguém com a sua biografia. Um rapaz bonito, inteligente, rico, que estudou na Suíça e se preparou devidamente para o mundo. Falava inglês com fluência, francês era a sua língua-mãe, dominava bem o alemão. Logo que se formou em Economia, conseguiu um emprego em um banco na Bélgica, em Bruxelas, sua cidade natal. Ganhava dinheiro e fazia o que um jovem bem-sucedido fazia: torrava a grana com roupas, viagens, jantares, festas, bebidas, cocaína, mulheres. "Uma vida normal", como Marcel descreveu, numa das manhãs em que tomávamos chai no Sandip.

A vida normal, porém, incluía o pacote completo: ressacas, ansiedade, estresse, insônia, depressão, vazio. Como dinheiro não lhe faltava, ele acordou uma manhã decidido: tiraria um ano sabático. Um ano inteirinho, só para ele. O destino escolhido foi a Ásia. Marcel tinha um hobby: surfar. Sua ideia era passar um ano sobre uma prancha, entre Tailândia e Indonésia. Resolveu dar um pulo na Índia, um lugar que não lhe interessava tanto, mas que estava no caminho. Na Índia, mais por impulso que por decisão, começou a fazer cursos:

yoga, meditação, culinária, massagem. Caiu em suas mãos um livro do dalai-lama: *As quatro nobres verdades*. Corria o ano de 2001.

— Era um livrinho pequeno e li numa tarde. Falava basicamente da meditação como caminho para a felicidade. Dei uma pesquisada na internet e achei o Vipassana.

Um retiro de Vipassana não correspondia a um fim de tarde numa praia de Bali: acordar de madrugada, para um cara que costumava arrastar a ressaca da cama às dez da manhã; e cumprir regras rígidas de comportamento, para alguém que até então fora regido pelo princípio francês da liberdade. Ficar sentado, de olhos fechados, por cerca de 12 horas diárias, em silêncio, durante dez dias, poderia parecer impossível para um sujeito que não conseguia sequer parar para almoçar. Mesmo assim, Marcel decidiu tentar.

— O primeiro curso é muito doloroso. Para mim, foi. Temos ideias preconcebidas do que seja meditação, imaginamos um estado de paz, de prazer. Mas é uma tortura, do primeiro ao último dia.

A palavra Vipassana significa: "Ver as coisas como realmente são." A técnica foi redescoberta por Buda, há mais de 2.500 anos. Segundo apregoava Marcel, tratava-se de um caminho de autotransformação que usava como ferramenta a auto-observação. O mestre contemporâneo do Vipassana chamava-se S. N. Goenka. De origem indiana, ele nasceu e foi criado na Birmânia. Lá aprendeu Vipassana com um funcionário público. Em 1969, Goenka se instalou na Índia e começou a comandar retiros. Hoje existem centros de Vipassana, da tradição Goenka, em todo o mundo. Após o primeiro retiro, Marcel seguiu. Ele voltou para a Bélgica. Mas já tinha certeza de que não ficaria lá. Seu objetivo era arranjar um jeito de morar na Ásia. Um dia ouviu falar de uma vaga para professor no MBA da Universidade de Saigon. Candidatou-se. Há oito anos vivia no Vietnã.

— Uma coisa eu sabia que não queria: continuar na Europa. Na Ásia, há algo de espiritual comandando a vida das pessoas, mesmo as não religiosas. Viver no Vietnã mudou tudo.

Tomei muitos chás da manhã com Marcel. Ele tinha um par de olhos azuis serenos. Não era arrogante. Não tinha certezas. Tinha muitas dúvidas. Fazia cinco anos, morava com uma vietnamita, uma mulher mais velha do que ele, intelectual, inteligente, cuja maior sabedoria talvez tenha sido não tentar amarrá-lo ao pé da cama. Marcel não sabia se estava naquele casamento por conforto ou por amor. Ele também já não estava mais tão convicto de que queria passar o resto da vida na Ásia. Depois da estada na Índia, pretendia surfar na Austrália e, então, reviver um verão na Bélgica, para se lembrar como era.

— O processo do Vipassana não é nem um pouco prazeroso. Você está ali para mudar padrões. E mudar padrões é descer ao inferno. A atitude é: "Aconteça o que acontecer, eu só observo."

Segundo Marcel, a técnica consistia em dois estágios.

— Uma parte da técnica é para você se manter no presente. E você trabalha com o corpo. Sua única missão é observar a respiração: estou inspirando, estou expirando, estou inspirando, estou expirando... Você concentra a mente em volta do nariz e observa as sensações do ar entrando e saindo.

O segundo estágio começava só no quarto dia de retiro.

— Você parte para o entendimento da impermanência, da transitoriedade. Por exemplo: sente uma vontade desesperada de sair correndo. Se você só observar, sem reagir, a vontade vai passar e a mente vai migrar para outro desejo. Isso é o jeito como vivemos. Nas situações difíceis, desespero. Diante das coisas boas, apego e sofrimento quando elas se vão. Vipassana é um treinamento para que você consiga mais equilíbrio. As coisas são o que são.

O farfalhar das asas

Corine e Amy já me aguardavam na varanda da casa de Shiva. Perdi a hora, olhando os olhos de Marcel. Eu tinha quarenta minutos para cumprir o ritual do viajante: arrumar a mochila — e decidir o que deixar para trás. A viagem em si era uma lição búdica: quanto mais se acumulava, mais esforço para se desapegar na hora de partir. Por que havia comprado aquele moletom idiota, com capuz pontudo? E a manta de lã de iaque? Linda, mas ocuparia metade do meu espaço. Àquela altura, eu já deveria compreender: nem a minha mochila nem a minha mente estavam sujeitas à expansão cósmica. Abandonei livros, abandonei roupas, entre as quais o moletom que eu adquirira com entusiasmo na tarde anterior.

Amitav e Isaac apareceram para nos ajudar a arrastar as mochilas até o monastério. Isaac havia feito o curso de Introdução ao Budismo no ano anterior.

— Não quebrem o silêncio por nada. O barato é o silêncio — disse.

Amitav não conseguia acreditar que estávamos deixando os animados jantares no Trek and Dine para ficarmos caladas por dez dias.

— Por que vocês não se alistam no exército de Israel?

Uma estradinha margeada por coníferas majestosas levava ao Tushita Meditation Center. O monastério ficava na beira de um vale infinito, onde brotavam montanhas, picos nevados. Só a vista teria sido suficiente para Buda se iluminar. Na recepção, éramos um grupo de 38 pessoas. O silêncio ainda não havia sido instaurado. E, como numa reunião social, falávamos. E falávamos mais, cada vez mais alto.

O ritual era demorado. Havia quatro guichês. Todos tinham que passar pelos quatro guichês: 1) pagar; 2) receber o quarto — o hóspede podia cair em quarto individual, duplo ou dormitórios para quatro ou seis pessoas; 3) receber a tarefa da karma yoga, que era parte do programa, como lavar panelas ou limpar banheiros; 4) depositar os objetos de valor e o passaporte.

Num retiro budista, elementar, ninguém está ali para saber quem é o outro, e sim para saber quem é. Enquanto o apito dando início à viagem interior não soava, porém... O turco atarracado, olhos verde-palha, me disse que, se podia falar alguma coisa sobre si, era que era um sufi. O galês hippie, quase tão alto quanto as coníferas, morava numa região remota do País de Gales e seguia o budismo havia muitos anos. O irlandês, careca aos 30 e poucos anos, estilo "nerd fashion", estudou física na Universidade de Belfast e estava ali por curiosidade. O budismo, segundo me disse, tinha muito a ver com a física. Isso eu não poderia saber. Quase tomei bomba em física nos três anos seguidos do segundo grau.

Os americanos estavam em maioria. Havia alguns desgarrados, como a nova-iorquina neurótica, que, durante o retiro, insistia em conversar, embora ninguém quisesse falar com ela. A maior parte deles viajava em grupo. Havia um grupo de jovens muito jovens, imberbes. Cheguei a trocar algumas palavras com um deles, um garoto de cabelos louros ralos e óculos de intelectual. Era estudante de astronomia. O budismo havia se tornado uma disciplina opcional na sua universidade. Ele também falou da relação entre budismo e física. Disse coisas sobre como que a física quântica havia comprovado a tese do budismo de que tudo — imaterial e material — podia ser influenciado pela mente.

Por coincidência, caí num quarto duplo, que eu dividiria com Corine. Nós descobrimos isso na porta do bangalô. Amy caiu num dormitório para quatro pessoas. Nós três havíamos recebido a mesma tarefa na karma yoga: lavar louças. Eu, no almoço. E Corine e Amy, juntas, no jantar. O bangalô era franciscano: uma construção de tijolos aparentes, com duas camas estreitas lado a lado, e um banheiro apertado, com vaso indiano e banho de balde. Minha preocupação era não morrer de frio. No meio do bosque, o sol não chegava. A umidade transformava o nosso casebre em freezer. Agradeci por ter investido cem dólares na manta de lã de iaque.

A rotina no Tushita não seria tão rígida quanto nos retiros de Vipassana. Tratava-se de uma versão light dos retiros de Marcel. O dia começaria às 6h30 e terminaria às 20h30. Das 6h45 às 7h30, meditação; 7h30: café da manhã; 9h: filosofia; 11h: yoga; 12h: almoço, seguido de karma yoga; 14h: grupos de discussão, quando éramos liberados para falar; 15h: chá; 15h30: filosofia; 17h30: meditação guiada; 18h15: jantar; das 19h30 às 20h30: última sessão de meditação. O começo e o fim de cada atividade seriam marcados pelo som de gongos. Duas americanas foram encarregadas dos gongos.

O curso aconteceria no salão principal do monastério, decorado com uma imensa estátua dourada de Buda. Não havia cadeiras. Só almofadas, rigidamente colocadas atrás de mesinhas para apoiar os livros. Nossos dois professores eram americanos — os cursos muito avançados eram regidos por monges tibetanos. O professor de meditação tinha um nome budista que eu jamais entendi. Contou brevemente sua história: era do Havaí. Trabalhou em Wall Street. Descobriu o budismo em São

Francisco, no início dos anos 2000. Depois que a mãe faleceu, há cinco anos, resolveu virar monge, uma ideia que ruminou desde o primeiro dia em que entrou num templo.

O professor de filosofia se chamava Jimi Neal. Ele não era mais monge. Tinha 65 anos e vivera 15 em monastérios. Nasceu em Seattle, experimentou a São Francisco dos hippies e chegou à Índia no início dos anos 1970, pela rota do Oriente Médio. Jimi e o colega formavam uma dupla desigual. O havaiano era inexperiente, tímido, defensivo. Ensinava meditação seguindo linha a linha o manual. Jimi transbordava tudo o que faltava no outro. Ensinava a filosofia budista citando Jimmy Hendrix, Jim Morrison, Bob Dylan, William Blake, Keats, Michaux, Rimbaud. E entremeava cada conceito com histórias de sua viagem física e mental desde que partiu de casa. Jimi fazia aquilo parecer fascinante, a maior viagem de um viajante.

Escrevi um diário durante o retiro. Ele saiu tão caótico quanto a minha cabeça naqueles dias. Não sei por que o silêncio me transformou numa daquelas pessoas que se metem a fazer poesia sem ter a menor ideia da complexidade da missão. E os pensamentos? Os pensamentos ficaram completamente histéricos. Passei os três primeiros dias pensando a mesma coisa, como se eu tivesse entrado numa trip neurótico-obsessiva depois de um baseado de skunk. Eu precisava escrever um e-mail, endereçado a todos os meus amigos, contando-lhes sobre as aulas de Jimi. Eu escrevia a mensagem mentalmente. E a apagava. Queria resumir o budismo num e-mail. A mensagem seria curta. Mas tão definitiva que faria as pessoas arrumarem as malas e partirem para a Índia. Ao mesmo tempo, eu ouvia o Jimi. E questionava se o meu entusiasmo em espalhar A Mensagem era algo genuíno, altruísta, incondicional, ou se eu apenas queria me gabar de estar ali onde os outros não estavam. Ego? Qual a intenção? O budismo falava muito de intenção. Resolvi, então, escrever só para cinco amigos, que eu sabia que se interessavam pelo tema. Desisti. Não escreveria para ninguém.

Escrevi, no diário: "Sou obsessiva. Não me observo. Não sinto. Vou. Ajo. Não: reajo. Por repetição, por compulsão."

Todos os dias Jimi começava as aulas falando de motivação. Outra ideia fixa invadiu o meu silêncio. Eu largaria tudo e moraria em Dharamsala por um ano. Por que não? No diário, tracei o plano de mudança para a Índia. Tão detalhado que até previ uma viagem da minha mãe ao Oriente, para me visitar. Acrescentei um PS, no pé da página: "A cada dia sou uma pessoa. A cada minuto, sou uma pessoa. Não sustento desejos. As pessoas são sólidas. Eu sou líquida."

E, no canto, rascunhei uma "poesia", uma das minhas Poesias do Silêncio:

Vaguei.
Vago.
Não vagarei.

Entre uma aula e outra, num fim de tarde, estacionei no meu ponto na clareira. Gostava especialmente daquele ângulo das montanhas. De repente, o vale se encheu de nuvens, eu estava acima das nuvens. O sol pairava no vácuo, entre o azul e o branco, tão alaranjado e tão majestoso que parecia ter sido colocado lá por um pintor exagerado: uma bola de fogo flutuante. Eu tinha acabado de sair de uma meditação maluca, em que o professor nos levou a percorrer todas as etapas da vida até nos enxergarmos no caixão, até virar pó. O budismo enfatizava a contemplação da morte como a única forma de apreciar a vida. A ideia do *jumping* consciente era uma meta. Deixar o corpo sem brigar por ele. Entregar. Ir. O desapego final. *JUMP!* Olhando o sol, tive um lampejo do *jump*. Uma sensação tão real que me recuso a acreditar que foi apenas imaginação. Tornei-me um pássaro. Voei sobre o vale. Senti tudo: o farfalhar das asas, a liberdade, a solidão plena, a quentura do sol. Escrevi no diário: "Nenhum dia foi tão real. Eu sorrio por dentro. Felicidade. Dissolução."

Os dias corriam iguais no Tushita. Ao menos na superfície. Pela manhã, comíamos pão com manteiga de amendoim acompanhando o chai. À noite, comíamos pão com manteiga de amendoim acompanhando a sopa. Os comportamentos também se repetiam. O turco de olhos verde-palha cabulava a meditação da manhã. O holandês esquisitão benzia o prato, com as mãos postas sobre a sopa rala. Os indianos — havia dois empresários de Bombaim no grupo — escapavam para a estradinha que dava acesso ao monastério para conversar. Aula após aula. Eu os seguia, só para que soubessem que eu sabia que eles burlavam a regra máxima: o silêncio. Depois do almoço, uma canadense que fazia parte da excursão dos americanos corria na frente para lavar a louça. Gostava — mais do que gostava, precisava — de mostrar serviço. Eu ficava feliz, pois ela era do meu turno de limpeza. Eu fumava um cigarro escondida no banheiro e o lavava depois para remover o cheiro.

Numa manhã, fizemos uma meditação guiada, cujo foco era o perdão. Perdoar era o que tínhamos a fazer. No budismo tibetano, as visualizações faziam parte da prática. O professor começou, como sempre começava, nos conduzindo à concentração. Expirar, inspirar, expirar, inspirar, expirar, inspirar, por vinte minutos: A Oração Pulmonar. Depois passou a nos incitar a invocar pequenas mágoas, grandes mágoas. Revivê-las. A missão era tirar os esqueletos do armário.

O rosto de uma pessoa que ocupou todo o meu espaço durante um ano inteiro, o ano de 2010, surgiu na tela. Tão real que senti sua respiração tranquila, seu cheiro de mar, ouvi a sua risada. Meu coração diminuiu de tamanho. Aquele aperto, aquela dor, aquele nó. De novo, de volta. Não. Eu não queria voltar àquele lugar. Queria que o rosto sumisse. Mas ele não sumiu. Anotei no diário mental um "poema". Por que, meu Deus, aquela nova mania de pensar em versos? Fora o surto poético, eu me sentia bem no final da meditação. Muito bem. De alguma forma, havia desfeito o nó da mágoa. Amy me contou depois, em tom confessional, que ela havia descido tão fundo que perdoara Hitler.

Não saberia dizer com precisão — obviamente — o que acontece com a mente durante um retiro de silêncio, sobretudo nos momentos em que não se está "meditando". A meditação tem um foco, mesmo que abstrato. Sem estímulo, sem nada para se ocupar, a mente se rebela. Pula de um lado para o outro, diva ga por caminhos labirínticos, assume uma espécie de vida própria, independente de você. E você, por conseguinte, se torna um observador. Tornar-se um observador era uma coisa que eu conhecia. A yoga era isto: a mente focada no corpo, se esquecendo dela mesma. Mas, em silêncio, desprovida de direção, nua, a mente despejava pensamentos como pipoca estourando na panela. Focando a atenção, eu podia ver um pensamento nascendo, ganhando força e morrendo, para ser substituído por outro pensamento, que também morreria... A mesma dinâmica do mar: ondas se agigantando para quebrar na areia. Meditar, segundo os iniciados, era conseguir esticar, alargar o espaço entre as ondas. Boiar na calmaria.

O retiro acabou em dois eventos. Na última noite, rodeamos a *stupa*, a tumba do monge que fundou o Tushita, e cantamos mantras, por horas. Um coro de vozes emocionadas. Chorei! Depois, todo mundo acendeu uma vela e falou alguma coisa com voz embargada.

— Odeio pieguice — Corine cochichou no meu ouvido, jogando a cabeça de lado e virando os olhos, como sempre fazia quando queria demonstrar indiferença.

Na manhã seguinte, nós nos sentamos no mesmo lugar e comemos a única refeição decente em quase duas semanas. Tinha até bolo de chocolate.

Já passava do meio-dia quando cruzamos o portal do monastério. Dharamkot estava igual. O homem do chai preparava o chai. Os motoristas de *tuk-tuk* aguardavam passageiros, de cócoras, mascando o *paan*. As crianças corriam em bandos, felizes, para a escola. Os camponeses passavam, lentos, carregando os cestos de lenha. Nada havia mudado. Ou tudo estava mudando o tempo todo. As transformações aconteciam a conta-gotas. Incansáveis, sem trégua. Correndo em direção à morte, ocupados demais com o porvir, tudo nos escapava. Transitoriedade! Impermanência! Desapego! Tudo fazia sentido para mim. Corine, Amy e eu fomos ao salão de beleza.

Jimi Neal

Ele morava em um vale profundo, logo abaixo de Dharamsala. A casa era uma tentativa, talvez, de Gaudí: janelas miúdas, paredes tortuosas, irregulares, pintadas com cal. Parecia ter sido feita à mão. Uma casa orgânica. No jardim bem-cuidado, com flores de várias cores enfileiradas, havia um templo e uma casa menor, usada para retiros de silêncio.

Jimi me recebeu com chá de folhas de laranjeira. Escolhi uma cadeira de couro, coberta por uma manta nepalesa — e me recostei. Ele estava com o ar cansado, depois de dez dias encarando a plateia faminta. O que me encantava nele era a absoluta falta de necessidade de se autoafirmar, de provar qualquer coisa. Jimi era Jimi.

— Ninguém é livre até perceber que não tem nada a ganhar. Isso demora vidas para se compreender. O que eu acho é que dá para ir reduzindo o apego, o medo.

Conversamos por mais de uma hora. Ele botou para tocar um disco do Ottis Redding, reabasteceu as canecas de chá, deitou-se no tapete e fixou os olhos no teto.

— Quando você começou a se interessar pela Índia, Jimi?

— Não sei dizer. Lembro-me de uma passagem da infância. Fui com a minha mãe a uma livraria e me encantei por um livro: *Autobiografia de um iogue*, do Yogananda. Eu queria saber tudo: onde era a Índia? O que era yoga? Quem era aquele homem?

Acho que ali pintou o interesse. Mas, nos anos 1960, muita coisa estava acontecendo na Costa Oeste e eu fiquei por lá. Só resolvi partir em 1971, com 23 anos.

— Você era hippie?

— Se ser hippie era ter cabelo grande, tomar LSD e fumar maconha, sim, eu era hippie. Mas nunca me importei com a Guerra do Vietnã. Eu estava interessado nas jornadas mentais. O meu negócio era testar até onde a minha cabeça ia com o LSD.

— Como foi a sua primeira viagem à Índia?

— Fui para Ibiza, onde encontrei umas pessoas e acabei numa ilha grega. De lá, pegamos um ônibus para a Turquia. Depois Irã. Quando chegamos ao Afeganistão, estava rolando a guerra do Paquistão com a Índia. Não dava para seguir em frente. Acabei ficando muitos meses em Cabul.

— Todo mundo me diz que o povo afegão era muito hospitaleiro.

— Porra, incrível! Quando a guerra acabou, não era possível cruzar o Paquistão por terra. O clima estava muito instável. Então eu voei para Nova Déli.

— Qual era a sua ideia da Índia?

— Nenhuma. E a minha chegada à Índia foi decepcionante. Os Estados Unidos haviam dado o suporte financeiro para o Paquistão na guerra. Não consegui visto. Tive que seguir para o Nepal. Assim que pus os olhos no Himalaia, eu senti uma coisa, como se tivesse chegado ao destino final. Passei semanas caminhando nas montanhas. Não havia ocidentais no Nepal naquele tempo. Não havia nem carros em Katmandu. Claro, aos 23 anos, minha viagem estava intrinsecamente ligada a fumar haxixe. Mas, depois de fumar os meus *chilams*, eu sempre ia aos templos.

— Você pensou em ficar no Nepal?

— Não. Eu tinha essa coisa com a Índia. Queria a Índia. Não sei como aconteceu, mas acabei conseguindo um visto.

— Quanto tempo você ficou da primeira vez?

— Cerca de um ano. Fiz a viagem de retorno por terra, cruzando tudo.

— Por que você voltou para os Estados Unidos?

— Dinheiro. Fiz as contas de quanto tempo eu precisaria trabalhar para ficar quatro anos na Índia. Voltei, fiz a grana e retornei. Já sabia, então, que o meu objetivo era o budismo tibetano.

— Por quê?

— Eu estava lendo muito, pesquisando tudo. Nos anos 1970, rolou a primeira grande onda de filosofia oriental. Em São Francisco, só se falava disso.

— Isso me intriga: por que o budismo?

— Fazia sentido, quando todo o resto não fazia sentido algum. E havia os beatniks botando lenha na fogueira. Você leu Os *vagabundos iluminados*, não leu?

— Pois é: era o que a gente lia na época.

— Você chegou à Índia e foi direto para um templo?

— Fiz um monte de coisas. Primeiro, um curso, entre 1974 e 1976. Depois, a trilha do Everest. Aí passei um tempo em Bodh Gaya. Ao mesmo tempo, estava sempre fumando *chilam* com os babas de Varanasi. Em 1977, voltei à América.

— Para trabalhar?

— A Índia era muito barata. Você conseguia viver com duas rupias por dia. Então eu calculei: "Se eu trabalhar por dois anos e quatro meses, posso viver na Índia por dez anos." E assim foi...

— Por que você decidiu se tornar monge?

— Eu levava a sério o Dharma. E as duas grandes distrações da vida são trabalho e relacionamentos. Então, tirar isso da frente era o meu objetivo.

— Quando você vestiu o robe pensou que seria pra sempre?

— Depois da minha ordenação, sim, pensei que seria para sempre, porque me diziam que era assim. Mas, no budismo, você pode devolver o robe e se ordenar novamente quantas vezes quiser.

— Não te apavorava a ideia do celibato?

— Não, eu tinha uma prioridade e me sentia confortável com o celibato.

— Por que largou?

— Fui para a França e havia monges incríveis no nosso monastério. Fizemos muitas práticas elevadas. No final, porém, dos cem do grupo original, restaram oito. O Ocidente não dá suporte para a vida monástica. As pessoas te olham como se você fosse um *freak*.

— Isso enfraqueceu a sua vontade.

— Não isso. Mas o que o nosso monastério se tornou. Foram chegando pessoas com problemas psicológicos que entraram nessa para escapar. Tornar-se monge para fugir é uma furada. Isso acontece principalmente com as mulheres. Não tiveram filhos, não têm parceiros e se refugiam na negação. Havia muita neurose no processo.

— Por isso você desistiu de ser monge?

— Em parte, sim. Eu estava naquele monastério na França, com os fanáticos que restaram. Os ocidentais tendem a se tornar fanáticos. Os orientais são leves. Então pensei: "Quero cair fora daqui." Entreguei o robe e voltei para a Índia.

— Você estava era com saudade da Índia.

— Estava mesmo. Voltei e continuei com as práticas. Um dia eu estava sozinho no Tushita, no meio de uma tempestade de neve, e quebrei a perna. Todo mundo havia ido para Bodh Gaya, acompanhando o dalai-lama. Passei uns dois meses congelando no meu minúsculo quarto, quando recebi a ligação de Valerie, uma amiga de São Francisco. Ela estava vindo para a Índia com um grupo.

— Valerie é a mulher com quem você se casou?

— Sim, nos tornamos muito próximos, e aquilo era tão forte que passamos 15 anos juntos. Separamo-nos recentemente.

— Qual a prática mais intensa que você enfrentou nos anos como monge?

— Fiz muitos retiros de três, quatro meses, sem falar ou ver ninguém.

— O que você acha que conquistou com todas essas práticas?

— Não me acho uma pessoa estável, que não tem desejos, que atingiu o desapego. Mas tenho mais serenidade para lidar com crises. A separação da Valerie foi um teste para mim. Pude pôr em prática as ferramentas do budismo. Tinha dias em que eu pensava que ia pirar, e então me sentava e praticava. Além das técnicas em si, há uma coisa que você aprende: você põe muito menos a culpa no outro. Quando você realiza a ideia do karma, nunca mais é vítima. Você sabe que criou a causa. Isso parece simples. Mas estamos habituados a apontar o outro. O problema nunca está fora.

— Valerie foi uma guru?

— Claro, o guru está lá, na outra pessoa. Do ponto de vista do budismo, tudo que acontece é exatamente o que deveria ter acontecido. Quando surge uma crise, trata-se de uma oportunidade para se aprofundar na prática. Quando Valerie me deixou, o budismo me ajudou a enxergá-la como uma deidade que veio para me fazer entender certas coisas. Eu não sou um praticante avançado. Mas em nenhum momento senti raiva. Raiva é um sentimento tão besta.

— Nos anos 1970, rolou a grande onda em direção ao Oriente. Você acha que estamos vivendo uma nova onda?

— Nos anos 1960/1970, aconteceu uma abertura. Isso você pode sacar ouvindo as músicas, lendo os livros da época. Para mim, foi uma abertura mitológica. Mas abriu e fechou. Pense nos anos 1980: o movimento punk etc., é o oposto. Agora a coisa está novamente se abrindo. Ninguém aguenta mais. A lógica capitalista está destruindo tudo. Correr para o Oriente é uma reação natural.

— E o que se pode encontrar aqui que não se encontra lá? Estou procurando, qualquer dica é bem-vinda.

— Meditação e entendimento da mente são o único caminho, na minha opinião. Não há outro. A mente é a matéria-prima para a felicidade ou a infelicidade. As pessoas querem ter pelo menos um lampejo disso.

— Por que a Índia e não, sei lá, a Birmânia?

— Porque a Índia é essa coisa mitológica. Muito poucos estão realmente buscando um caminho espiritual sincero. Mas no fim do dia todos acabam, pelo menos, reavaliando um pouco a vida. Pouca gente passa impune pela Índia.

Hotel Tibet

Quando Dharamkot se transformou num vilarejo fantasma, onde o vento uivava noite adentro, eu e Amy decidimos nos instalar em McLeod Ganj. Estávamos em busca da mesma coisa: conforto. O Hotel Tibet não era um cinco estrelas. Não tinha estrela nenhuma. Mas oferecia duas coisas raras: chuveiro e serviço de quarto. A recepcionista nos garantiu que as roupas de cama seriam trocadas todas as manhãs e teríamos direito a toalhas limpas. Somando-se a tudo isso, o Kunga Cafe — e o cheesecake do Kunga Cafe — ficava logo ao lado. Pagamos dez diárias antecipadas.

Descer de Dharamkot para McLeod — quarenta minutos de caminhada, vinte minutos de *tuk-tuk* — mudou tudo. Fomos atingidas, flechadas, pela indignação geral contra a China. Como? Ninguém entendia como aquilo podia estar acontecendo. Todas as vezes que eu chegava ao hotel e me deparava com o sorriso da recepcionista, uma menina linda, com longas tranças negras descansando sobre os ombros, eu me perguntava: como? O povo, a cultura daquele povo. Não havia o que questionar. Nem o mais mal-humorado dos seres humanos questionaria: os tibetanos eram especiais, tinham uma coisa, um "borogodó" que faltava ao resto da humanidade.

Nosso primeiro ato político aconteceu na noite seguinte à chegada ao Hotel Tibet. Um ex-prisioneiro do governo chinês faria uma palestra na sede de uma ONG. A sala apertada, forrada com tapetes e almofadas, já estava cheia quando nos espremermos ao lado de três garotos australianos: Brad, Tom e Jimmy. Brad era alto, moreno, esguio, traços de galã de cinema. Tom e Jimmy eram gêmeos idênticos. Pareciam personagens de desenho animado: desengonçados, magrelos, com os cabelos ruivos desgrenhados. Apesar dos 20 anos, o trio de Byron Bay batia ponto na ONG. Ensinava inglês para tibetanos recém-chegados à Índia.

Um jovem tibetano, com a cabeleira negra presa num coque e argolas de madeira nas orelhas, abriu o evento. Contou que chegara à Índia aos 8 anos, sem a família. Cruzou o Himalaia a pé com um grupo de mais seis crianças. Foram escoltados por dois homens que haviam sido pagos por seus pais para que os levasse até o dalai-lama. O rapaz disse que era coisa corriqueira crianças chegarem à Dharamsala órfãs. Os pais preferiam viver sem os filhos a vê-los crescer "no inferno". Ele nunca mais viu a família. Foi criado numa escola budista para os filhos da diáspora. Ele sorria, tímido, diante da plateia comovida.

Tsering Samdup, o convidado da noite, chegou atrasado e se sentou em silêncio. Tinha 36 anos, mas parecia um velho: a expressão carregada, o rosto sulcado por rugas, o olhar opaco. Cicatrizes do corpo, cicatrizes da alma.

Foi em 1994 que teve início a saga de Tsering. Ele vivia em um pequeno monastério numa remota vila do Tibete. Os chineses apareceram numa tarde lenta, exigindo que os monges renunciassem ao budismo em praça pública, e queimaram as fotos do dalai-lama na frente da população em choque. Alguns dias depois, Tsering se juntou a outros três monges, escreveram cartazes ingênuos de protesto e espalharam pelo vilarejo. Na mesma noite, foi preso.

— Eles usaram um tubo de PVC cheio de areia para nos espancar. Tivemos as unhas arrancadas com alicates. No presídio, usavam choques elétricos.

Seguiram-se dias que variavam entre interrogatórios intermináveis e espancamentos rigorosos. Segundo contou Tsering, os chineses queriam que ele assinasse um documento acusando o dalai-lama de incitar os protestos em seu vilarejo. Tsering se recusava. E apanhava mais. E mais.

— Eu tinha uma bandeira do Tibete desenhada na mão. Esmagaram os meus dedos com um martelo. Fiquei preso uns três meses. Duas vezes por dia alguém tirava o meu sangue. Descobri depois que usavam o nosso sangue para abastecer os hospitais da China.

O julgamento aconteceu em setembro de 1994. Sentença: seis anos de prisão. Ele foi transferido para outro presídio, onde se encontravam cerca de seiscentos presos políticos, a maioria monges.

— Vi muita gente morrer na prisão. Um monge de 20 anos foi morto com 20 coronhadas na cabeça em pleno pátio. Era o dia do aniversário dele: 20 anos, 20 coronhadas.

No inverno, quando o Tibete se cobria de neve, a vida de Tsering piorava: frio paralisante na cela sem aquecimento e "sessões de educação".

— Tínhamos que preencher e assinar formulários difamando o dalai-lama. Muitos monges se recusavam. O castigo era passar o dia descalço sobre o gelo, até a pele dos pés se soltar.

A liberdade veio em 2000, dia 19 de junho.

— Com alguns amigos, consegui uma banca para vender comida. A polícia aparecia e tomava as coisas. Até que me forçaram a fechar, me acusando de usar o lugar para encontros políticos. Não era mais possível continuar no Tibete. Eu precisava fugir.

Tsering começou a arquitetar a fuga em 2005. Juntou um grupo de 25 pessoas. E, no começo de 2006, iniciou a marcha. Era inverno. Seria mais fácil escapar sob a proteção da neve, que dificultaria perseguições.

— Caminhamos 21 noites. De dia, a gente se escondia em cavernas. No Nepal, fomos resgatados e levados para Nova Déli.

Fiquei um ano no hospital. A adaptação foi extremamente dolorosa. Temos que conseguir os documentos, arrumar trabalho, um lugar para morar, aprender inglês. Começar do zero.

Saímos para a noite gelada, eu, Amy e os garotos de Byron Bay.

— Holocausto. Isso é um holocausto. Holocausto, vocês entenderam o que aquele homem quis nos dizer? Holocausto — Amy repetia, obcecada. Ela parecia ter encontrado um substituto para Hitler: Mao Tsé-tung. Agora teria que perdoar Mao.

— O que a gente pode fazer? Ensinar inglês, é isso? — ela continuava, caminhando sempre alguns passos à nossa frente.

Compramos camisetas Free Tibet, sacolas Free Tibet, chaveiros Free Tibet, canecas Free Tibet. E fomos fumar um baseado no restaurante japonês. Lá, além da comida boa, do aquecedor elétrico e das almofadas para escorar as nossas mentes atordoadas, encontraríamos outros estrangeiros usando camisetas Free Tibet. Sempre estavam lá. De manhã, no Kunga. À noite, no restaurante japonês.

Comecei a ruminar um plano, com a ajuda do haxixe. O Plano Perfeito. Eu podia escrever um livro. Mas e daí? Existiam centenas de livros sobre a diáspora tibetana. O meu seria diferente. Seria meu. Eu procurava uma causa e havia encontrado. Além de salvar o Tibete, salvaria a mim mesma. Estava na Índia porque buscava sentido para as coisas em face da inutilidade de tudo.

Na manhã seguinte, depois de saborear o meu cheesecake de todo santo dia, fui visitar o departamento do governo tibetano encarregado de ajudar os refugiados a se estabelecer na Índia. Minha ideia era um tanto estapafúrdia. Eu queria acompanhar uma fuga, atravessar o Himalaia a pé, correr os riscos, sentir o que os tibetanos sentiam. O chefe do departamento, Soman Dorjee, me recebeu sem cerimônia. E com chá de manteiga. Recusei. Dorjee não se ofendeu.

— Nunca encontrei um ocidental que gostasse do nosso chá — ele disse.

Dorjee era um homem de cerca de 40 anos. Sério, sereno e gentil. Ao contrário do que eu esperava, ele não riu da minha proposta. Apenas me mandou pensar melhor e, quando estivesse certa do que queria, poderia procurá-lo. Naqueles dias, o Tibete estava em chamas. Onze monges haviam ateado fogo ao próprio corpo, repetindo o gesto tão famoso dos monges vietnamitas durante "a guerra dos americanos". Divulgar a causa era a coisa mais importante que os tibetanos refugiados tinham a fazer. Se eu queria cruzar a fronteira da sanidade, o problema era meu. Dorjee me abasteceu com informações:

- O território do Tibete tem 1,2 milhão de quilômetros quadrados.
- A China invadiu o país em 1948. Cerca de 1 milhão de tibetanos foram mortos.
- Seis mil monastérios foram queimados.
- O dalai-lama e sua *entourage* partiram em 1959, inaugurando a trilha em direção à Índia.
- O budismo foi introduzido no Tibete no século VII.
- Noventa e quatro mil tibetanos vivem na Índia; 13 mil em Dharamsala.
- Até 2008, cerca de 1.500 pessoas fugiam do Tibete anualmente.
- Após os protestos durante os jogos olímpicos, a China endureceu. E hoje poucos conseguem escapar.
- Pelo censo de 2008, 20 milhões de chineses moram no Tibete contra apenas 6 milhões de tibetanos. Tornar-se maioria foi uma das estratégias de ocupação.
- O Tibete é hoje basicamente base militar e campo de despejo de lixo nuclear.
- O chinês se tornou a língua oficial nas escolas.
- A religião está sob "orientação socialista".

Amy partiu. Eu partiria dois dias depois. Chovia muito na manhã em que conheci Ven Bagdro. Ele conversava com uma moça de longos dreadlocks na mesa ao lado. Eu comia o meu cheesecake. Fiapos do diálogo chegavam aos meus ouvidos.

— Devo tudo a Danielle Mitterrand. Ela me salvou — o homem disse.

Outra frase:

— O livro saiu na França, na Inglaterra e na Holanda. Mais de 500 mil exemplares vendidos, uma coisa que a gente não esperava.

Ao que tudo indica, o monge — ele estava trajando as vestes budistas — havia escrito uma autobiografia. A moça ouvia a história sem piscar, os olhos azuis arregalados.

— Depois dos protestos de 2008, a situação piorou. Você não imagina. Os números não são confiáveis, mas o que sabemos é isto: cerca de trezentos assassinatos, mil desaparecidos e mais de 6 mil na cadeia.

A dona dos imensos dreadlocks dourados, com sotaque alemão, perguntou ao monge se ele nutria ódio pelos chineses. Ele pareceu se indignar:

— Ódio? Não. Eu medito e rezo para os policiais. São obrigados a fazer o que fazem. Têm famílias para sustentar. Quando cheguei à Índia, ainda tinha raiva. O dalai-lama me falou: "A raiva não vai mudar nada e vai te matar. Reze por eles."

— Posso me sentar com vocês? — eu perguntei, já que meus ouvidos já haviam mudado de mesa.

Ven Bagdro nasceu em 1970, num vilarejo a 34 quilômetros de Lhasa. O pai também foi monge. Mas renunciou e se casou quando os chineses proibiram a prática do budismo no Tibete. Segundo Bagdro, muitos monges seguiram a mesma trilha: casaram-se para escapar da perseguição. No início dos anos 1980, com a abertura para o turismo, a China acenou com a liberdade religiosa. Ele então entrou para um monastério. Tinha 15 anos.

— Havia fome, miséria. A vida monástica nos dava a sobrevivência. Os tibetanos viraram mendigos. Minha irmã morreu na rua, esmolando.

Em 1987, uma turista americana alterou a sua história.

— Ela me deu um livro do dalai-lama, em que Sua Santidade relata a ocupação chinesa. A mulher me disse que aquele livro tinha sido escrito pelo meu mestre. Respondi: "Não, meu mestre é Mao." Ela chorou.

Nas noites que se seguiram, Bagdro não dormiu. Ficou acordado, aturdido, apavorado, devorando o livro *My Land, My People*. Não podia acreditar. Revoltado com a própria ignorância, decidiu se engajar nos protestos contra a ocupação chinesa.

— Em setembro de 1987, participei do meu primeiro grande protesto. A polícia nos reprimiu com pancadaria.

Em 1988, tentou de novo:

— Resolvemos dar a vida pelo Tibete. Saímos pelas ruas de Lhasa com cartazes, dispostos a tudo. Começaram a disparar contra nós. Fui baleado na perna. Vi companheiros sangrando. Vi um monge sem os olhos, a polícia arrancou os olhos dele. Eles destruíram uma estátua de Buda no meio da manifestação. Foi uma guerra.

Bagdro se escondeu nas montanhas. A polícia invadiu a casa de sua família, espalhou fotos dele pelas cidades e vilarejos.

— Eu não sabia o que fazer. Se eu fugisse para a Índia, matariam minha família. Decidi me entregar. Fui amarrado, sem roupas, numa árvore na praça do meu vilarejo. Queriam que eu servisse de exemplo para os outros. Depois, me levaram para a prisão. Fui torturado por sete meses seguidos.

Assim como Tsering, Bagdro se lembrava dos invernos:

— A gente tinha que caminhar sobre o gelo até a pele dos pés se soltar. Aí nos obrigavam a andar sobre cacos de vidro. Durante as nevascas, éramos pendurados em árvores.

A acusação de subversão rendeu ao monge quatro anos de cadeia. Quando a liberdade veio, em 1991, Bagdro estava decidido: fugiria para a Índia.

— Éramos um grupo de trinta pessoas. Demoramos três meses para cruzar a montanha até chegar ao Nepal, pois eu estava muito debilitado. Pesava quarenta quilos e tinha vários ossos quebrados. Não tinha forças para andar. Era carregado.

Ao atravessar, enfim, a fronteira, foi recebido por Danielle Mitterrand. A primeira-dama francesa estava visitando as organizações que prestavam ajuda humanitária aos refugiados. Impressionada com o estado de Bagdro, resolveu carregá-lo para Paris. Ele passou dez meses na cama de um hospital. E, após se recuperar, ouviu de Danielle Mitterrand: "Você tem que contar a sua história." O monge se sentou numa sala do palácio presidencial e escreveu *Hell on Earth: A Brief Biography of a Tibetan Political Prisioner*.

Gastei meu último dia em McLeod Ganj perambulando pelas ruas, entrando e saindo dos cafés, entrando e saindo das lojas, sentando nas calçadas para me levantar cinco minutos depois, estudando os rostos dos tibetanos. No meu fone de ouvido, James Brown gritava: "*This is man's man's man's world.*"

Das portinholas, saía o som do mantra budista: "*Om Mani Padme Hung; Om Mani Padme Hung; Om Mani Padme Hung.*" Brown continuava: "*This is man's man's man's world.*"

Tenzin Palmo

Enquanto o Ambassador percorria inabalável a estrada que serpenteava traiçoeira até o vale de Kangra, a três horas de Dharamsala, eu só conseguia pensar no quanto a história dela parecia inventada. Tinha nascido em Londres, em 1943, numa noite de bombardeios, durante a Segunda Guerra. Sobrevivera 12 anos, sozinha, numa caverna no Himalaia, envolta por gelo e silêncio. Agora comandava um monastério para mulheres no meio de um vale perdido. O carro estacionou na porta de um grande templo. Caminhei trôpega, enjoada pelas curvas incessantes e cega pelo sol sem calor, e entrei no anexo onde a encontraria. Entre um telefonema e outro, a secretária levantou a cabeça e me disse para aguardar. Tenzin Palmo logo me receberia.

Eu tinha na bolsa a sua biografia, *Cave in the Snow*, escrita pela jornalista também inglesa Vicki Mackenzie. Havia no livro uma série de fotos. E, em todas elas, saltava o par de olhos azuis que captavam tudo, que continham o mundo inteiro. Olhos impressionantes. Tudo na vida daquela mulher era impressionante.

Tenzin nasceu Diane. Cresceu nas ruínas de Bethnal Green, no east end. O pai, George Perry, era o dono da peixaria do bairro. Ele morreu quando a filha completou 2 anos. Diane e o irmão Mervyn foram criados pela mãe, Lee Perry. Na biografia, ela disse: "Eu carregava um intenso sentimento de que estava no lugar errado. Até hoje eu não me sinto no lugar certo na Inglaterra."

Em 1961, durante umas férias com a mãe na Alemanha, Diane descobriu o budismo. Por acaso. Trabalhava, então, numa pequena biblioteca e enfiou na bolsa três livros para ler na viagem: Sartre, Camus e um outro, com uma imagem de Buda na capa. Leu Sartre. Leu Camus. No trem de volta para casa, resolveu folhear o livro esquecido. Após ler apenas alguns capítulos, virou-se para Lee e falou: "Eu sou budista." A mãe, já acostumada às esquisitices da filha, retrucou: "Ah, que bom, querida. Termina o livro e depois me conta."

O lado espiritualista de Diane brigava com o lado mundano. Ela não era uma jovem religiosa. Gostava de salto alto e Elvis Presley. Tinha muitos namorados. Um dia ouviu falar de uma compatriota, Freda Bedi, que capitaneava um pequeno monastério para monjas budistas em Dalhousie, no norte da Índia. Escreveu para ela e recebeu o convite para se juntar ao grupo. Diane trabalhou severamente para juntar dinheiro. Tinha um único pensamento: partir.

Em 1963, partiu, no *Le Vietnam*, um navio abarrotado de vietnamitas, sudaneses e argelinos. A bordo, conheceu, se apaixonou e foi pedida em casamento por um rapaz japonês. Quando o *Le Vietnam* atracou em Bombaim, porém, Diane disse bye, bye para o amor e seguiu para Dalhousie, na época o maior centro de refugiados tibetanos, cerca de 5 mil.

No dia 30 de junho de 1964, Diane "reconheceu" o seu guru, o oitavo Khamtrul Rinpoche, um monge de alta patente que escapara do Tibete vestido de mercador. Um mês após o encontro, ela se ordenou monja e virou Tenzin Palmo. Foi a segunda mulher ocidental a vestir o robe do budismo tibetano. A primeira fora Freda.

O próximo passo de Tenzin foi subir para Lahoul, a 3.978 metros de altitude, na fronteira com o Tibete. Seu guru a enviara lá para se aprofundar na prática. Ela fez a trilha a pé. Depois de seis anos vivendo na comunidade budista de Lahoul, Tenzin queria mais. Encontrou uma caverna a duas horas de escalada do vilarejo. Lá, ficou por 12 anos.

No verão, buscava água numa nascente. No inverno, derretia neve. Para comer, fez um acordo com um aldeão. Uma vez por ano, ele subiria a montanha com suprimentos: querosene, arroz, lentilha, vegetais secos, frutas secas, ghee (manteiga clarificada), sabão, chá, açúcar e leite em pó. O frio de 40 graus abaixo de zero não chegou a ser um drama. "Uma caverna é muito mais quente do que uma casa. A água para oferenda do meu altar nunca congelou, como congelava no meu quarto em Lahoul. A coisa incrível sobre as cavernas é que quando está frio do lado de fora, dentro fica quente. Quando está quente, dentro esfria. Os yogues já haviam me ensinado isso."

A coisa mais radical não era o isolamento, o frio glacial, o cardápio minguado, a solidão. Mas a decisão de Tenzin de seguir a tradição dos yogues: não dormir. Isso significava que durante 12 anos ela nunca se deitou. O objeto mais precioso da caverna era a "caixa de meditação", onde se fechava durante a noite para se manter alerta. "A caixa de meditação é para manter o praticante sentado, com a coluna ereta. É incrível para desenvolver concentração, atenção e, por fim, a meditação."

Dez minutos depois do horário marcado, pedindo desculpas pelo atraso, a monja surgiu na recepção, tão disposta quanto o nascer do sol numa manhã de verão.

— Só não vamos falar da caverna, por favor. Já faz tanto tempo. Isso aconteceu há quase cinquenta anos. Eu nem me lembro de detalhes — Tenzin pediu.

A conversa seguiu regada a chá de manteiga.

— Impossível não falar da caverna. Por que você saiu do retiro?

— Por mais estranho que possa parecer, a polícia apareceu na porta da minha caverna me dizendo que eu estava ilegal no país, não tinha visto. Deveria comparecer à delegacia, uma maneira nada usual de terminar um retiro.

— E você foi à delegacia?

— Sim, o chefe de polícia me disse que eu deveria deixar a Índia em dez dias.

— Você voltou para a Europa?

— Depois de mais de vinte anos na Índia, eu quis retornar, para me reconectar com a cultura ocidental. Fui para Assis, na Itália.

— Por que Itália?

— Eu tinha amigos lá e não queria ir para a Inglaterra. Depois de três anos na Europa, senti uma enorme necessidade de me retirar novamente. Mas não aconteceu. Um poderoso NÃO batia na minha cara. Eu tentava estabelecer as coisas e nada dava certo.

— Você queria outra caverna?

— Queria um lugar para me isolar. Como não conseguia, perguntei para o universo: ok, se eu não fizer isso, o que é que eu devo fazer? A resposta veio, um sentimento forte de que deveria voltar para a Índia.

— Para fazer o quê?

— Voltei com a intenção de ensinar inglês para a reencarnação do meu lama, que havia morrido fazia alguns anos. O nono Khamtrul Rinpoche era um menino lindo. Quando cheguei ao monastério, um outro lama, que eu nem conhecia, me perguntou: "Por que você não começa um monastério para mulheres?" Sem pensar, respondi: "Ok."

— Não havia monastérios para mulheres?

— Na nossa tradição, não havia um lugar com treinamento adequado e específico para monjas. Senti que isso era algo que eu poderia fazer pelo budismo tibetano. Só que eu não tinha nenhum dinheiro. Eu era um ninguém. Não era lama. Não era nem mesmo tibetana.

— E o que você fez?

— Devagar, tudo começou a acontecer. Um dos lamas do monastério me convidou para acompanhá-lo numa viagem à Malásia. Lá comecei a fazer palestras. Convites surgiram de todos os lugares.

— Por causa de sua história, imagino. Acho que é a história mais impressionante que já ouvi.

— Também. Mas porque eu falo inglês e podia me comunicar facilmente. Os lamas tibetanos enfrentam problemas por conta de língua. Outro diferencial é que eu era uma mulher.

— Faço essa pergunta para todo mundo: por que o budismo se tornou tão pop?

— Não sei. Recentemente, recebi uma carta de uma escola inglesa para garotas. A carta dizia que no próximo ano o budismo seria uma disciplina optativa. O diretor me falou que os jovens estão buscando respostas. Não acreditam na ideia do criador, do Deus. Mas querem um caminho. Talvez seja isso.

— O que te atrai é justamente a falta de Deus?

— O budismo é uma filosofia ateísta, lógica, que combina um código de ética, de conduta, com técnicas de treinamento da mente. Todo mundo quer melhorar.

— E o que é Iluminação? Essa pergunta eu também faço para todos e ninguém me responde.

— Quando chegar lá, você saberá.

— Você chegou?

— Oh, não! Iluminação é uma palavrinha que as pessoas dizem muito. Iluminação com i minúsculo. Iluminação com i maiúsculo e fogos de artifício explodindo. Iluminação é apenas uma palavra. No fim das contas, expressa a realização da sabedoria da compaixão com você mesmo e com o outro.

— O objetivo do budismo é se iluminar?

— Não necessariamente. A menos que você queira se iluminar com letra maiúscula e fogos de artifício, basta praticar um pouco todos os dias. Levante-se da cama e se sente por vinte minutos. E tente usar o Dharma para cultivar paciência, mais interesse no outro, menos raiva.

— Você está falando de atenção?

— Sim, mente presente o dia inteiro, consciência de todas as ações e pensamentos. Ao mesmo tempo, acho bom estabelecer pequenas metas, para não desanimar, não se desiludir.

— Como? Que metas?

— Por exemplo: estabeleça que vai estar plenamente atenta quando está comendo ou quando está escovando os dentes. Pequenas metas mesmo. Com o tempo, a concentração vai se ampliando.

— Eu, às vezes, escovo os dentes e não consigo me lembrar se escovei.

— Eu sei... Sabe quando a pessoa aparece na frente da geladeira e não sabe o que foi pegar? O primeiro passo é observar as pequenas ações. Se você quer chegar ao topo, tem que subir degrau por degrau. Não ficar olhando para cima.

— Você ainda pratica muito?

— Hoje em dia minha prática consiste em tentar responder aos milhões de e-mails que chegam todos os dias. Quando você não está em retiro, tem que transformar a rotina em prática.

— E como se faz isso?

— Aprender a ficar sempre relaxada, com espaço interno e, ao mesmo tempo, no centro, no eixo. Se você se sentir tensa, respire e volte para o momento, para o presente. Faça isso todas as vezes que você se lembrar. Você não imagina como só isso vai transformar sua vida.

— O budismo tibetano fala muito de intenção. Você tem que necessariamente estabelecer metas?

— Se você quer ir a algum lugar, tem que saber para onde está indo. Você pode meditar porque quer se sentir melhor, porque quer ser uma pessoa bacana, porque precisa ficar mais calma, porque não está dormindo direito. São motivações válidas. Mas, na perspectiva do budismo tibetano, essas são motivações pequenas.

— Quais são as motivações elevadas?

— Nas diferentes linhagens do budismo, a motivação final é diferente. Na maioria das tradições, o objetivo é não renascer, libertar-se do Samsara. Já no budismo tibetano, você não vai se salvar do naufrágio e deixar seus amigos se afogando. Para nós, a única razão para alguém querer se iluminar é para ajudar que outros se iluminem. Você pratica em benefício do outro.

— Você nunca acreditou em Deus?

— Há muitas questões nessa sua pergunta. Se Deus é onipresente e onipotente, por que ele fez o mundo desse jeito, essa bagunça? Deus não faz nenhum sentido.

— Como é no budismo?

— O que acontece conosco é resultado de ação e reação. Nós criamos as causas. E a maneira como respondemos a elas vai determinar o nosso futuro. Isso é ciência. As coisas são o que pensamos que elas são. Tudo é baseado no tipo de estrutura mental que desenvolvemos. A neurociência diz a mesma coisa: tudo o que percebemos como real é resultado na nossa mente.

— Quando você se decidiu pelo retiro, já sabia que ficaria 12 anos?

— Não, eu renovava o voto anualmente. E fiz um retiro de três anos seguidos. Por outro lado, eu não conseguia imaginar um lugar melhor onde pudesse estar.

— Quantas horas por dia você meditava?

— No budismo tibetano, você faz quatro sessões por dia.

— O que você fazia no resto do tempo?

— Limpava neve, cortava madeira, buscava água, cozinhava, limpava, plantava. Tinha que plantar muito no verão para ter comida no inverno. Eu estava morando sozinha, tinha que fazer tudo. Certamente não fiquei lá 12 anos olhando para o céu.

— Você acha que esse desejo de se retirar veio da sua vida passada?

— Tudo vem das vidas passadas.

— Você atingiu o que queria atingir?

— Não, de jeito nenhum. Minha mente ainda é uma zona. Mas o que fazer? Tenho incontáveis vidas para continuar tentando.

— Não consigo entender como alguém consegue ficar 12 anos em condições tão extremas se nada estava acontecendo.

— Eu não disse isso. Você experimenta estados indescritíveis de prazer. Eu ousaria dizer que muito superiores a qualquer orgasmo. Prazer é o combustível de um retiro. Ninguém conseguiria permanecer tanto tempo numa prática se não fosse o prazer extremo. Buda chamou o caminho de joy. A questão, porém, é aprender a não se apegar a esse prazer, porque ele passa. Ou não haverá evolução.

— Mas esse prazer vale o sacrifício?

— Se você quer ser um pianista clássico, terá que fazer sacrifícios. Se quer ser um jogador de futebol, terá que fazer sacrifícios. Engraçado, as pessoas compreendem o sacrifício quando se trata de uma carreira. Mas não compreendem quando se trata de metas interiores. Para aprender a tocar piano ou jogar futebol, você treina dias, noites, incontáveis horas. Tirar o som de teclas ou chutar uma bola não é nada comparado a treinar a mente.

O casamento

A família: o avô, o pai, a mãe, o primogênito, a esposa, o noivo, a noiva, a irmã, o caçula e os netos. Todos, com exceção da irmã já casada e portanto entregue à família do marido, morando sob o mesmo teto, um casarão de dois andares, cinco quartos, num bairro tradicional de Jalandhar. Deduzi que pertenciam à casta dos comerciantes, os *vaisha*, pois eram donos de uma fábrica de material esportivo e exportavam para Europa, África do Sul e Austrália. Jalandhar, a cidade onde A Família vivia há apenas duas gerações, carregando nos ombros uma parcela da história da independência da Índia, não poderia ser mais feia, mais enfumaçada, mais caótica, mais barulhenta. Jalandhar, a segunda cidade do Punjabi, polo industrial do país, era desprovida de graça. Cheguei lá três dias antes de o casamento começar.

Oswaldo havia me convidado e marcamos de nos reencontrar em Jalandhar. Era amigo — consideravam-se irmãos — do primogênito. Dividiram um apartamento na Finlândia, onde o filho mais velho da família estudou administração de empresas. Ao primogênito cabia a tarefa de chefe do clã. Comandava os negócios e a vida de todos. Falava bem inglês e costumava fazer piada dos costumes orientais. A esposa era jovem e linda, com os cabelos negros até a cintura, enfeitada como uma árvore de Natal. O filho do casal era uma peste, o que obrigava a esposa a passar o dia gritando com voz esganiçada, tentando, ao mesmo tempo, controlar o diabinho e organizar tudo em volta.

O noivo tinha 29 anos. Era virgem. Como membro da família, ele cumprira com esmero todas as etapas do processo. Primeiro, tratou de espalhar pela cidade que estava pronto para se casar. Tudo começa com um boato bem difundido. Um conhecido veio com a informação sobre uma moça que atendia aos requisitos. O primogênito entrou em ação. Marcou um encontro com a família da garota. Depois do primeiro round entre os clãs, mais um encontro, outro encontro, vários encontros para fechar o negócio. Uma consulta com o astrólogo. Até selarem um acordo satisfatório. Só aí o noivo viu a noiva. E a noiva viu o noivo. Até a noite de núpcias, porém, que aconteceria oito dias depois do início dos rituais de enlace, nunca haviam ficado sozinhos.

O pai era um senhor distinto, simpático, que tomava todas as noites uma dose de uísque escondido da mulher, uma senhora gorda e carrancuda, que me olhava com olhos desconfiados. Os hindus não bebem. E o uisquinho sorvido puro, num gole, correspondia a uma transgressão, a uma traquinagem. O pai gostou de mim. Como não falava inglês, o jeito que arrumou para se comunicar foi me empurrar comida. Levava a mão à boca e repetia: "*Kana*", "*Kana*", "*Kana*". E assim lá ia eu tomar mais um chai, comer mais *chapati*, mais arroz, mais *dal*.

A irmã era rechonchuda e animada, sempre empetecada. Não morava na casa, mas aparecia todos os dias para ajudar na preparação dos festejos. O caçula, eu não cheguei a conhecer. No dia seguinte à minha chegada, ele sofreu um acidente de moto. Houve rumores de que o casamento seria cancelado. Muita preocupação no ar, semblantes desolados, choros abafados. Mas isso não aconteceu.

O avô completava o grupo. Tinha 96 anos, usava sempre um *dhoti* branco e cobria o tronco com uma pashmina bege. Passava os dias sobre um catre na sala de visitas, sentado com as pernas cruzadas e a coluna ereta. Muitos vizinhos apareciam diariamente para lhe prestar o respeito. 𝒟adaji, como todos o chamavam. Ele nasceu no norte do Punjabi, hoje Paquistão. Quando a Inglaterra retalhou o território indiano para criar uma pátria para os muçulmanos, mergulhando o país numa guerra sangrenta, 𝒟adaji, como era hindu, teve que fugir às pressas, deixando tudo para trás, para se instalar em Jalandhar. Chegou com alguns centavos de rupia nos bolsos e deu início à construção do patrimônio. Era um senhor elegante, altivo, genuinamente simples, com a sabedoria dos anos impressa nos olhos.

Para mim, foram dias de figurante num filme indiano sem legenda. Como só o primogênito falava bem inglês e Oswaldo estava sempre atarefado ajudando na organização, eu me recolhi a meu papel mudo. De manhã, sentava-me à mesa e comia com sorriso infinito, equilibrando a minha *parantha* com chai. Na hora do almoço, repetia o ritual. Quando havia visitas — e havia visitas o tempo inteiro —, eu cumpria os deveres do meu personagem: sorria o meu sorriso de celebridade e me deixava fotografar. Nos poucos momentos em que ficava sozinha, eu me escondia no quarto. Nem sempre a estratégia de me refugiar atrás de um livro funcionava. Como na Índia a noção de privacidade é algo desconhecido, alguém logo empurrava a porta e se aboletava na minha cama. Às vezes para não dizer nada. Só para me encarar, sem palavras.

Na minha terceira tarde em Jalandhar, quando eu pensava que conseguiria, enfim, ler um capítulo inteiro de 𝑀adame 𝐵ovary (não sei por que tive a ideia de ler Flaubert ali), ouvi uma cantoria. Vozes femininas subiram a escada, esgueiraram-se pelo corredor e chegaram ao meu recanto. Eram mantras, acompanhados pelo som hipnotizante das tablas. Pulei da cama. Do alto da escada, avistei a cena: dezenas de mulheres sentadas no chão, coladas umas nas outras, de frente para um altar e para três senhoras que tamborilavam os instrumentos.

Não havia espaço para mais um lenço de seda naquele manto de cores. A cerimônia em questão abria o casamento.

Os olhares pousaram em mim. Ouvi risinhos, vi cutucadas e senti olhos firmes me queimando a pele. Não eram olhares de repúdio, de repreensão, mas de curiosidade. Faziam gestos para que eu me acomodasse e cantasse com elas. Algumas tocavam os meus cabelos. Outras apenas me analisavam sem desviar os olhos, sem disfarçar. A esposa me resgatou. Ela me arrumou um canto para me sentar. O *puja* durou mais de seis horas. Sem intervalo para o cafezinho.

Quando acabou, meus pés formigavam. Minha coluna pedia socorro. Meu estômago dava vexame, fazendo borbulhas sonoras. Até então eu não sabia o que era estar na Índia. A Índia dos indianos. Eu não sabia o que era me sentir uma estranha, não conseguir me comunicar em nenhum nível. Falar sobre o quê? Não tínhamos um livro, uma recordação, uma comida, uma ideia, um pensamento em comum.

Decidi sair pelo bairro e tomar uma coca-cola. Não encontrei. Sentia-me acuada. Engaiolada em mim mesma. Não eram só a língua, as roupas, os acessórios culturais. Tudo era diferente. Os códigos estavam trocados. Como um jeans podia chamar mais atenção do que um turbante de marajá? Enquanto eu caminhava pelas ruas estreitas, desviando-me, cega, do trânsito sem direção, notava que todos me notavam. Não havia nenhum outro estrangeiro nas redondezas. Viajantes não tinham o que fazer ali. Por que eu estava ali? Voltei para casa a passos largos.

Na manhã seguinte, fui com a esposa fazer compras no grande bazar da cidade, um labirinto de becos com tantas opções de lojas vendendo as mesmas coisas que você acabava sem opção nenhuma. Ela, a esposa, me surpreendeu. Falava mais inglês do que havia demonstrado. Quis saber um monte de coisas: "Como é viajar sozinha?"; "Como é ter vários namorados e não se casar com nenhum?"; "OB machuca?"; "Você é virgem?"; "Você nunca vai se casar?"; "Você quer ter filhos?"; "Por que seu cabelo é curto?"; "Por que você não se enfeita?". Ela me contou que, no começo, não gostava do marido. Não queria se casar. Agora, porém, o amava. Não gostaria de ter mais filhos. Sua meta era trabalhar e estava fazendo provas para uma vaga num banco.

Entramos e saímos de incontáveis lojas. O mesmo ritual, repetidas vezes: sentar no tapete, tomar chai e fazer cara de desinteressada diante do esforço do vendedor de abrir toda a mercadoria. Eu realmente não queria comprar nada daquilo. Experimentei um sári e me senti fantasiada para o baile do Copacabana Palace. Acabei comprando um *punjab suit*. Escolhi um conjunto vermelho, bordado com lantejoulas douradas. A parte de cima, algo entre uma bata e um vestido, dava para encarar. Mas a calça não. Sair vestida de "Jeanne é um gênio" era um pouco demais. Fui obrigada a comprar um par de sapatos. Tentei achar uma coisa discreta. Mas ela fez cara de "NÃO". Então comprei chinelos dourados, cravejados de strass.

À noite, a casa se encheu. Mais um *satsang*, dessa vez com a participação dos homens e das crianças. A noiva não apareceu. Só então fiquei sabendo que nos casamentos indianos os rituais aconteciam separados até a madrugada, a última, quando a família entregava a filha ao marido, que ia buscá-la em cortejo.

Acordei no dia seguinte com um bode na sala. Literalmente. O animal balia no meio da roda, enquanto o *pandit* realizava uma espécie de mandinga. Não fossem as roupas e as cabeças cobertas por véus, eu bem poderia estar sonhando com um terreiro de macumba na Bahia. Segundo Oswaldo me explicou, tratava-se de uma oferenda para os ancestrais do noivo. Se o bode tremesse, significava que o casamento estava sendo abençoado. Ele tremeu. Eu vi.

No meio da tarde, seguimos todos, em carreata, para um lugar chamado O Palácio, onde a família da noiva, sem a noiva, ofereceria um almoço para A Família. Chegamos a um salão de festas, com barraquinhas de comida montadas no pátio, como uma quermesse do interior de Minas. Serviam café, um sinal de opulência. Oswaldo nunca estava por perto, ficava sempre com os homens. E eu, com as mulheres. Das caixas de som rugia uma batida eletrônica mixada com música indiana. A decoração misturava luzes natalinas, tecidos coloridos e flores de plástico. Nas roupas, tudo era bordado e dourado e cheio de panos — daria para enfeitar o planeta inteiro com aquilo. Cada mulher carregava no corpo uma joalheria: brincos, colares, piercings, tiaras, braceletes, pulseiras para os braços, para os tornozelos, anéis, tudo ao mesmo tempo.

O ritual que se seguiu consistiu em: o noivo, trajado como um príncipe do Oriente, sentou-se num sofá no palco. Um fotógrafo se plantou na sua frente. Cada convidado que subia colocava um chumaço de notas de rupias no seu colo e uma guirlanda de dinheiro em volta do seu pescoço. A cena se repetiu por horas a fio. No fim, o noivo estava soterrado em dinheiro. Era hora de irmos para a pista de dança. Tudo parecia obedecer a uma ordem. Eu apenas seguia. Bracinhos para cima, pulinhos, ombros chacoalhando, todo mundo dançava igual. Dancei também. Com o passar dos dias, eu me sentia mais à vontade, trafegava na velocidade da luz entre o desconforto interno e o encantamento pleno. Entrei para a turma dos adolescentes, onde falar inglês era cool. E eles me tratavam como se eu fosse uma celebridade da televisão.

Findado o almoço, fomos todos para a casa da noiva, sem o noivo, que deve ter sido levado para casa num carro-forte. Era a hora da transformação da virgem em mulher. A noiva morava numa casa não muito longe da casa do futuro marido. Uma criada abriu a porta, jogou óleo quente no batente. Não sei se era para tirar mau-olhado ou para trazer bons fluidos. Nós nos acomodamos em roda, na sala principal, e bebemos café e comemos doce de leite.

Depois de uma longa espera muda, a noiva apareceu. Ela vestia um sári de cor clara, sem nenhum adereço. Olhava para baixo e não levantou os olhos. Parecia que ia sair correndo dali a qualquer momento. Sentou-se no tapete no meio da roda, ladeada pela esposa e pela irmã. As duas começaram a abrir caixas. E tirar de dentro delas toda a sorte de joias, bijuterias, tecidos finos. Cobriram a garota como quem veste um manequim de loja. Depois, pintaram seus olhos de negro e sua boca de vermelho.

Quando pensei que finalmente iríamos para casa dormir, descobri que passaríamos a noite em vigília. No retorno à casa da família, encontrei a sala abarrotada de parentes. As mulheres pintaram os pés e as mãos do noivo com hena. Ele teria que ficar acordado, para não estragar o trabalho. Pela manhã, o noivo foi banhado, na frente de todos, com um pó dourado.

À noite, a grande noite: por volta das seis da tarde, o noivo surgiu na sala empacotado numa indescritível roupa, tantos eram os detalhes e penduricalhos. Todos os homens usavam turbantes. As mulheres, os melhores sáris. Uma banda de música tocava na porta. O noivo subiu num cavalo. Não sei quem estava mais enfeitado, o noivo ou o cavalo. Nós seguimos a pé até o templo, dançando atrás da banda — e atrás do fausto animal. Houve uma breve cerimônia. Retornamos para casa. Nada fazia sentido. Um vai e vem. Um casamento sem noiva.

Então, o noivo acomodou-se numa carruagem, que mais parecia uma carruagem de contos de fada. Nós nos entulhamos em carros. Tocamos para um salão de festas. Dessa vez, a família do noivo ofereceria um jantar para a família da noiva, com a presença da noiva. Lá pelas tantas, ela surgiu num esplendoroso traje vermelho. Entrou protegida por um dossel. Foi recebida pelo noivo, e acomodaram-se no palco, onde se seguiu mais uma interminável sessão de fotos. Tudo parecia acontecer só para ser fotografado. Tínhamos que esperar até as quatro horas da manhã seguinte, o horário auspicioso, antes do nascer do sol, quando enfim o casamento seria consumado.

Depois da recepção, já de madrugada, na casa da noiva, os noivos deram os sete passos em torno de uma fogueira, selando assim o compromisso. Ela foi carregada pelo marido para o novo lar. Muita choradeira, muitas despedidas, embora as duas famílias vivessem a poucos quarteirões uma da outra.

O casal amanheceu na sala. Mais um dia de vigília. Ficamos todos ali, aguardando. Aguardando o quê? A trepada. Um decorador veio para enfeitar o quarto. Cobriu a cama com flores, construiu um véu de guirlandas. Já passava das nove da noite quando a esposa do primogênito apareceu na sala com a chave do quarto. O noivo, se a quisesse, teria que pagar por ela. Fez vários lances. Muitas risadas, todos se divertindo muito. Inclusive eu. Até que o noivo arrematou a sua entrada no paraíso. Pagou cem dólares. De mãos dadas, o casal subiu as escadas. Fim.

O inimigo mora na cabeça

Há uma frase de Jack Kerouac, em Os *vagabundos iluminados*, que sempre me soou como "a grande verdade": "Não há nada no mundo além da própria mente."

Depois da imersão, confirmei para mim mesma: não há nada no mundo além da própria mente. Tudo que irritava podia se transformar em fonte de prazer, bastava virar a chave da cachola. Escrevi um bilhete para Oswaldo. Estava chateada — e cultivando a chateação — por ele ter me abandonado à própria sorte em Jalandhar:

> Foi muito bom ter estado aqui, inalado Índia e exalado conceitos e preconceitos. A experiência compara-se à meditação de um iniciante: pequenos momentos de imersão, quando a fusão acontece, e a alegria é plena; longos períodos de debate mental, solidão, desejo de reagir, fugir, escapar, julgar. E uma única possibilidade: observar. Foram nove dias e algumas horas. Aprendi. Aprendi que gosto da Índia como ela é. A Índia dos indianos. A comunhão comove. A simplicidade encanta. As pessoas sorriem com olhos e alma. A Índia é genuína. E o genuíno é sempre belo. Obrigada.

Parti para Amritsar, a cidade dos sikhs, a cidade do Templo de Ouro. Foi mais uma aventura muda. No Punjabi, ao contrário dos lugares que eu conhecera até então, muito pouca gente falava ou arranhava o inglês. O negócio era investir na linguagem do corpo. Fazer uma performance para conseguir descobrir como chegar à rodoviária. O motorista do autorriquixá captou. Ele me deixou na porta do ônibus — e ainda me deu tchau, parado sob a minha janela.

O veículo era pequeno, menor que um ônibus convencional e maior que uma van. Pertencia a uma família diferente de motorizados. Os bancos eram de ferro. Ao invés de reclinados para trás, reclinavam-se para a frente, obrigando o passageiro a olhar para o chão. Os vidros que outrora deviam ter coberto as janelas já não estavam lá. O frio cortante do Punjabi entrava sem piedade. Eu era a única mulher. Ao meu redor, todos eram sikhs. Um sikh era fácil de distinguir. Usavam turbantes e dobravam cuidadosamente a barba que nunca cortavam sob o queixo.

Amritsar conquistou um posto: a cidade mais feia do universo. Até então. A confusão visual me impediu de ver detalhes. Ao meu redor, só uma massa frenética, que se movimentava em várias direções. Um polvo gigante, com tentáculos infinitos. O garoto que pedalava o meu riquixá era esperto. Não temia. Driblava tudo, nada o detinha. Despejou-me na porta do Templo de Ouro. A paisagem mudou. O tempo mudou. O sentimento mudou. Tudo mudou.

O Templo de Ouro conquistou outro posto: o monumento mais bonito do sistema solar. Não, não era o Taj Mahal a coisa mais bela da Índia. Uma enorme, gigantesca muralha, preenchida por um lago, que envolvia um delicado templo feito de ouro maciço. Enquanto o Taj era uma lenda de amor, uma lenda morta, o Templo de Ouro era uma explosão viva de fé, de esperança.

Não sei quantas horas eu fiquei por ali, caminhando pelas alamedas ao redor do lago, olhando aquele templo esculpido em ouro, olhando aquelas muralhas, assistindo aos rituais incompreensíveis, ouvindo a música sacra que saía dos alto-falantes. Homens e mulheres se banhavam no lago. No impulso, mergulhei, com a minha única calça jeans e minha única camiseta limpa. Lavei a pena que eu estava sentindo de mim mesma: pela solidão, pela autopiedade, pela mesquinharia interna. Pensei em Kerouac de novo. O inimigo morava na cabeça.

Acabei o dia na fronteira do Paquistão, a duas horas de Amritsar, onde todos os dias acontecia uma cerimônia de confraternização entre os países inimigos. Nas costas, a mochila. Atravessada no corpo, a bolsa. Na mão, uma sacola com minhas roupas molhadas. Sem opção, tive que vestir o *punjab suit*. Eu queria pedir para alguém tirar uma foto minha, mas não pedi. Estava com vergonha. Imaginei que encontraria velas acesas, gente cantando mantras, um luau sagrado.

O motorista me despejou no caos: centenas de ônibus de turistas — a grande maioria, turistas indianos — enfileirados numa estrada poeirenta. As pessoas, milhares, caminhavam na mesma direção. Num dado momento da peregrinação, tivemos que formar filas, para passar por detectores de metais e despejar o conteúdo das bolsas. Deram-me um número. Fiquei imaginando onde eles guardariam os meus pertences. Logo à frente, havia um portão de ferro. Do lado de lá e do lado de cá, arquibancadas. Bandeiras tremulavam. O que era aquilo? Um jogo de futebol, o Maracanã em dia de Fla-Flu? Cornetas soaram. Cinco da tarde. Dos dois lados, soldados começaram a realizar performances, marchando e urrando. Eles vestiam roupas igualmente bizarras, com chapéus de plumas, casacas de botões dourados, botas decoradas. A multidão também urrava, numa guerra de torcidas: "Paquistão", "Hindustão", "Paquistão", "Hindustão". Soltei a voz: "HIN-DUS-TÃO." Gritei mais do que qualquer um ali. Tenho certeza disso, pois, não demorou muito, ouvi alguém chamar o meu nome.

Olhei atônita. Alguém me reconhecera no meu disfarce. Eram os três garotos australianos, Brad, Tom e Jimmy. Juntamo-nos e berramos a plenos pulmões: HIN-DUS-TÃO. O grande portão se abriu, aconteceu a cerimônia da troca das bandeiras. Fomos embora. Fui com os rapazes para o hotel deles. Passamos a noite fumando haxixe e fazendo massagens uns nos outros. Adormeci: uma odalisca amarfanhada e fedorenta num harém de surfistas dourados.

Capital da karmatopia

Lembro-me bem da primeira vez em Rishkesh. Cheguei de ônibus, vinda de Nova Déli. No ponto de parada, fui atacada por um enxame de motoristas de tuk-tuk. Já passava da meia-noite. Eu não sabia para onde ir. Fazia muito frio. Um casal de israelenses me salvou. Fui com eles para o Swiss Cottage. Havia várias pensões, uma do lado da outra, todas penduradas num morro, escondidas entre árvores. Estava escuro. Batemos de porta em porta. Só conseguimos um quarto. Dividimos a cama. Eu estava tão cansada que nem me dei conta da estranheza de dormir com desconhecidos, num lugar desconhecido. Acordei cedo, antes das seis da manhã. Enrolei-me no cobertor de viagem. E, quando saí à varanda... Uau!

Ali começava o Himalaia, o portão do Himalaia, como era chamada a velha cidade. Vi o sol nascer num vale extravagantemente belo. Lá embaixo corria um rio. Um rio verde-água. Era o Ganges. Para o hindu, a Ganga era uma deusa. Olhando dali de cima, parecia mesmo uma deusa, a água correndo glacial das montanhas glaciais. Vertendo para cumprimentar a Ganga, uma cidade de templos, de ashrams, de sinos que preenchiam o silêncio. Fiquei mais de um mês em Rishkesh. A cidade em si,

Rishkesh propriamente dita, era apenas um amontoado de lojas do tipo que se encontrava em toda a Índia, um bazar medieval. Acima, na beira do Ganges, havia dois vilarejos emendados, marcados por pontes suspensas. A primeira ponte chamava-se Ram Jhula. E, a segunda, Lakshman Jhula.

Swiss Cottage era o nome da primeira pensão que ocupou o alto da montanha, acima de Lakshman Jhula. Com o tempo, outras pensões e serviços foram se acoplando, transformando o lugar num verdadeiro complexo new age. Havia centenas de pensões, hotéis, *ashrams* e casas de família que abrigavam os viajantes em Rishkesh. Mas o Swiss Cottage... O Swiss Cottage era o Club Med dos mochileiros. Lá, você podia praticar yoga, aprender dança indiana, fazer massagem ayurvédica, obter um mapa astral, submeter-se a um *pancha-karma*... Ou você podia não fazer nada disso. E simplesmente fumar haxixe nos terraços, olhando a vista e esperando, sentado, a iluminação.

Dessa vez era final de temporada — logo o frio estridente começaria a ficar mais estridente. Consegui o melhor quarto, uma casinha no terraço de uma das pensões. Da minha janela de vidro que ia do teto ao chão, eu enxergava o vale inteiro e nesgas do Ganges, entre torres de templos. Todavia, nada era tão perfeito: o cobertor estava tão sujo que eu o enfiei debaixo da cama. Os lençóis eram velhos e encardidos. A cortina, transparente. O banheiro, um banheiro da Índia.

No primeiro fim de tarde na cidade, fiz o que todo mundo faz quando chega à Rishkesh: fui à German Bakery, o mais famoso ponto de encontro dos viajantes, uma construção encarapitada na cabeceira da ponte de Lakshman Jhula, com vista privilegiada. As pontes eram só para pedestres. Os veículos circulavam apenas nas ruas que circundavam os vilarejos. Fiz a longa caminhada feliz. Eu queria comer um croissant, tomar um café, ver gente. Após a temporada em Jalandhar, eu merecia. Enquanto esperava uma mesa, distraí-me lendo o mural da German

Bakery, onde estavam listados os cursos em andamento ou futuros — Compaixão na Comunicação, Cura do Círculo do Som, Toque Terapêutico, Dança da Meditação Hara...

Do outro lado do café, um rapaz louro me fez sinal. Driblei um grupo de moças que sacudiam os dreadlocks e me dirigi para a mesa dele. O nome dele era Rolf, era alemão, vivia em Berlim e viajava pela Índia pela terceira vez. Disse termos sido apresentados em uma fogueira em Dharamsala. Da fogueira, eu me lembrava. Dele, não. Fingi que me lembrei. Rolf acabou se tornando o meu amigo do mês.

— Acho que vou fazer o curso de Dança da Meditação Hara — eu disse, para introduzir um assunto qualquer.

— Dança da Meditação Hara parece imperdível — ele me respondeu, com um ar de deboche que eu mesma exibiria caso alguém me falasse aquilo.

Rolf era cheio de teorias. Odiava gurus, achava tudo aquilo uma bobagem.

— Tudo tem a ver com poder. Os gurus querem poder. As pessoas se tornam dependentes dos gurus, e os gurus, dependentes dos seguidores — ele me falou, quando avançamos na conversa. Eu bebia café. Rolf, chai. — Já vi um monte de yogues cheios de poderes, que controlam a mente. Mas e daí? Olhe esses sadhus. O que eles são? São mendigos. Sejamos realistas, são mendigos — ele comentou.

Os sadhus estavam por toda parte, sacudindo as cuias de esmola na cara dos passantes. Eu não comentei o comentário. Estava ocupada apreciando o meu café.

— Todo mundo está em busca de prazer. No Ocidente, o dinheiro é o referencial de prazer. Aqui é iluminação! Tanto lá como aqui todo mundo quer as mesmas coisas: poder e prazer.

Meu croissant chegou. Um francês certamente não chamaria aquilo de croissant. Mas para mim, ali, era a visão do paraíso. Com a boca cheia, limpando o chocolate dos beiços, ousei contestar Rolf:

— Mas peraí, espiritualidade, religião, chame como quiser, traz paz, sim. Imagine um país de 1 bilhão e tanto de pessoas, a maioria vivendo na mais profunda miséria. O que seria desse povo sem fé?

Rolf contra-atacou, eu me defendi do contra-ataque, e o papo seguiu como uma partida de pingue-pongue.

— Não sou a favor da violência. Mas um pouco de conflito talvez melhorasse a situação dos indianos.

— A crença no karma, Rolf, é o que segura a Índia.

— A crença no karma mantém a elite na posição confortável em que vive.

— Não nego que deve haver muito conformismo. Mas acho que a fé traz mais benefícios do que malefícios. Olha a situação da África e da América do Sul: fodidas e violentas.

— O que eu gosto na Índia são as pessoas. Em Berlim ninguém olha na cara de ninguém. Você já foi a Berlim?

— Mas o povo lá é mais bonito. No quesito beleza, vocês levam a melhor.

— E nós adoramos arte contemporânea.

— Moda. Vocês veneram moda.

— Moda, não. Estilo. Em Berlim, veneramos o estilo.

— Fotografia documental, cinema asiático.

— E aqui... Aqui só te resta a ingenuidade da falta daquilo que nós chamamos de civilização. E isso derrete os corações europeus enfadados de verniz social.

— As práticas... As práticas físicas são incríveis. Mas quando começam com essa coisa de "meu guru".

Rolf também estava hospedado no Club Med, no mesmo "pavilhão" que eu. Meu quarto era no terraço, e o dele, no primeiro andar. Nossa pensão tinha três andares e tantos funcionários que ficamos especulando o que eles faziam, já que não se davam ao trabalho de varrer o chão ou trocar um lençol. Eu havia contado oito garotos nepaleses na portaria. Rolf me garantiu que eram 12.

— Eles vendem haxixe. Haxixe nunca vai faltar.

— Eu sei! O mais velho, com cara de malandro, bateu na minha porta assim que eu cheguei: "*Relax haxixe, madam?*"

— Põe limite ou vão sentar na sua cama.

— A porra da minha descarga não estava funcionando. Tive que fazer umas dez viagens até a portaria para reclamar. Até que o gerente, o de óculos espelhado, subiu e consertou.

— Não consertou. Vai estragar de novo.

Naquela noite, dormi um sono entrecortado pela água que pingava insistente da descarga: Ploc! Ploc! Ploc! De manhã, fiz um sermão sobre a qualidade do serviço para o rapaz dos óculos espelhados, que eu sabia que não adiantaria de nada. E parti para a minha missão maior em Rishkesh: um *pancha-karma* do dr. Arora. Na primeira vez na cidade, fiz o *pancha-karma*. Tratava-se de um tratamento rigoroso de desintoxicação. Você evacuava, vomitava e não comia. O dr. Arora, um indiano típico, de bigodinho e cabelo avermelhado pela hena, cuidadosamente partido de lado, era famoso. Sua clínica era uma espelunca. Mas havia sempre fila de estrangeiros na porta.

A clínica continuava no mesmo lugar, em Topovan, um bairro novo — ou relativamente novo — acima de Lakshman Jhula, bem ao lado do Swiss Cottage. Ocupava um predinho leproso, de dois andares. No primeiro, a recepção e o consultório, repartidos por uma divisória. Nos fundos, uma sala de massagem e um banheiro. No segundo andar, quatro camas também para massagens e outro banheiro. O mais impressionante na clínica do dr. Arora era a falta absoluta de conforto ou higiene. Os lençóis jamais eram trocados de um paciente para o outro. Os banheiros estavam sempre molhados pela água do banho anterior. As toalhas consistiam em pedaços úmidos de pano que passavam de mãos em mãos. As duas massagistas, Lakshmi e Dhevi, nunca calavam a boca. Com tudo isso — ou justamente por causa de tudo isso —, eu estava morrendo de saudades daquele lugar.

O dr. Arora se lembrou de mim. Eu jamais me esqueci dele, da sua figura distinta, de terno bege bem-passado. Ele segurou o meu pulso. Segundo a medicina ayurvédica, um sistema de práticas de cura descrito nos Vedas, existiam três *doshas*, e todos nós seríamos a combinação desses *doshas*: Kapha (terra e água) Pitta (fogo e água) e Vata (ar e éter). O ayurveda trabalhava com a ideia do equilíbrio dos elementos. Eu era Vata-Pitta, segundo o doutor. Após escutar o meu pulso por um longo tempo, ele disse:

— Você está pegando fogo, Pitta elevadíssimo. Precisa aprender a lidar com a sua energia masculina para que não se manifeste em ego. Nenhum homem aguenta uma mulher tão confrontadora — ele disse.

Basicamente o russo maluco que encontrei em Dharamsala e o dr. Arora me falaram a mesma coisa: "Você é um macho."

— A energia masculina numa mulher é bom. Se há muita energia feminina, não existe o impulso para fazer o que você está fazendo: pegar a mochila, vir para a Índia sozinha. Use-a no trabalho, nas decisões. Nos relacionamentos, você tem que se recolher. Está transformando frustração em antagonismo.

O dr. Arora me deu a sentença: um *pancha-karma* de pelo menos 21 dias. Negociamos, afinal eu só tinha 16 dias.

— Você está com o Pitta desregulado, por isso está ressecada: pele, cutículas, intestino. Vamos trabalhar para te lubrificar, para que seu metabolismo funcione com fluência e suas emoções também fluam com leveza.

Eu sabia bem o que me esperava: ingerir *ghee*, a manteiga clarificada, pela boca, nariz, orelhas e ânus. Todos os dias pela manhã ser besuntada de óleo pelas mãos de Lakshmi e Dhevi. Limitar o meu cardápio a frutas e sopa de arroz cozida em *ghee*. Enfrentar uma diarreia induzida por ervas poderosas. Vomitar após a ingestão forçada de água sulfúrica. Aguentar sessões no forno, a sauna individual.

— Ok! — eu topei.

Ao voltar a um lugar onde já estivemos brota um desejo estúpido de reviver experiências, como se isso fosse possível. Você anda léguas atrás daquele sorvete, daquela torta de maçã. E nada mais tem o mesmo gosto. Em 2006, além do *pancha-karma*, fiz um intensivo de três semanas de iyengar yoga com Usha, uma suíça radicada em Rishkesh há mais de trinta anos. O curso de Usha eram seis horas de prática rígida por dia, com aulas de Vedanta na hora do almoço. Uma noite, depois da última aula, eu me dirigi para o *puja* que acontecia todos os finais de tarde na estátua de Krishna, uma escultura que flutuava no Ganges.

Por si só o *puja* já era inebriante, com a cantoria repetitiva, os tambores ritmados, o som dos sinos, os cestos de flores atirados ao rio, a fumaça dos incensos. Naquela noite, porém, experimentei uma sensação sem igual. Havia feito uma prática tão forte que sentia o sangue correndo rápido, mais líquido. Meu corpo tremia ligeiramente. Quando me sentei na escadaria onde uma multidão entoava mantras e fechei os olhos, esse corpo trêmulo desapareceu. Por segundos. Não sei explicar com precisão. Só sei que, por um instante, fui apenas consciência, sem carne, sem ossos, sem matéria. Sensação louca. Só senti um treco parecido num réveillon em Brighton, sob o efeito de cogumelos mágicos.

A sala de prática de Usha estava lá, no mesmo lugar, no térreo do Omkaranda Ashram, às margens do Ganges. O chão se encontrava coalhado de tapetes de yoga. Não era possível mexer os cotovelos fora do perímetro do seu próprio tapete. Reconheci rostos. Será que eles estavam ali desde 2006 ou voltavam, como eu? Acomodei-me ao lado de um americano familiar. Ele também me reconheceu. Trocamos meia dúzia de reclamações ao pé do ouvido: como as aulas de Usha estavam ficando cheias demais! Como Rishkesh havia crescido desde então! Como tudo estava muito mais caro! O americano também voltava pela primeira vez.

Usha chegou. Como eu bem me lembrava, era uma força da natureza: pequenina, mais de 60 anos, mancando de uma perna, sequela de um acidente que quase a deixou paraplégica. Segundo afirma, só voltou a andar graças à dedicação do Guruji. Após sair do hospital, Usha passou anos sob os mandos do Iyengar. A aula foi majestosa. Usha me apresentou a músculos que eu desconhecia. Uma aula de iyengar yoga acontecia com o professor ditando comandos. A precisão era fundamental. E Usha, com o sotaque germânico carregado, a energia da voz, a brutalidade proposital, conseguia como poucos conduzir às profundezas do corpo.

Tudo estava igual. Tudo como eu esperava. Mas o gosto da torta de maçã havia mudado. Eu não queria fazer yoga. O meu afã pela prática já não era o mesmo. Talvez eu estivesse no lusco-fusco da minha busca espiritual. Ou talvez fosse só cansaço. A Índia exauria. Só sei que fui a mais duas ou três aulas. E decidi investir os fins de tarde na cadeira de balanço do meu terraço, fumando o meu haxixe. Lá conheci um inglês que fazia calendários maias. Ele vivia disso, vendia-os mundo afora. Os calendários eram bonitos, com aquelas pinturas psicodélicas que se viam na decoração de raves. Também encontrei um grupo de oito sul-africanos que viajavam numa kombi. Eles haviam comprado um *tuk-tuk* e viviam o dilema de como enviá-lo para a Cidade do Cabo. Fiquei amiga de uma venezuelana que, em dois meses, batera o recorde de 16 cursos diferentes em Rishkesh. Sua meta agora era encontrar um professor de francês. Estava apaixonada por um parisiense.

Eu não deveria fumar haxixe. Fumava e, logo em seguida, entrava na paranoia da culpa, prometendo-me que não fumaria no pôr do sol do dia seguinte. Não era humanamente possível ficar doidona e cumprir as leis rígidas do *pancha-karma*. Dava vontade de comer chocolate, e eu acabava beliscando o chocolate. E me arrependia. Fazia novo voto de fidelidade. Uma noite comi meia fatia de pizza. Na manhã seguinte, acordei me sentindo péssima. No primeiro *pancha-karma*, em que segui à risca as regras, não aconteceu isso. Mal consegui juntar forças para descer ao restaurante. Pedi uma salada só de mamão. Quando voltei ao quarto, não houve tempo de chegar ao banheiro. Vomitei no chão, na cama, tudo ficou respingado de um líquido amarelado. Fiquei horas estirada no chão para amealhar alguma energia para chamar o Rolf no andar de baixo. Ele me levou ao dr. Arora.

O doutor me passou um sabão. No dia anterior, eu havia feito a limpeza do estômago. Bebi, de um gole, sem tomar fôlego, três litros de água sulfurosa. O líquido bateu no estômago, saiu limpando tudo e voltou em golfadas. Por conta da limpeza, meu estômago estava sensível, recuperando-se do banho sulfúrico. Elementar: a pizza caiu como um tsunami. O dr. Arora queria saber:

— Você quer ou não quer continuar o *pancha-karma*? Você tem que escolher.

— Eu quero.

— Então você vai voltar para o hotel e tomar o coquetel de ervas para a limpeza do intestino. Amanhã você se sentirá melhor.

Tive que limpar o quarto sozinha. Quando fui pedir novos lençóis, o rapaz dos óculos espelhados me falou que não os tinha. Perdi a compostura. Gritei tanto que, não sei de onde, surgiu um conjunto de lençóis novinhos, de tecido bom. Fiz a cama. Bebi a infusão de ervas. E passei horas terríveis. Eu me contorcia em cólicas. Ao mesmo tempo que vomitava, cagava. Mover-me da cama para o banheiro equivalia a subir o Everest. Achei que ia morrer. Suava tanto que troquei de camiseta umas seis vezes. Esgotei o meu estoque de roupas. Tomei vários banhos gelados. Bebi litros e mais litros de água. Não sei a que horas da madrugada adormeci.

Não acordei exatamente me sentindo bem. Mas o pior havia passado. Fui para a massagem matinal com Dhevi e Lakshmi. O dr. Arora recomendou que me colocassem na *shirodara*. Quando senti o filete de óleo quente caindo pontiagudo no centro da minha testa, relaxei. Dormi. Despertei — ou voltei a mim. E eu era outra. A fadiga desapareceu. O mal-estar também. Comi a minha sopa de arroz com *ghee*. Lakshmi preparava o meu almoço todos os dias. Na manhã seguinte, ela me avisou, começaria a série de oito enemas. Ou seja, Lakshmi me enfiaria pelo ânus litros de água temperada com manteiga clarificada e ervas num dia. A água faria descer tudo que estivesse ali incrustado, nas paredes do intestino. E, no outro, enfiaria no mesmo buraco uma injeção de óleo para lubrificar. Oito vezes, alternadamente.

Sem poder fumar o meu haxixe e sem forças para perambular ao léu pela beira do Ganges, resolvi ir ao *satsang* do guru brasileiro Prem Baba. Ele era um hit em Rishkesh. Todo mundo me dizia: "Você tem que ouvir o Prem Baba." Eu sabia quem era ele. Há muitos anos, fui com dois amigos a uma igreja do Santo Daime, em Sorocaba. Prem Baba, que ainda não era Prem Baba, estava lá, sob a alcunha de Janderson. Era psicólogo e usava ayahuasca em sessões terapêuticas. Um tempo depois li uma entrevista com ele. Soube ali que ele havia se *iluminado* e assumira a nova identidade. Prem Baba passava quatro meses por ano em Rishkesh. Atendia num *ashram* em Lakshman Jhula. Tentei arrastar Rolf comigo. Ele riu na minha cara.

O *ashram* era uma construção imensa, com paredes amareladas e descascadas. Demorei para achar o salão onde aconteceria o *satsang*. Um monte de sapatos entulhados me deu a pista. O enorme espaço estava lotado. A plateia se acomodava no chão, aguardando com olhares vazios. Na frente, havia um trono, onde o guru se sentaria. Demorou. Quando eu já pensava em desistir, o Prem Baba apareceu. O paulista envergava uma túnica branca; a barba e os cabelos eram longos e desgrenhados; o olhar, de complacência e beatitude. E então eu estava ali, diante de um guru brasileiro, que falava em português e era traduzido para o inglês, fazendo uma palestra para europeus na Índia, na beira do Ganges. Poderíamos chamar de globalização espiritual. Alguns dias depois, eu conseguiria uma audiência privada.

Faltavam três semanas para o Natal. O inverno já era uma realidade em Rishkesh. O frio entrava pelos poros, petrificando os desejos. Como não havia aquecimento em lugar nenhum, eu sentia frio o tempo inteiro. E cada vez me dispunha a fazer menos. Praticamente ia ao dr. Arora de manhã e gastava a tarde enrolada no cobertor, lendo Flaubert no terraço. Rolf e eu queríamos passar o Natal em Varanasi. Pelo menos estaria menos frio. Mas não havia mais passagens de trem. A única possibilidade seria ir até Nova Déli e tentar passagens no guichê para turistas. Eu preferia morrer congelada a ir a Nova Déli, mesmo que fossem só cinco horas de trem, como insistia Rolf. Fizemos um acordo. Ele iria à capital. E eu ao centro comercial de Rishkesh comprar vestes térmicas para nós dois.

Resolvi descer a pé para Ram Jhula e, lá, pegar um tuk-tuk para Rishkesh. Ao cruzar a ponte de Lakshman Jhula, um macaco de bunda vermelha e cara simpática roubou meu cobertor. Os macacos estavam por toda parte. Já haviam me roubado comida. Mas o que um macaco poderia querer com um cobertor? Quando atingi a margem do rio, caminhando alegre pelo caminho dos sadhus (Rishkesh era também a capital dos sadhus), um homem de dreadlocks fartos, corpo coberto de cinzas, usando apenas uma tanga branca, com os lábios pintados de vermelho, saltou na minha frente e agarrou meu braço. Ele era mais macaco que o macaco. O sujeito amarrou três fitas no meu pulso. Falou umas palavras em sânscrito. E me arrancou cem rupias. Senti tanto medo que tirei do bolso a primeira nota, entreguei-lhe e disparei, desabalada. Só parei quando cheguei à ponte de Ram Jhula, onde um engarrafamento de vacas, humanos, bicicletas e motos me impediu de prosseguir no trote.

Fazer uma compra na Índia, mesmo a mais singela, podia destruir o sistema nervoso. Eu estava decidida a resolver a questão na primeira loja.

— Tem veste térmica, senhor? — perguntei.

— Sim.

— Uma pequena e uma grande, por favor.
— Não, dois grande.
— Não. Uma pequena e uma grande.
— Não, grande bom.
— E brancas, duas brancas.
— Branca não bom. Cinza mais bonito.
— Ok, ok, ok!

Saí da loja com duas vestes térmicas tamanho G, ambas cinza. E entrei na porta ao lado em busca de um moletom. Pedi ao vendedor algo simples, sem desenhos ou frases escritas. Ele me trouxe um moletom escandalosamente verde, com um OM estampado em dourado. Expliquei de novo. Ele replicou:

— Este simples. Muito simples. Este bom, você leva.

Comprei o moletom. Parti para a tentativa de achar um xampu.

— L'Oréal, senhor?
— Pantene melhor.
— Ok, Pantene — e enfiei o vidro na sacola.

Fui jantar com dois alemães, David e Franz, que conheci na escola de Usha. Eles me levaram ao Ramana's Garden. Descemos de Topovan, em direção a Lakshman Jhula, por becos escuros, atolando em merda de vaca, sem enxergar um palmo à frente do nariz. O Ramana's ficava na beira do rio, já no limite da cidade. Era um pequeno sítio, com uma enorme horta. O restaurante tornou-se popular pela comida orgânica. Algumas construções se espalhavam pelo terreno, todas feitas de pedra, barro e madeira reciclável. Na última construção, literalmente pendurada sobre o Ganges, uma turma de estrangeiros preenchia o chão, atracada a bacias de salada. Eu não podia comer. Era o penúltimo dia do meu *pancha-karma*. O aroma da torta de espinafre... Aquela torta de espinafre equivalia a uma picanha. Como eu faria para chegar ao Ramana's sozinha no dia seguinte?

Acordei já pensando em comida. Depois de cagar as tripas no dr. Arora, perguntando aqui e acolá, cheguei ao Ramana's antes do meio-dia. Acomodei-me numa das mesinhas do terraço, com o sol tímido esquentando a alma. Não havia nenhum outro cliente. Dezenas de crianças e adolescentes brincavam pelo sítio. Um californiano dourado, com cachos de anjo Gabriel, me atendeu. Ele me explicou que era voluntário, assim como todos os outros ocidentais que circulavam por ali. O Ramana's era um projeto social. Com o dinheiro arrecadado no restaurante, uma americana, a idealizadora do lugar, sustentava 64 órfãos.

— Ela está aqui? — eu perguntei.
— Quem? — disse o anjo Gabriel.
— A americana.
— Não, mas quando ela chegar você vai saber.

Acho que pedi tudo que havia no cardápio: salada de folhas verdes, panqueca de panir, arroz integral, farofa de cenoura, sopa de beterraba, chá de gengibre com limão, bolo de chocolate.

— Você come muito — disse a menina que me serviu o bolo.
— Estou com fome, uma fome de meses.
— Você não come há meses?
— Não é isso. Deixa para lá. Quem é você?
— Eu moro aqui.
— Eu sei.
— Minha mãe e meu pai morreram. Estou há três anos sozinha.
— Mas você não está sozinha.
— É verdade.
— O que você faz o dia inteiro?
— De manhã, temos aula. De tarde, esportes, arte, música, dança. No fim do dia, meditação. E tem a hora do remédio. Tomamos remédios todos os dias.
— Que tipo de remédio?
— Umas plantas horríveis.

A garota era linda, devia ter uns 10 anos. Ela falava inglês tão bem que mal se notava o sotaque.

— Quando eu ficar grande, vou para os Estados Unidos. Ano passado, três garotos foram para Nova York. Você conhece Nova York?

— Sim, Nova York é uma cidade grande, muito grande.

— É bom?

— Hum, eu não gosto muito, mas é bom. Por que você quer ir para Nova York?

— Quero estudar, virar professora e ajudar outras crianças como eu. E também quero pilotar aviões.

De fato: impossível não notá-la. Ela era alta, mais de 1,80 metro. Tinha um volumoso cabelo grisalho preso num exótico buquê no alto da cabeça. Vestia-se de branco. Cobria os ombros com uma elegante pashmina branca. Os olhos eram muito azuis, contrastando com a pele alva, levemente rosada nas bochechas. Não era jovem. Devia ter pelo menos 60 anos. Mas exalava uma energia contagiante, desafiadora, dominadora. Chegou limpando mesas, dando ordens, brigando com crianças que se penduravam na grade da varanda. Ao mesmo tempo, falava ao celular.

— Minha maior desgraça são os voluntários. Eles não levam nada a sério. Aparecem num dia, somem no outro. Preciso de um professor de violão. Você conhece algum professor de violão? — perguntou à pessoa do outro lado da linha, sem parecer se dar conta de que estava rodeada de voluntários.

Já sabendo a resposta, perguntei à garotinha dos olhos de raposa quem era aquela senhora. Ela respondeu, displicente, enquanto entretinha um grupo de turistas que ocupava a mesa ao lado:

— Ah, é Dwabha. Ela é a nossa mãe.

Não ousei interpelar a mulher de branco naquele momento. Puxei assunto com um holandês que agora recolhia os pratos. Ele também devia ter por volta de 60 anos. Conhecia Dwabha desde os anos 1970. Ambos foram discípulos do Osho e moraram na comunidade do Oregon e, depois, no *ashram* de Pune.

— Dwabha era um animal para festas. Não tinha festa em Goa em que ela não estivesse. Quando ouvi falar desse lugar, não acreditei que era a mesma Dwabha que eu conhecia.

O holandês era simpático. Gostei dele. Parecia estar contente ali.

— O Ramana's é um caos. Mas funciona melhor do que qualquer corporação. Quando você olha os olhos sorridentes dessas crianças, não faz ideia dos traumas.

O holandês se foi, levando os pratos. Antes de me deixar a sós com Flaubert, segredou-me que, no fim da tarde, serviriam bolo de cenoura com calda de chocolate e chá de pétalas de rosas. Sem nada melhor para fazer, fiquei. Madame Bovary agonizava na cama:

> O padre recitou o Misereatur e a Indulgentian, mergulhou o polegar direito no óleo e começou as unções: primeiro nos olhos, que tanto tinham cobiçado todas as suntuosidades terrestres; depois nas narinas, ávidas de brisas tépidas e de odores amorosos; depois na boca, que se tinha aberto para a mentira, que tinha gemido de orgulho e gritado na luxúria; depois nas mãos, que se deleitavam a tatos suaves; e finalmente nas plantas dos pés, tão rápidas outrora quando corria para a satisfação de seus desejos, e que agora não andariam mais.

Dwabha, enfim, veio se sentar no terraço, com uma tigela de salada. Não precisei puxar conversa. Ela o fez. Estava indignada com uma notícia que lera pela manhã no *Hindustan Times*. Era sobre cinquenta mendigos que morreram de frio dormindo na torre do relógio de Dehradun, uma cidade perto de Rishkesh.

— Como é que pode isso? Dehradun é uma cidade rica. Fico feliz que tenham escolhido morrer na torre do relógio, bem na cara dos turistas — ela disse, sacudindo o jornal na minha cara.

A mulher estava decidida a coletar quantos cobertores pudesse para levar para os mendigos que sobreviveram às noites geladas.

— Isso me impressiona, sabe por quê? O mundo está desabando nas nossas cabeças e as pessoas continuam não querendo perceber que estamos todos interconectados. Não existe eu, você, eles. Se um sofre, todos sofrem. É como colocar a mão numa fogueira e não perceber que a dor que o corpo sente vem da mão queimando. O planeta está enfrentando uma tragédia econômica, política, social, ecológica. E as pessoas continuam com a ideia mesquinha de salvar a própria pele.

Depois do discurso, eu me ofereci para acompanhá-la pelas ruas de Rishkesh. Passamos o fim de tarde batendo de porta em porta. Amealhamos 28 cobertores, alguns casacos velhos e voltamos para o Ramana's já bem tarde da noite. O bolo de cenoura com calda de chocolate havia acabado. Só me restou tomar uma xícara de chá de pétalas de rosa e bater em retirada. Dwabha me convidou para, na manhã seguinte, acompanhá-la ao *darshan* de uma "verdadeira mulher santa".

A noite estava escura. Muito escura. O vento soprava gelado, emitindo uivos ameaçadores. Corri pelos becos. Minha meta era atingir a estrada de Topovan, onde ficava a clínica do dr. Arora e o ponto dos *tuk-tuks*. Foi a primeira — e única — vez que senti medo na Índia. Um medo real, que eu podia tocar, que fazia o meu coração acelerar. Não havia *tuk-tuks* no ponto. Fiquei apavorada! Para chegar ao Swiss Cottage, eu teria que subir uma ladeira deserta. O que fazer? De repente, de dentro de um *Chaiwalla* com a porta semicerrada, saíram dois homens. Estavam bêbados. Começaram a me seguir. Eu caminhava rápido. A dupla apertava o passo.

— Vem com a gente, madame. A gente te leva para casa — dizia um.

— É. A gente te leva para casa — repetia o outro.

Eu olhava para um lado e para o outro. Não encontrava saída. Se eu continuasse em direção ao Swiss Cottage, estaria fodida. Talvez literalmente. A ladeira que dava acesso ao Club Med era um bosque negro. Parar também não seria boa ideia. Resolvi atravessar para o outro lado e retornar. Para onde? Eu não sabia. Não me arriscaria a me embrenhar nos becos que davam acesso ao Ramana's. Os homens também atravessaram a rua. Quando eu já pensava em começar a gritar, apesar de pensar que ninguém me ouviria, um senhor saiu de uma birosca que vendia doces durante o dia e estava coberta com um plástico preto. Ele espantou os bêbados. E me deixou na porta de casa na garupa da sua bicicleta enfeitada com franjas multicoloridas. Depois, pedalou assoviando ladeira abaixo.

No café da manhã, encontrei Rolf com cara de vitória. Ele tinha conseguido duas passagens para Varanasi para o dia seguinte. Convidei-o para ir comigo ao *darshan* da "verdadeira mulher santa". Ele riu de novo na minha cara e me informou que tiraria a manhã para comprar meias verdadeiramente quentes. Corri para alcançar Dwabha. Ela me esperava, acomodada atrás do volante do seu jipe. Um ônibus levaria as crianças, todas. E alguns voluntários para cuidar delas. Atravessamos Rishkesh. Chegamos a um *ashram* igual aos outros.

Era dia de festa, aniversário do guru, morto há muitos anos. Centenas de pessoas se acotovelavam no templo, no jardim, no refeitório, em volta da estátua de Hanuman. Para qualquer lugar que se olhasse, havia gente. Poucos ocidentais, a maioria indianos. Dwabha me puxou pelo braço e me introduziu numa das construções. Nós nos sentamos no terraço, em silêncio. Havia mais cinco pessoas ali. Acompanhada por um grupo de mulheres, uma senhora velhinha, que devia estar beirando os 90 anos, surgiu, coberta por um véu branco. Sentou-se na cadeira. Não disse nada. Todos nós, em fila, nos prostramos diante dela. Ela não se mexeu.

Permanecemos ali por um longo tempo. Ninguém falava nada. Ela olhava para nós, e nós olhávamos para ela. Fui tomada por uma vertigem, uma coisa estranha. Sentia-me agradecida a Dwabha, ao mundo, a Deus. Eu, que nem acreditava em Deus. Pela primeira vez, experimentei o ímpeto de me jogar aos pés de alguém. Num impulso incontrolável, levantei-me e me prostrei diante da senhora. Fiquei lá, sem me mexer, com lágrimas nos olhos. Ela tocou a minha cabeça e me enxotou de volta para a esteira. Regressamos ao burburinho do pátio, eu me sentia zonza. Quando procurava um lugar para me sentar, avistei Krishna Das. Ele viajava o mundo cantando mantras. Era um ídolo da karmatopia. Encontrá-lo ali era como encontrar Keith Richards numa convenção de drogas.

Dwabha me explicou. Aquele era o *ashram* do guru Neem Karoli Baba, considerado um santo do hinduísmo. Ele deixou duas mulheres como sucessoras. Uma havia morrido. E a senhora que eu acabara de ver era Siddhi Ma. Krishna Das era um devoto antigo. Frequentava o lugar desde os anos 1970. Outros também beberam daquela água: Ram Dass, o parceiro de Timothy Leary, autor do bestseller *Be Here Now*. E Steve Jobs. Até o Steve Jobs. Nunca consegui entender o Steve Jobs. Ele estudava a mente, o poder do silêncio, bebia no budismo, bebia no hinduísmo, dizia que seu objetivo nunca foi ficar rico, mas iluminar-se... E, ao mesmo tempo, criou a maior droga do nosso tempo. O que podia ser mais distante do recolhimento do que um iPhone ao alcance das mãos?

Sob uma grande tenda armada nos fundos do *ashram*, sentamos no chão de terra. As crianças. Os devotos. E o cantor das multidões. Partilhamos a *prasada*, a comida abençoada pela guru. Dei um jeito de me espremer entre Das e uma senhora de sári rosa-choque. De todos os sáris que eu já vira, aquele era o mais efusivo.

— Eu te entrevistei no Brasil, no Rio, você se lembra? — perguntei.

Era verdade, eu o havia entrevistado no Rio, durante uma turnê.

— Não, desculpe, eu tenho uma péssima memória.

Dei sequência ao diálogo, ignorando o fato de que ele queria conversar com o homem a sua frente, e não comigo.

— Você vem sempre à Índia?

— O máximo que posso.

— À Índia ou a este *ashram*?

— Este *ashram*. Sou um dos velhos devotos deste lugar.

— Quando você veio a primeira vez?

— Nos anos 1970. Ram Dass me falou: "Você tem que ir à Índia e conhecer Neem Karoli Baba." Eu vim e fiquei dois anos e meio. Quando olho para trás, não me lembro de ter tido vida antes de encontrar o meu guru.

Krishna Das nasceu em Nova York. Tinha 65 anos. Isso significava que ele não viveu até os 20 e poucos anos.

— Minha vida começou de verdade aqui. Não foi uma mudança de vida. Foi o começo de uma vida. Eu não queria voltar para os Estados Unidos. Eu queria ficar para sempre. Maharaji me mandou voltar. Disse: "Você tem coisas para resolver que só pode resolver se voltar para a sua terra."

— Foi aí que você começou a cantar?

— Sim, eu precisava cantar. Não tinha a menor intenção de fazer uma carreira.

— Na presença da Mãe, senti algo que não consigo entender.

— Não há nada o que entender. Amar está além de entendimento. Eu a conheço há quarenta anos. E todas as vezes que eu a vejo sinto a mesma coisa que você sentiu.

— Por isso você volta todos os anos?

— Volto porque não existe fim para a quantidade de merda que carregamos na mente. Eu preciso deste lugar para conseguir cantar com mais pureza. É para isso que venho, para me limpar.

Krishna Das se distraiu com um senhor que veio cumprimentá-lo. Eu queria ter tido a oportunidade de lhe indicar o *pancha-karma* do dr. Arora. Quatro quilos de merda tinham saído do meu corpo em apenas 16 dias, por módicos duzentos dólares. Apesar de mim, o tratamento funcionou. Se a minha cabeça continuava a mesma, minhas condições físicas haviam se iluminado.

Eu me sentia pronta para Varanasi.

A mulher de branco

Fui subjugada por ela. Eu queria ser exatamente daquele jeito quando crescesse, apesar do fato irrevogável de que eu nunca atingiria 1,85 metro. Para chegar aos 60 anos linda, majestosa e livre como Dwabha, eu teria que esticar trinta centímetros. Esticar o espírito, já que a estatura era causa perdida. Enquanto ela dirigia o jipe preto guiando a vida de 64 crianças, ajudada apenas por voluntários que iam e vinham, eu olhava para ela. Sabia poucas coisas sobre Dwabha. Tinha sido discípula do Osho. Viera para a Índia nos anos 1970. Havia uma década, comandava o Ramana's. E só se vestia de branco. Dos pés à cabeça. Os cabelos eram brancos também. Um branco do primeiro grau de brancura. O trajeto entre o restaurante e o *ashram* de Neem Karoli Baba durou cerca de quarenta minutos.

O projeto social de Dwabha era a própria Dwabha. O dinheiro do restaurante só cobria as despesas básicas. Eram 64 crianças morando no Ramana's e 189 que vinham todos os dias para frequentar as aulas.

— Não, não. O restaurante só é suficiente para pagar a alimentação. Passo todos os verões entre Estados Unidos e Europa, trabalhando. Vou, faço dinheiro e volto. O problema é que estou me cansando.

Não parecia. Para mim, Dwabha podia seguir para sempre.

— Claro que eu medito todos os dias, de manhã e à noite. Como conseguiria sem meditação?

Dwabha conheceu Osho nos anos 1960, no Oregon. E o seguiu até Pune, até a morte. Afirmou categoricamente que foi o velho barbudo e pregador do sexo como caminho para a libertação que lhe ensinou tudo na vida, principalmente a ser livre.

— Acabou aquilo ali. Antes de deixar seu corpo, Osho foi muito claro. Ele disse: "Quando eu me for, você corre. Não caminhe. Corra. E ache outro mestre vivo." Não foi fácil. Não havia nenhum.

Era 1990. Dwabha não sabia o que fazer. Vagou pela Índia por um ano, frequentando as raves de Goa e, nas horas vagas, procurando mestres. Um dia, depois de uma noitada, ela se olhou no espelho e falou para si mesma: "Vou para casa."

— Eu já tinha começado a dar aulas de meditação e de terapias de autocura. Pensei em me instalar em Nova York e começar a ensinar.

Com a passagem na mão, recebeu carta de uma amiga, que estava vivendo em Lucknow, no norte, não muito longe de Rishkesh. A amiga falava de um mestre e a convocava a subir a montanha. Dwabha escreveu de volta, contando que estava retornando aos Estados Unidos. Outra carta chegou, insistindo. Como tinha ainda uma semana livre, resolveu fazer uma visita, e, em seguida, pegaria o voo em Nova Déli.

— Cheguei a Lucknow sem a menor expectativa. Só fui porque minha amiga insistiu e eu queria me despedir dela. Ela nem me deixou descansar, me puxou pelo braço e me levou à casa do tal mestre.

Dwabha não gostou do que viu: um casebre em ruínas, com as paredes descascadas pela pobreza, imagens de divindades por todos os lados, potes mofados de *ghee* como oferendas. Ela vinha da "escola da libertação". Osho era o oposto daquilo.

— Um velho chegou, olhou para todo mundo, colocou a dentadura e começou a falar. Eu estava a milhas dali. Não ouvi uma palavra. Quando ele parou, eu pensei: "Graças a Deus." De repente, senti uma agonia. Eu pensava: "Como sou arrogante." Não sei o que me deu, mas fiquei mortificada com o meu comportamento. De olhos fechados, pedia perdão.

E, aí, como acontece nos livros, o guru se revelou:

— Quando abri os olhos, o senhor estava parado na minha frente, com um enorme sorriso. Ele disse: "Que bom. Agora você está aqui. Bem-vinda." Foi uma porrada. Na palestra seguinte, ouvi tudo, cada palavra. E disse para mim mesma: "Achei o meu mestre." O guru tinha 85 anos e só nos ensinava a estar onde estávamos. Apenas ficava lá, presente. Como sempre gostei de cozinha, acabei me tornando a cozinheira da casa. Havia 14 pessoas vivendo ali.

Um dia o velho mestre a convidou para ir a Rishkesh. Dwabha nunca tinha estado em Rishkesh. Caminharam juntos pela beira do Ganges, subiram sete quilômetros acima da cidade.

— Quando chegamos a uma parte quase totalmente desabitada, ele parou, virou para mim e disse: "Quero que você fique aqui, em retiro." Eu comecei a chorar. Não queria ficar naquele lugar.

Dwaba se mudou para uma caverna. As crianças apareciam todas as manhãs, para atormentá-la. Eram os filhos da miséria, todos cheios de piolhos, eczemas na pele, sem roupas, famintos.

— Em 1994, Rishkesh era outra coisa. Só tinha uma ou duas *guest houses*. Resolvi que começaria uma pequena escola de inglês na minha caverna. Arrumei tudo e as crianças vinham.

Certa manhã, uma mulher apareceu gritando, pedindo socorro, desesperada. Ajoelhou-se aos pés de Dwabha e lhe entregou um bebê, que tinha tido a perna decepada por uma enxada.

— A perna estava presa por um ligamento. Montei na minha moto, pus a mulher e o bebê na garupa e toquei para o hospital. O médico se recusou a atender porque a criança era da casta dos intocáveis. Fiquei revoltada com aquilo. O menino morreu nos meus braços.

Foi nesse minuto que brotou a semente do Ramana's. Dwabha pegou o ônibus para Lucknow na mesma noite para informar ao guru que estava saindo do retiro. Ela se dedicaria a um projeto social para cuidar de crianças órfãs. Ele falou: "Que bom. Você achou a sua missão." Sem um centavo no bolso, Dwabha partiu para a Europa.

— Todas as portas se abriram. Alunos surgiram em todos os lugares, vários países. Fiz tanto dinheiro num só verão que consegui voltar para a Índia e abrir um pequeno hospital com oito camas. As mulheres que começaram lá, trabalhando comigo, estão comigo até hoje. Passamos por maus bocados. Somos uma família.

O investimento foi de 28 mil dólares. Tudo se perdeu em poucos meses.

— Como estrangeiro não pode comprar terra na Índia, coloquei o terreno no nome de um *swami*. Ele me passou a perna e nos expulsou, depois que tudo já estava funcionando.

Dwabha repetiu a dose. Voltou para a Europa, trabalhou, e recomeçou.

— Comprei outro terreno, onde está o Ramana's. Nós nos mudamos na loucura, seis crianças e seis mulheres. Não havia construções como hoje. Dormíamos em barracas. Nós crescemos do nada, literalmente do nada.

Fiquei imaginando como suportaram o inverno, se, no meu confortável quartinho no Club Med, eu congelava todas as noites.

— Era frio, muito frio. O pior era quando o vento derrubava as barracas no meio da noite. Não sei o que me movia. Era uma viagem maluca, mais maluca do que qualquer uma das viagens de ácido da minha vida, que não foram poucas. Eu precisava fazer aquilo. E ponto.

Quando estacionamos na porta do *ashram* de Neem Karoli Baba e fomos rodeadas pela multidão festiva, Dwabha só teve tempo para me responder mais uma pergunta. Eu queria saber o que ela achava da Rishkesh de hoje.

— As questões existem. As pessoas procuram. Mesmo estas que vêm só para fumar um bom haxixe estão procurando. Ou iriam para Ibiza, que é muito mais divertido. O problema é que não existem mais mestres. Os buscadores continuam chegando. Mas a Índia mudou. Você encontra bons professores. Mas mestres, não. Vejo um monte de jovens chegando e indo embora desapontados. Eles tentam encontrar através dos sadhus, das drogas. E acabam mais perdidos do que nunca. Você já foi ver o guru brasileiro, o Prem Baba? Ele é a estrela de Rishkesh hoje.

Prem Baba

Dois dias antes da viagem ao mundo de Dwabha, um fim de tarde tão frio que me cobri com um cobertor da cabeça aos pés, eu havia partido do Club Med, a pé, para a minha audiência com o Prem Baba. Ao atravessar a ponte de Lakshman Jhula, cuidei para que nenhum macaco roubasse a minha manta. Desci pelo caminho dos *sadhus*, beirando aquele rio, o rio mais bonito que já vi. A água verde-água, correndo lenta, refletindo as fachadas de templos e *ashrams* tão antigos que pareciam estar ali desde o início do tempo sem início. Não que fossem construções antigas. Não sei se eram. Mas na Índia tudo parecia velho, sem tempo. Cheguei no meio do *satsang*.

Prem Baba estava lá, sentado no trono.

Quando o *satsang* acabou, esperei pelo menos uma hora para ser recebida. Uma garota parisiense, vestida como se estivesse passeando pelo Quartier Latin, me avisou: eu tinha sorte de ser brasileira. Pensei que ela estivesse falando isso por causa do sol, do carnaval, do samba, do Cartola, da bossa-nova... Não! Era porque eu podia "beber as palavras do mestre". Não tive coragem de dizer a ela que a língua era um detalhe sem importância, já que eu não havia ouvido — ou bebido — nenhuma palavra do Prem Baba. Naquele dia, minha mente nunca estava onde eu estava.

Já passava das sete da noite quando o Prem Baba, em pessoa, veio me resgatar. Tratou-me como uma velha conhecida. Talvez fosse essa a vantagem de ser brasileira. Fomos para uma salinha decorada com tapetes e tecidos indianos. Acomodei-me numa cadeira; o Prem Baba, num palco, sobre várias almofadas. Na Índia diziam que a regra básica para você encontrar — ou ser encontrada — por um guru era estar preparada. Sentindo-me no lusco-fusco da minha busca espiritual, com instantes de ânimo exacerbado e recaídas brutais, nem cogitei essa possibilidade. Uma coisa me chamou a atenção no Prem Baba nas duas horas de conversa: ele gargalhava mesmo quando a piada não tinha graça nenhuma. Seriam as risadas o efeito sonoro da iluminação?

— Você acha que estamos vivendo uma grande onda de espiritualidade?

— Posso te afirmar: trata-se de um fenômeno mundial essa sede profunda de espiritualidade. Estamos vivendo um momento de crise de valores. A crise não é econômica, ecológica. É a crise do espírito.

— Você acredita em mudanças nos rumos da humanidade?

— Existe hoje uma clareza maior, sim. Está havendo uma evolução, um aumento no coeficiente de luz na consciência humana, o que faz as pessoas questionarem as respostas que nos foram dadas ao longo da vida pela filosofia, pela religião, pela ciência. Eu sinto o ser humano numa crise profunda, sem referência. Essa falta de referência faz com que ele queira encontrar uma referência.

— E essa referência estaria necessariamente na Índia?

— A Índia tem sido o berço da espiritualidade desde sempre. As pessoas estão em busca de referência e ouviram falar que aqui podem encontrar. Então vêm buscar.

— Isso é espiritualidade?

— O começo. A pessoa acaba tendo a informação de um tal de nirvana, de um tal de samadhi, uma alegria sem causa, uma experiência da unidade, um amor que vem do fundo, o fim do sofrimento. E aí brota a curiosidade maior, o caminho se alarga.

— Você é iluminado?

— Sim.

— Jura? Você é a primeira pessoa que me diz isso.

— Fiquei três anos praticando o *sadhana* que o meu guru me deu. Uma meditação específica, repetindo um mantra. Isso foi trazendo para fora questões que eu havia suprimido. Mesmo fazendo muita terapia, mesmo tendo passado por profundos processos de autoconhecimento, ainda guardava coisas debaixo do tapete. Essa conexão com o meu guru trouxe tudo para fora, uma purificação de karmas, de *sansaras*. Num determinado dia, eu realmente realizei a verdade de quem eu sou.

— Como foi? Quero DETALHES.

— Foi em 2002. Eu estava aqui, em Rishkesh, sentado na beira desse rio. A iluminação é um reconhecimento de quem de fato você é, quem ocupa esse corpo. Um reconhecimento da verdadeira natureza por trás do nome, por trás da história, por trás do corpo. É uma identificação com o Ser, com o Eu divino. Essa identificação com o Eu divino põe fim ao sofrimento, põe fim às perguntas. As perguntas desapareceram. Foi como um sol surgindo de dentro do meu peito. Simplesmente eu me vi como uma fonte de doação. Terminou a angústia da carência, terminou a angústia da necessidade de receber amor exclusivo. Eu me senti pleno e livre. Eu tinha 36 anos. A partir daí, comecei a dar *satsangs*.

— Estou muito impressionada com a quantidade de seguidores que você tem.

— Quando eu acordei, as pessoas começaram a chegar.

— Você passa alguns meses por ano na Índia e o resto do tempo em São Paulo?

— Tenho hoje centros espalhados no mundo inteiro. O epicentro é aqui, neste lugar. Fico cinco meses por ano em Rishkesh. No restante do tempo, viajo.

— Qual a importância do guru?

— Nós, os ocidentais, temos muita dificuldade nessa relação por conta da ideia de individualidade. Temos problema com autoridade. Mas, na Índia, o guru é aquele que te tira da escuridão e te coloca na luz. O guru é um farol.

— Sem o guru é impossível chegar lá?

— Até o terceiro chacra, o buscador consegue ir sozinho, com mais ou menos facilidade. Estamos falando da anatomia oculta, da anatomia sutil do desenvolvimento da consciência. O despertar da energia *kundalini*, a própria essência encarnada em nós, que, quando começa a despertar, sobe pela coluna, acordando os chacras.

— Nunca entendi direito o que é chacra.

— Os chacras são centros de energia e determinam os nossos estágios de consciência. Você só consegue trazer a energia *kundalínica* sozinho até o terceiro chacra. Depois, é como estar perdido numa floresta. Sem um guia, você não consegue atravessar, não consegue sair da floresta.

— Como se encontra o guru?

— Até um determinado estágio, o sofrimento é que te leva. A pessoa vai sofrendo e tentando encontrar uma saída para o sofrimento.

— Como é encontrar o guru?

— Um fenômeno profundamente transcendental, que a mente não explica. Uma percepção que você chegou em casa, que não poderia estar em outro lugar. Aí começa o processo.

— O processo do encontro do Eu?

— O Eu, no Ocidente, é o ego, aquele que consegue dominar o real, o palpável. Tudo que está além dos cinco sentidos é considerado uma doença mental. Qualquer experiência além do ego, além daquilo que os cinco sentidos determinam como normal, é considerada loucura, perturbação. Os profissionais de saúde estão preparados para não deixar a pessoa cruzar a linha. Se ela começa a ir além, opa, sinal de alerta.

— No Ocidente, você, por exemplo, poderia estar num hospital psiquiátrico.

— Se alguém no Ocidente diz "eu sou Deus", essa pessoa pode ser trancafiada, entupida de remédios. No Oriente, se você diz isso, logo já tem uma fila de gente te colocando guirlandas. A noção do Eu no Oriente está muito além daquilo que o nosso saber ocidental determina como sendo normal. A ideia do Eu é a ideia do Ser, que está além do nome, da forma, da história, do corpo.

— Você quer dizer que no Ocidente confundimos o Eu com a personalidade?

— Exatamente. No Ocidente, o Eu é determinado pela história, pelo corpo, pelo nome. Quem é você? Eu sou fulano de tal, filho de fulano de tal, tenho tal profissão. Mas isso não explica quem você é. A personalidade é produto de todas essas aquisições externas. Ela tem nome, história, profissão. Você não é a personalidade.

— E quem é você? Ou quem é o Eu? Ou quem sou Eu?

— No Ocidente, lutamos freneticamente para agregar valores que cada vez mais intensificam a ideia da persona. Acreditamos que, quanto mais agregarmos valor, mais felizes seremos. Essa é a crença. Só que em algum momento, e nesse momento isso está muito forte por conta da crise econômica, constata-se que isso não é verdade. A casa cai. E aí surge a pergunta: onde vou procurar luz?

— Quando foi que você começou sua jornada espiritual?

— Eu nasci com uma grande fome de experiências espirituais. Nasci com fome de Deus. Minha família era católica e eu era viciado em água benta. Mas logo cedo comecei a questionar. Nada respondia as minhas perguntas. Com 13 anos, comecei a praticar yoga. Fiquei sabendo que existia uma tal de yoga, que as pessoas podiam dominar o corpo através da mente. Falei: "É isso." Na primeira aula, eu me apaixonei.

— Yoga não era algo comum naquela época.

— Não, não era. Só sei que, quando ouvi os cânticos devocionais indianos, uma voz falou dentro de mim: "Quando você tiver 33 anos, vá para a Índia." Eu tinha 13 e morava em Guarulhos. Logo me esqueci disso.

— Você acabou estudando psicologia?

— Sim, psicologia transpessoal. E fui tentando encontrar respostas para o grande enigma que é como viver em paz neste mundo, como ir além do sofrimento. Por conta de ter passado por diversas escolas espirituais e ter estudado tanto a mente humana, eu desenvolvi um método, uma forma de entendimento que acabou atraindo as pessoas.

— Você já tinha muitos seguidores quando era o Janderson?

— Sim, isso foi quando eu tinha 30 anos, quando cheguei ao ápice de uma crise existencial. Tomei consciência de que eu não vivia o que falava, me sentia um hipócrita. Meu talento para atrair pessoas se tornou uma maldição.

— Você largou tudo?

— Não. No meu lindo apartamento em Higienópolis, fiz uma oração. Pedi ao universo que me mostrasse um caminho, me desse uma resposta. Foi uma meditação profunda.

— E o que o Universo respondeu?

— Tive uma visão de um velho de barbas brancas que estava me esperando no Himalaia. Ele disse: "Você vai fazer 33 anos. Venha para a Índia." Aí eu me lembrei da voz que ouvi aos 13 anos. Isso foi em 1999.

— Você chegou à Índia e encontrou o velho de barbas brancas?

— Cheguei, visitei alguns mestres espirituais, não sentia nada. Fui fazer turismo e minha crise só aumentava. A Índia é ótima para isso: ela provoca ao máximo. Meu ego estava à flor da pele. Até que cheguei a Rishkesh.

— Você sabia aonde ir em Rishkesh?

— Não. Para encurtar a história, cheguei a esse *ashram*, bati à porta e o mesmo velho do meu sonho surgiu na minha frente. Caí de joelhos. Ele me reconheceu como discípulo imediatamente. Falou: "O que falta para o seu processo é se entregar para um guru. Fica aqui comigo."

— Você ficou?

— Naquele momento eu não podia. Estava casado, em lua de mel, e tinha toda uma história em São Paulo. Mas o meu coração ficou com o Maharaji. Diante dele, senti algo que respondeu a todas as minhas perguntas. Ele era a manifestação do amor. Um amor que não dependia de nada. Assim que foi possível eu voltei. Recebi a iniciação. E depois de três anos eu acordei.

— Em São Paulo, você era famoso pela combinação da ayahuasca e da psicoterapia. Você nunca mais usou ayahuasca?

— A ayahuasca continuou por algum tempo. É uma grande aliada, uma grande abertura. Mas o trabalho foi mudando. Eu sentia que não precisava mais tomar.

— Tive um professor de yoga que dizia: "Só encontra quem sofre." Você acha que o caminho espiritual passa pelo sofrimento extremo?

— Essa é a mais profunda verdade. Durante um tempo, você está à procura de um alívio, de bem-estar.

— Qual a sua missão?

— Guiar as pessoas. Faço uma ponte entre psicologia e espiritualidade. Eu vejo onde a pessoa está e aonde pode chegar. Vou conduzindo-a, passo a passo, usando uma linguagem que ela possa entender. Ofereço métodos psicoespirituais até que a pessoa esteja pronta para trilhar o caminho puramente espiritual, até que possa receber o mantra. Estou trabalhando entre mundos, entre Ocidente e Oriente, entre ciência e espiritualidade. Por trás disso tudo está o *sankalpa*, a promessa, que é o pilar dessa linhagem que eu represento, que é despertar Deus em todos, iluminar o jogo da alegria em todos.

Dr. Arora

Acordei bem cedo. Olhei pela última vez para os rostos alegres dos garotos da recepção, que continuavam a fazer o que sempre faziam: nada. Desci pela última vez a ladeira do Swiss Cottage. Atravessei o bando de motoristas de tuk-tuk da estrada de Topovam. E, pela última vez, entrei na clínica do dr. Arora. Ele estava sentado no mesmo lugar. Atrás da sua cabeça, pendurado na parede, encontrava-se bem visível o diploma de medicina, amarelado, protegido por um vidro trincado.

— A medicina ayurvédica vem de longe, mais de 5 mil anos. É a mãe das medicinas — ele me disse. Tomou um gole lento da caneca de chai que se encontrava sobre a escrivaninha e continuou. — Menos desejos, menos ego, menos apego, mais simplicidade, mais saúde.

— O que é medicina ayurvédica, afinal?

— A medicina ayurvédica está na parte dos Vedas que trata da filosofia da natureza. O poder do ar, do fogo, da terra, da água e do éter. É o conhecimento da vida. Você tem, por exemplo, que se lembrar que no inverno o sol vai te dar energia. No verão, tirar energia. Trata-se de saber ser parte da natureza.

— Mais uma filosofia de vida do que um sistema de cura?

— Sim. Oitenta por cento tratam do conhecimento da vida, da saúde. E apenas 20% do conhecimento da doença. O cerne é como viver uma vida boa, com saúde, energia.

— É uma medicina preventiva, como a medicina chinesa, por exemplo?

— A medicina ayurvédica ensina como comer, como dormir, como se cuidar, como se relacionar, como se comportar socialmente. Tudo influi na saúde. O objetivo de viver, segundo a cultura védica, é alcançar *moksha*, a libertação, a iluminação. Para isso, precisamos do corpo.

— Em termos práticos, como se explica a medicina ayurvédica?

— O corpo é composto pelos cinco elementos: Vata (ar e éter), Pitta (fogo e água) e Kapha (terra e água). Todas as pessoas possuem os três *doshas*, em diferentes proporções. Você, por exemplo, é Vata-Pitta. Kapha é a sua menor porção. Isso explica sua personalidade impulsiva. A saúde depende do equilíbrio dos cinco elementos. Com os tratamentos, podemos reduzir aqui, aumentar lá.

— Como se manter balanceado?

— Parece difícil, mas não é. Basta conhecer o próprio corpo. Se não dormimos bem à noite, no dia seguinte Vata estará elevado. Quando Vata está elevado, o corpo estará sujeito a mais estresse. Então recolha-se. Se Pitta está elevado, acidez, problemas na pele, constipação, problemas para urinar, pressão alta. Como balancear? Beba mais água. Para controlar o fogo, água. Não é lógico?

— Tudo depende de atenção.

— O problema é que não estamos atentos ao que se passa na mente e como ela se reflete no corpo. Nós nascemos com o sistema perfeito, conectado à natureza. Se conseguimos entender isso, morremos como os yogues, que se transportam, sem doenças.

— A medicina ayurvédica está muito conectada à espiritualidade?

— Não há separação. Quando fazemos um diagnóstico, levamos em consideração, por exemplo, o karma. Doenças como câncer, lepra, tuberculose, trazemos conosco. Quem tem um bom karma tem um corpo bom.

— O que eu preciso para me autocurar?

— Você precisa conhecer o seu corpo e aprender coisas muito básicas. Doce, por exemplo, controla Pitta. Mas doce aumenta Kapha. Uma pessoa que é Pitta-Kapha deve prestar atenção no açúcar, nem faltar, nem exagerar. Um exemplo: você acorda e sente que está agitada, nervosa. Isso significa que o seu Pitta está elevado, então coma uma colherada de mel. Assim vai balanceando os elementos.

— E o que desequilibra o Pitta, por exemplo? O senhor me disse que o meu Pitta estava elevado.

— Muitos desejos, muitos sonhos, muito apego emocional. Não é necessariamente alimentação.

— Na Índia se fala tanto em apego...

— Porque o apego é a grande causa de todos os sofrimentos, os físicos e os emocionais. Temos que ter reponsabilidade, mas sem apego.

— O senhor poderia enumerar para mim as principais coisas que eu tenho que fazer para continuar bem como estou agora?

— Em primeiro lugar, reduzir os desejos. Você deseja demais. Depois, ouvir a natureza e seguir as instruções que ela te dá, coordenando tempo, sentidos e ações. O ayurveda leva em consideração três tempos: idade, estação do ano e hora do dia. De acordo com a idade, temos que nos comportar de certa forma. Se for inverno, temos que mudar a alimentação. De manhã, podemos comer alimentos mais fortes. Esta é uma regra muito simples: o uso correto do tempo e dos sentidos para guiar as ações.

I love Varanasi

O trem diminuiu a velocidade. Da janelinha, avistei a longa plataforma da estação de Varanasi. Mirei um bando de homens enrolados em xales coloridos, com turbantes coloridos, agachados em torno de uma fogueirinha. A cena se repetia metro a metro. Havia dezenas de fogueirinhas e centenas de homens. As cores se refletiam nas labaredas. Fazia frio, muito frio. O trem estacionou às 3h20 de uma gelada madrugada de dezembro. Rolf estava saltitante como uma lebre. Eu, modorrenta como um bicho-preguiça. Juntamos nossas tralhas, acomodamos as mochilas nas costas e descemos as escadinhas do vagão. Aquelas pessoas que pareciam não estar fazendo nada, imóveis como a noite sem estrelas, de repente entraram em atividade frenética.

— Guest House, Sir? Clean, cheap, near Ganga!
— Samosas, Sir? Very new, very taste!
— Chai, chai, chai, coffee, chai!
— Haxixe, Sir? Good haxixe, very best price!
— Tuk-tuk?
— Flowers, Sir? Good karma.
— Chai, chai, chai, coffee, chai!

Ninguém se dirigia a mim. Quando havia um homem por perto, o negócio era com ele. Eu só tinha que me arrastar atrás do Rolf. Conseguimos chegar ao saguão e... o chão estava coalhado de corpos adormecidos. Como atravessar aquele mar de gente sem pisar na cabeça de ninguém? Seguimos, encaixando os pés entre mãos, pernas, bundas, sacos de comida. No estacionamento, outra revoada de ofertas. Rolf se imbuiu. O fato de nada ser preestabelecido fazia cada minuto, cada lance ser importante. O segredo era deixar a intuição falar. Você ficava ali, sendo bombardeado, rebatendo. E, então, um rosto sempre saltaria do enxame e seria ele o seu *tuk-tuk driver*. Pescamos o Sanjay, que se tornou o nosso companheiro do mês.

Destino: Hotel Haifa, Assi Ghat. Eu estava louca para ficar hospedada no Ganges View, onde Jeff, o personagem de *Jeff em Veneza, morte em Varanasi*, viveu a sua epopeia. Mas o Ganges View (cem dólares a diária) era caro demais para uma jornalista desempregada. O Hotel Haifa, por sua vez, já consistia num salto qualitativo. Isso significava pagar vinte dólares a diária. Até aquele momento eu não pagara mais que dez dólares.

O *tuk-tuk* de Sanjay ganhou as ruas desertas. O trajeto entre a estação de trem e o hotel foi tranquilo. Varanasi dormia. E eu achei que tinha chegado a mais uma cidade da Índia: feia, esburacada, fedorenta, mal-iluminada, dominada pela arquitetura leprosa. Olhando para trás e, ao mesmo tempo, desviando-se das crateras como se as conhecesse uma a uma, Sanjay nos contou que era motorista de *tuk-tuk* havia 15 anos. Por 14 anos, alugou um, pagando 250 rupias por dia ao proprietário. Era muito, muito dinheiro, segundo ele, levando-se em conta que em Benares — Sanjay nunca dizia Varanasi, mas Benares — *tuk-tuks* e riquixás disputavam no mano a mano os fregueses, e uma corrida dificilmente custava mais que cem rupias. Há um ano, comprou o próprio *tuk-tuk*. Faltavam nove prestações para Sanjay quitar o investimento e se tornar um "*free man*".

Um amigo do Rolf, Alex, chegaria pela manhã, vindo de Nova Déli. Esperamos fumando um bom haxixe, presente de Sanjay, na varanda do hotel. Eu estava exausta, mas queria assistir ao despertar de Varanasi. O Assi Ghat (os *ghats* eram as escadarias que levavam ao Ganges) era o último dos *ghats* e tinha a fama de ser o lugar mais suave da cidade. O Haifa ficava na rua principal e dali não se via nem uma nesga do rio, embora estivéssemos a poucos metros dele. Eu havia visto o Ganges em Rishkesh. Não era, porém, a mesma coisa. Ali, ele prometia a apoteose. Varanasi — que antes de ser Varanasi foi Benares e antes de ser Bernares foi Kashi — era a cidade mais antiga do mundo, tinha pelo menos 5 mil anos. Não tinha história, tinha *samsara*, com o seu rio prometendo o fim do *samsara*. Por diversas vezes, foi arrasada por invasores e reconstruída de novo. Morreu e renasceu. Morreu e renasceu. As construções mais antigas datavam do século XVIII.

Cochilei. Quando acordei, Rolf havia partido com Sanjay para resgatar Alex na estação de trem. Tomei um banho de chuveiro. Comi um omelete. Bebi café com leite. E estava pronta — ou pensei que estivesse pronta. Saí às ruas, driblei todas as ofertas, enfiei-me nos becos e cheguei ao Assi Ghat propriamente dito. Lá estava o Ganges: um pulmão azulado, imenso, volumoso, por onde o caos respirava. Olhando o rio, o zum-zum-zum sumiu. Eu só via a água e a outra margem, onde parecia começar outro mundo, um mundo despovoado, vasto, com um céu sem fim. Não sei por quanto tempo fiquei ali, sem nada enxergar além da beleza do Ganges. Eu construíra uma imagem na minha cabeça: um rio Tietê correndo gosmento numa cidade gosmenta. Não! A uma distância segura, o Ganges parecia puro, embora fosse o exato contrário da pureza.

Logo que os meus olhos voltaram a ver e os meus ouvidos a ouvir, escutei uma voz na minha orelha e enxerguei um rosto tão perto do meu que pensei que fosse ganhar um beijo na bochecha:

— *Boat, madam? Boat? Boat? Boat?* — dizia a voz.

Agradeci, dei dois passos e outra vez, outra voz:

— *Boat, madam? Day beautiful, Ganga happy!*

Agradeci de novo, caminhei mais alguns passos:

— *Boat, madam? Ganga very nice river.*

Após caminhar alguns metros, não muitos, eu já repetia mentalmente a cantiga do rio:

— *Boat? Boat? Boat? Boat? Boat? Boat?*

Decidi tomar outro café num restaurante com mesinhas e vista para o Ganges. O Vaatika Cafe era um reduto de turistas. Alguns dos estrangeiros pareciam estar em Varanasi há pelo menos uma vida — ou talvez duas, confortáveis no desconforto. Muitos até usavam turbantes. Outros se comportavam como eu, acuados atrás de xícaras de café e tortas de maçã. Quando não aguentei mais de curiosidade, respirei fundo, dei a última garfada e fui. Como quem chega a Paris pela primeira vez doido para ver a Torre Eiffel, eu queria assistir à cremação dos corpos. Para isso, teria que atravessar todos os principais *ghats* até o Manikarnika Ghat, ao norte da cidade. O Assi era o último *ghat* ao sul, na curva do Ganges, o único que não tinha escadaria. O sol estava gostoso, distraindo o vento gelado, e o céu azul como um feriado.

O caminho ao longo do Ganges era uma larga passarela de cimento, e tudo podia ou estava acontecendo ali. Fui tomada de uma felicidade sem explicação. Um bando de mulheres lavava e estendia sáris coloridos no chão imundo. Um indiano muito magro, as costelas saltando como se quisessem se livrar da pele, tomava banho, ensaboando o corpo e os cabelos com vigor, decidido a ficar limpo, ignorando a impossibilidade da tarefa. Outro escovava os dentes. E um *sadhu*, quase inteiramente nu, a não ser pela tanga e os dreadlocks que lhe cobriam as costas, mantinha-se parado dentro do rio, com a água na cintura. Estava rezando, apreciando a vista ou se preparava para partir dessa para uma melhor? Não fiquei tempo suficiente para saber.

No Mahanirvani Ghat, o calçadão se alargava, projetando uma plataforma de cimento para dentro do Ganges. Búfalos, muitos, talvez várias dezenas, descansavam, naquele pasto sem grama. O Mahanirvani era ao mesmo tempo o *ghat* dos búfalos e o *ghat* dos jogadores de críquete. A bola zunia de um lado para o outro, e os búfalos a ignoravam. Os *sadhus* — ou babas — estavam em toda parte, quietos, sob sombrinhas em forma de cogumelo. As coisas aconteciam no mesmo lugar, mas não tinham conexão umas com as outras. E, no meio de tudo, os vendedores de tudo.

Passei pelo Shivala Ghat... E, no Hanuman Ghat, levei um susto tremendo:

— Aquilo é um ser humano? — perguntei para mim mesma.

Eu já tinha visto, durante o percurso, toda sorte de anomalias: mendigos sem as mãos, sem as pernas, sem nariz. Mas nada parecido com aquilo, que podia — ou não — ser da espécie humana. Cheguei perto para conferir. No meio de um grupo de *naga sadhus* — os *nagas* cobriam os corpos, da cabeça aos pés, de cinza, e eram temidos pelos indianos como feiticeiros —, avistei um *naga sadhu* com tromba de elefante. A pele do rosto havia cedido e formava um saco enrugado, que descia até o peito. Ele não se incomodou com a minha curiosidade. Pedi licença para tirar uma foto. O Homem-Ganesh grudou os olhos vermelhos em mim e posou para a câmera. Não parecia nem um pouco desconfortável naquele corpo. Exibia certo orgulho, ciente da sua semelhança com o deus elefante.

Logo a seguir, encontrei-me sentada na escadaria do Harish Chandra Ghat. O gerente do Haifa havia me explicado que existiam dois campos crematórios. O Manikarnika Ghat era grande, com capacidade para várias fogueiras ao mesmo tempo. E o Harish Chandra, pequeno, uma espécie de filial do Manikarnika. Três piras estavam armadas. Em duas delas, o processo já estava adiantado. Não dava para ver muita coisa. Na terceira, estava começando, o fogo nem tinha sido aceso. Um homem de tanga branca, com a cabeça raspada, dava voltas em torno da pira, borrifando óleo no corpo, acompanhado de parentes do morto. Entoavam uma reza. O careca, então, acendeu uma tocha e uma chama se elevou.

Era o corpo de um homem velho. De um lado, pernas escuras e cansadas escapavam por baixo das toras de madeira. Do outro, uma cabeça de cabelos ralos e grisalhos. Fiquei impressionada com o tempo que o fogo levou para cumprir sua tarefa: mais de uma hora. Um óleo pingava lento das extremidades. No ar, um cheiro forte e adocicado. Até que as pernas sumiram. A cabeça sumiu. Tudo sumiu. Depois, as cinzas foram recolhidas e jogadas no rio. Não havia nenhum sinal de luto ou solenidade na cerimônia. Enquanto o velho era devorado com parcimônia pelas labaredas, as pessoas, sentadas de cócoras em volta da fogueira, conversavam animadamente. Crianças catavam o lixo mortuário: tecidos coloridos e restos de guirlandas. Uma vaca comia plástico. E um bando de garotos jogava críquete, correndo para lá, para cá, distraídos da morte. Ou muito íntimos dela.

Continuei a marcha. Agora não queria mais ir até o Manikarnika. A morte já havia se mostrado para mim: um fogo que queima a matéria, uma alma que se vai. Pensei uma coisa bem boba: eu não queria morrer na beira do Ganges, queria mais algumas rodadas na roleta. Estava tão feliz que sonhava renascer 1 milhão de vezes.

Cheguei ao Dashashwamedh Ghat, também chamado de Main Ghat. Resolvi me sentar na escadaria e descansar até a hora do famoso *puja* do fim da tarde. Claro, não descansei. Todo mundo queria me vender alguma coisa. Comprei uma lamparina (uma vela dentro de um cestinho de flores) para acender e jogar no rio quando caísse a noite. Faltavam algumas horas para o Ganges enegrecer e eu estava ali, recusando ofertas. Um senhor gordo e suado, arfando como um árduo trabalhador, sentou ao meu lado. Era simpático. E o melhor: conseguiu o feito de espantar os ambulantes e os mendigos. Só me caiu a ficha algumas horas depois, quando tudo já tinha acontecido: o gorducho era um pescador de fregueses. Conversamos por pelo menos uma hora: sobre o *samsara* de Varanasi, sobre o trânsito da cidade, sobre os verdadeiros santos, sobre os falsos santos.

Até que, sem me dar conta, eu estava subindo a escada escura e tortuosa de um predinho imundo. Outro gorducho arfante me recebeu com uma fumegante xícara de chai. De repente, lá estava eu, soterrada por peças de seda, xales de seda, pashminas, mantas de lã de angorá, joias... E fazendo a lista dos amigos para presentear. Comprei doze xales de angorá, dois xales de seda e uma coleira de prata. O mais surpreendente era que eu havia comprado tudo aquilo fiado. Saí do hotel sem cartão de crédito, com algumas rupias no bolso, justamente porque não queria comprar nada.

Quando retornei ao Dashashwamedh Ghat, arrastando a minha sacola de compras, vi o gorducho atacando outra vítima. Estava sentado ao lado de uma moça no mesmo lugar onde antes me abordou. Rolf e Alex também se encontravam aboletados na escadaria. Faltava menos de uma hora para o *puja* começar. Alex era um belo exemplar da raça ariana: louro, alto, olhos azuis, cabelos bem-cortados e o jeans surrado. Resumindo: um garoto de Berlim. Ao me aproximar da dupla, doida para contar a minha fantástica aventura, de como comprei metade da loja sem um tostão, percebi que discutiam os rumos da humanidade. Alex estava de passagem pela Índia a caminho de Bangladesh, onde trabalharia como voluntário por três meses numa ONG. Rolf achava aquilo uma total perda de tempo.

— O que você quer que eu faça, Rolf? Passe o resto da vida sentado nesta escada, como aquele *sadhu* ali?

— Você não entende, Alex. As ONGs são a fachada social das empresas, só servem para manter as coisas sob controle.

— Não é bem assim, há benefícios verdadeiros.

— O dinheiro não muda de mãos, nada muda. As empresas investem e recebem de volta em forma de impostos. Isso você entende?

— Óbvio que eu sei disso, mas nem por isso vou me abster de ajudar um pouco, fazer alguma coisa, caramba.

— Ajudar? Você está indo para Bangladesh enxugar gelo, meu caro.

— O que você sugere, então? Qual a grande ideia?

— O que temos de fazer é quebrar os bancos. O problema é o sistema financeiro, aí está a causa de tanta desigualdade. Ninguém parece compreender algo tão óbvio. Por que você não para de usar o seu lindo cartãozinho de crédito em vez de voar para Bangladesh para ensinar "*how are you*"?

Escondi a minha sacolona de compras na mochila, pois, mais cedo ou mais tarde, eu teria que usar o meu lindo cartãozinho de crédito para pagar aquilo tudo, e me sentei ao lado dos meninos:

— Eu tenho a solução para destruir o sistema: tomar um *bhang lassi*! — eu disse, animadíssima. Com isso, todo mundo concordou. O *bhang* era um pó extraído da decocção do haxixe que os indianos tomavam batido com *lassi*, o iogurte local. Forte, muito forte, capaz de mandar o sistema pelos ares. Decidimos, por unanimidade: assistir ao *puja*, procurar *bhang lassi*, nessa ordem. Enquanto esperávamos a cerimônia começar, eu me sentia a cada minuto mais feliz. Era lindo estar ali, no meio de toda aquela gente, toda aquela esperança. Acendi a minha lamparina e a coloquei no rio. Ela se juntou às outras centenas de lamparinas, e foi embora. Quando o *puja* começou, porém, tudo perdeu o sentido. Não havia sobrado uma gota de sangue naquele *puja*, uma encenação vazia para turistas ávidos. Era bonito: os brâmanes vestidos de brâmanes, os sinos, as cornetas, a fumaça, os cantos. Mas a alma havia partido, talvez levada pelo próprio Ganges. Não renasceria. Antes de acabar, nós partimos também, para a segunda missão, que certamente nos preencheria.

Até então eu não tinha andado por Varanasi. Subimos a escadaria do Dashashwamedh Ghat e nos juntamos à manada. Havia tanto de tudo que era impossível distinguir do que era feito aquele todo. Formávamos uma massa disforme, cujo único objetivo era seguir em frente. Por nós entenda-se carros, tuk-tuks, riquixás, bicicletas, carroças, cavalos, vacas, búfalos, macacos, cabras, pessoas. O buzinaço suplantava qualquer barulho que eu já tinha ouvido na vida. Alex, Rolf e eu fomos possuídos por aquele todo. Olhando um para a cara do outro, a gente foi se enfiando mais e mais, destemidos. Nada poderia nos parar. Teve uma hora que eu ouvi, ou pensei ter ouvido, Alex gritando umas palavras em alemão. E ele estava mesmo, depois me contou. Falou que de repente lhe deu uma vontade louca de contribuir com o barulho. Alex tinha essa necessidade latente de contribuir.

Não sei se alguém já fez ou tentou fazer um mapa de Varanasi. Se o Google Maps esteve por lá, eu ignoro, mas, de qualquer forma, achei completamente desnecessário mapear o absoluto. Não era preciso saber para onde se estava indo, o desafio era simplesmente ir. E para ir não precisávamos de um mapa, só de sorte. Havia ruas que pareciam ser as vias principais, apesar da falta de sinalização, calçadas ou qualquer referencial que lhes conferisse importância. Eram principais apenas porque comportavam veículos com mais de duas rodas. Envolvendo essas ruas, labirintos. Os becos se alastravam numa complexidade inexplicável, largos o suficiente para duas pessoas andarem juntas. Porém, mesmo nesses becos, as espécies com duas rodas, dois pés ou quatro patas se espremiam. E havia becos ainda mais estreitos, que exigia andar de lado. Entrávamos num beco e saíamos em outro. De vez em quando, tornava-se urgente adentrar uma birosca, onde panelões fritavam coisas ou ferviam chai, pois lá vinha um cortejo fúnebre. O corpo coberto por tecidos coloridos e guirlandas, carregado sob uma maca feita de pedaços de pau, por homens entoando: "*Rama nama satya hai. Rama nama satya hai.*"

Outro pescador de fregueses colou na nossa. Colar significa dizer que passou a nos seguir sem trégua, fazendo toda sorte de ofertas. Tínhamos a opção de escolher qualquer coisa, desde que escolhêssemos alguma coisa. Rolf disse: "*Bhang lassi!*"

E, no momento em que as palavras saíram da sua boca, o homem já nos arrastava numa direção específica. Tínhamos que admitir que se tratava de uma evolução. Até então andávamos em círculos, num *samsara* que começava num beco e terminava em outro — ou talvez no mesmo beco, era impossível saber. Fomos levados para um beco mais sombrio, sem saída, onde uma turba de homens fumava haxixe, de cócoras, formando rodinhas. Havia uma lojinha decrépita. O pescador de fregueses nos informou que se tratava de uma loja do governo e que o haxixe não era proibido em Varanasi. A placa dizia: "*Goverment Shop.*" Não acreditei nela. Nem mesmo na Índia uma loja do governo teria aquela aparência de boca de fumo. Não fazia, porém, a menor diferença. Legal ou ilegal, queríamos *bhang*. Só que a oferta ultrapassava qualquer expectativa: bolo de chocolate com haxixe, cookies de ópio, ópio, haxixe, maconha, *bhang*. Rolf iniciou o ritual da barganha. Alex e eu ficamos de lado, calados. Saímos de lá com três potes de *bhang* e alguns gramas de ópio.

Assim que enfiei na bolsa o meu quinhão do pacote psicodélico, decidi que não queria nada daquilo. Não havia razão para almejar ir além do que já era muito, muito além da mente. Pulamos em um riquixá. O senhor esquálido e esfarrapado fazia tanto esforço para pedalar a bicicleta, com três pessoas amontoadas em seu cangote, que resolvi dar a ele 150 rupias quando a corrida não custaria mais que cinquenta. Rolf ficou possesso comigo, por inflacionar o mercado. E eu fiquei possessa com ele, por defender ideias revolucionárias e achar normal um homem fazer o trabalho de um cavalo. Talvez aquele homem tivesse sido cavalo na encarnação anterior. E agora, numa escala evolutiva, nascera homem-cavalo.

Enquanto discutíamos, Alex chamou nossa atenção para um enxame que disputava lugar na porta de uma lojinha protegida por uma grade. Perguntamos ao nosso homem-cavalo o que era aquilo. Ele guinchou qualquer coisa que nenhum de nós entendeu. Descemos do riquixá para conferir, e eu dei ao sujeito duzentas rupias. A loja, logo descobrimos, vendia bebida alcoólica, proibida nas proximidades dos *ghats*. Os meninos entraram na briga e conseguiram duas garrafas de um pavoroso rum e duas garrafas de cerveja quente. Foram beber à beira do Ganges. Eu fui dormir, com um grande sorriso no rosto e uma frase muito original na cabeça: *I love Varanasi*.

Com o passar dos dias, estabeleci uma rotina rígida. Eu precisava de ordem para conseguir me encaixar na desordem de tudo a minha volta. A rotina consistia em tomar café da manhã no Aum Cafe, um pequeno restaurante orgânico capitaneado por uma americana maluca que só se vestia de vermelho; almoçar no Vaatika Cafe e jantar no restaurante japonês do Tulsi Ghat. Excluí do meu cardápio comida indiana. Entre uma refeição e outra, caminhava pelos *ghats*, acompanhada ou não dos meus amigos, que se hospedaram numa pensão ao lado do meu hotel. Havia tanta coisa para ver que eu poderia andar para todo o sempre. Eu não me dava nem o trabalho de visitar templos. Para mim, estava de bom tamanho o espetáculo da vida do lado de fora deles. E tudo era um templo, de qualquer forma.

Eu via sempre as mesmas pessoas. Os alternativos ficavam em Varanasi semanas, meses, talvez anos, incorporados à sujeira, aprendendo a tocar tabla ou fazendo yoga ou fumando haxixe ou tudo junto. Os turistas endinheirados não ficavam muito tempo, portanto não eram os mesmos rostos. Mas tanto fazia, pois as câmeras e os sprays antissépticos os tornavam iguais. Os moradores que vagavam pelos *ghats* também não variavam tanto. Passei a jogar um jogo. Antes que me abordassem, eu os abordava, negando de antemão o que me seria oferecido. A frase "*No boat, sir*" virou minha arma secreta. Acabei me tornando boa nisso.

Resolvi procurar o templo dourado. Não podia estar em Varanasi há tantos dias e não conhecer nenhum templo. Como tudo gritava e tudo parecia que ia desmoronar no minuto seguinte, nunca era muito fácil achar qualquer coisa nas vielas medievais, mesmo que essa coisa se chamasse templo dourado. O bom da abundância de mão de obra era que até os pensamentos podiam ser lidos e satisfeitos. Quando pensei em desistir, um garoto me agarrou pela mão. Ele me deixou na porta do templo e eu desisti de entrar no templo. Voltei para o rio. Estava obcecada pelo rio.

    De longe, no meio da turba do *Main Ghat*, reconheci Alex, na sua altitude ariana, pairando acima dos demais, fotografando aplicadamente um *sadhu* negro, coberto da cabeça aos pés com um tecido laranja. O turbante também era laranja, ornado com os colares de contas vermelhas. O baba nos contou que nunca teve casa. Desde os 12 anos, perambulava com o seu guru pelo Himalaia durante o verão e ficava em Benares no inverno. Seja lá o que ele conquistou na peregrinação incessante, pareceu-me muito bom. Os grandes olhos de jabuticaba eram desprovidos de qualquer desejo. Ele não tinha nada e não queria nada. Foi isso que eu senti e o invejei do fundo da alma. Talvez, se eu continuasse caminhando ao longo dos *ghats* pelos próximos cem anos, chegaria ao estado de quietude daqueles olhos.

    Alex e eu compramos samosas e fomos para o Manikarnika Ghat. O dia estava animado ali, se é que se pode falar em animação em se tratando do business da morte: várias fogueiras acesas e homens labutando duro, carregando troncos de madeira de lá para cá, de cá para lá. Havia uma fila de corpos aguardando a vez, cobertos por tecidos brilhantes que refletiam a hesitante luz do sol. Um corpo acabara de ser colocado sobre a pira. Era uma mulher, as unhas dos pés pintadas de vermelho escapavam para fora. O velho careca enrolado num pedaço de tecido branco ateou fogo à cabeça, após cumprir o ritual de dar voltas em torno da fogueira. Vários outros homens repetiram o gesto para incrementar as labaredas. Nós comíamos samosas, e eu me senti, então, muito adaptada a Varanasi. Já era capaz de um piquenique fúnebre.

Um sujeito mal-encarado resolveu implicar com Alex. Não era permitido fotografar no Manikarnika e ele jurou ter visto meu amigo apontando a câmera para as piras. Exigia que Alex lhe mostrasse as últimas fotos. Alex se recusava. Eu argumentava. E a confusão só crescia. Outros homens apareceram para apoiar o amigo. Sem cruzar os olhares, saímos correndo, driblando as pilhas de madeira e ganhando as vielas. Pensei que seríamos perseguidos, presos, torturados. Mas nada aconteceu. A única coisa que aconteceu foi que, sem querer, encontramos o Raga Cafe, que estávamos procurando havia dias. O restaurante havia sido recomendado por um amigo austríaco do Rolf, que passou seis meses em Varanasi. Comemos uma maravilhosa comida coreana. O Raga entrou triunfante na minha rotina, substituindo o almoço no Vaatika Cafe.

Uma manhã resolvemos nos aventurar até a Fundação Krishnamurti, nos arredores de Varanasi, no caminho para Sarnath, onde Buda pronunciou os primeiros ensinamentos. Convocamos Sanjay para a missão. Ele nos disse que seriam apenas dez quilômetros de sacolejos até a fundação do não guru e mais seis até Sarnath. Podíamos fazer um pacote. Sanjay optou por ruas alternativas, o que não melhorou muito as coisas. Piorou. A pobreza tornou-se miséria absoluta. E a confusão atingiu o grau máximo. O nosso *tuk-tuk driver* colou a mão na buzina e seguiu sem parar nem um instante. A todo momento parecia que haveria uma colisão. Sanjay continuava, imperturbável. Rolf anunciou que queria comprar mais *bhang*, embora não tivesse consumido nem o que já tinha em estoque. Sanjay emitiu a sua opinião:

— *Bhang, no good. Tourist drink, tourist crazy. Haxixe good, relax.*

Eu queria saber o que ele achava do ópio. Estava interessada na experiência, mas faltava-me coragem.

— *Opium Benares no good. Opium Kolkata good. Good opium good dream. Bad opium bad dream.*

Sem aviso prévio, Sanjay estacionou, pulou do carrinho e nos convocou a acompanhá-lo. Logo à frente nos deparamos com uma "loja do governo", onde dezenas de homens faziam compras. Sanjay nos mostrou o melhor haxixe, a melhor maconha, e fez uma demonstração da má qualidade do ópio, aquecendo um pouquinho numa colher. Rolf insistiu no bhang. E Alex se absteve da tentação. Eu também não queria nada. Nos últimos dias, andava num constante estado psicodélico. Na Benares de Sanjay, a fronteira entre realidade e sonho não carecia de aditivos.

A Fundação Krishnamurti era um oásis à beira do Ganges: um imenso jardim, limpo e bem-cuidado, povoado por simpáticos bangalôs e uma grande casa no centro. J. Krishnamurti era o guru dos que não aceitavam a ideia de guru. Um não guru. Ele foi descoberto no sul da Índia ainda criança e criado para ser o messias que lideraria a Sociedade Teosófica. Quando se tornou um belo jovem, de olhos grandes e profundos, longos cabelos negros, fez um pronunciamento que ficou famoso: renunciou ao posto para o qual fora educado e começou a pregar a ideia de que o caminho para a iluminação era extremamente pessoal, que ninguém devia seguir ninguém. Renegou todos os ensinamentos e práticas. Rolf era um consumidor voraz de Krishnamurti. Já tinha lido vários dos seus livros. Eu havia lido um porque gostei do título: *Freedom from the Known*. Alex nunca tinha ouvido falar.

Almoçamos na cozinha comunitária da fundação. Uma conferência começaria no dia seguinte e havia dezenas de pessoas por ali, de vários lugares do mundo. A plateia de Krishnamurti era composta por cientistas, físicos, psiquiatras, matemáticos. O tema do evento: "Mente religiosa *versus* mente científica. Um casal de físicos do Canadá nos informou que, se quiséssemos, poderíamos participar dos três dias de conferência como ouvintes. Passamos a tarde fuçando a biblioteca. E desistimos de seguir para Sarnath. A volta para casa foi infernal, o volume de Varanasi havia aumentado muitos decibéis. Eu me encolhi no banco, escorei a cabeça no ombro de Alex, coloquei os meus tampões de ouvido, fechei os olhos.

Eu não havia visitado nenhum templo, o que não fazia a menor diferença para mim. Mas também não tinha andado de barco, o que fazia muita diferença para mim. Eu amava aquele rio. Estava completamente seduzida por ele. Invejava os indianos que mergulhavam em suas águas sem frescura. Tinha ímpetos de me despir e sair nadando. Por que, então, eu persistia na recusa aos barcos? Acho que, pelo fato de a oferta ser abundante demais, eu sentia certo prazer em recusar.

Numa manhã bem cedo, depois de comer o meu bolo com cobertura de canela e tomar meu sagrado café com leite do Aum Cafe, decidi, enfim, pegar um barco e atravessar para a outra margem. O barqueiro era Vijay, um garoto de 17 anos. Ele remou com dificuldade, contra a correnteza, suando, enquanto eu me mantinha enrolada na manta de lã de iaque. Quando atingimos o meio do Ganges, era como se tivéssemos entrado em outra dimensão, onde havia espaço, silêncio, amplitude. Não era exatamente silêncio, pois o burburinho de Benares continuava a chegar. Mas vazio, uma sensação que eu não experimentava fazia muito tempo: o vazio.

Como na Índia até o vazio era cheio, logo um barco-mercado ficou ao lado do nosso. O homenzinho de sorriso banguela vendia de tudo, de sacos de batata frita a estátuas de Hanuman. Comprei um Hanuman. Convencida da proteção do deus-macaco, pus a mão na água, timidamente, tomando cuidado para que ela não respingasse no meu rosto. Estava menos fria do que eu imaginava. E não parecia suja. Criei coragem e passei o resto do trajeto com os pezinhos imersos no Ganges. O outro lado revelou-se uma decepção. Saltei na praia suja, onde cachorros, vacas e crianças disputavam o lixo. Havia uma pequena cidade, muito sem graça. Ruínas de um forte, que eu não quis visitar.

Tomei um chai na barraca de uma senhora gordinha e animada, e retornei a Benares. Ela nunca me decepcionava. Às vezes me irritava. Decepcionar, nunca.

O Natal chegou. Eu nem sabia que era Natal. Já não lia jornais fazia meses, parei de checar e-mails e não prestava mais atenção no calendário. Todo dia era dia de não fazer nada. A prática do nada, aliás, era muito praticada em Benares. Apesar do frenesi, havia mais gente fazendo nada do que gente fazendo coisas. E mesmo os que faziam coisas incluíam o nada nas coisas a fazer. Todos os dias eu via barraqueiros dormindo tranquilamente, alheios ao barulho, sobre os estreitos balcões de suas barracas, de lado para não cair. Os tuk-tuk drivers que tinham a missão de fazer a vida andar estavam sempre de cócoras, mascando paan, na maior calma. A atividade só era impulsionada pela demanda. Se tivesse demanda, tinha gente pronta para atender. Caso contrário, o nada logo assumia a dianteira. Eu adorava isso. O oposto dessa equação era verdadeiro no Ocidente. Mesmo quando um londrino, por exemplo, não estava fazendo nada, dava a impressão de que tinha uma coisa muito urgente para fazer.

Ao chegar ao Aum Cafe pela manhã, eu logo soube que era Natal. Rolf e Alex estavam sentados à mesa com dois australianos, David e Tom, que havíamos conhecido alguns dias antes no mesmo Aum Cafe. Os quatro se viraram para mim e soltaram, em coro, um gordo "Felizzzzz Nataaaaaal". Levei um susto. Eles riram. Também ficaram sabendo que era 24 de dezembro por acaso, no boca a boca. Marcamos um jantar natalino no japonês. Choveu muito naquela tarde. O Ganges invadiu os ghats. Na hora do encontro, saí do meu hotel sem estar muito certa de que conseguiria navegar até o restaurante. Pela primeira vez, não havia tuk-tuks ou riquixás me perseguindo. Eu os perseguia e estavam todos ocupados. Caminhei. Ou melhor: venci os obstáculos que boiavam no meu caminho. Era como marchar num mar de bosta. Minhas botas de Carnaby Street não resistiram. Adentrei o recinto escangalhada como um peru no final da ceia.

Tom estava em Varanasi havia quatro meses. Era músico, professor de violão e tinha uma banda em Sidney. Sua missão era aprender tabla. David havia chegado fazia poucos dias, vindo de Bodh Gaia, onde fizera três retiros de Vipassana em três meses. Também era de Sidney, mas não queria voltar para lá. Pensava em viver na Índia. Eu gostei de Tom. Ele era engraçado, falastrão e apaixonado por Benares. Do David, eu não gostei. Ele era calado, sem graça e, quando abria a boca, era para reclamar. Desconfio que não estivesse disposto a se adaptar à Índia. Queria que a Índia se adaptasse a ele. David tinha um assunto preferido: falar mal dos indianos. E esse era justamente o assunto que me tirava do sério.

Entre o Natal e o Ano-Novo pratiquei o nada com o fervor de um yogue a caminho da iluminação. Se queria ir até o Dashashwamedh Ghat ou ao Marnikarnika Ghat, pegava um barco. E, para voltar ao Assi Ghat, pegava outro barco, sempre com os pezinhos balançando no Ganges. Para minha surpresa, não fiquei doente em Varanasi, como todo mundo, só uma leve caganeira que não configurava doença. Paco, um espanhol de Madri que integrava a turma dos alternativos do Assi, me contou que já tinha ido parar no hospital várias vezes. Ele não se importava. Acreditava que estava fortalecendo o sistema imunológico. Embora eu tivesse passagem marcada para Chennai no dia 4 de janeiro, minha sensação era que ficaria em Benares para sempre. Já usava até turbante — ou um sarongue enrolado na cabeça, como o Paco. Ir para onde se tudo estava exatamente ali?

O dia 31 de dezembro amanheceu azul. Decidi dedicá-lo à beleza. Fiz as unhas e as pintei de vermelho. Depois, fui ao salão passar hena nos cabelos e ajeitar as sobrancelhas. Em seguida, segui radiante para uma massagem ayurvédica. Enquanto caminhava, eu me congratulava pelo estado de contentamento e aceitação que me invadiu em Benares. As coisas eram o que eram, e eu não mais desejava que fossem diferentes. Gastara os últimos quarenta anos brigando comigo mesma e achando que o problema era o outro. Mas o problema sempre tinha sido eu e a minha mente de macaco, ávida pelo momento seguinte. Como não havia possibilidade de me livrar de mim, eu só podia me aceitar. E, como consequência, aceitar tudo a minha volta, inclusive a vaca deformada pela ingestão de plástico, com o ventre dilatado até o chão, que me impediu de cruzar a viela e chegar à massagem no horário marcado.

Às sete horas em ponto, fui para o Vaatika Cafe encontrar Alex, Rolf, Tom e David. Tínhamos combinado de, enfim, degustar o bhang. Bhang 2012!

— A mulher de Shiva — Rolf disse ao me ver, com o seu sorriso de escárnio.

— Não, os poderes de Shiva na forma de mulher — respondi.

Sim, eu estava ridícula. Mas e daí? Não havia o mundo se tornado um lugar ridículo? Eu me vesti, das unhas ao turbante, de vermelho, a cor de Shiva, a cor de Varanasi. E um baba que encontrei no trajeto me aplicou um tilak de pasta de sândalo na testa. Pedi uma rodada de lassi ao garçom. Rolf acrescentou colheradas do pó mágico ao nosso delicioso iogurte, que não ficou mais tão delicioso. O bhang tinha gosto de terra. Na primeira hora, nada de significativo aconteceu, só uma certa sonolência, uma ligeira desorientação. Depois... Depois, tudo aconteceu.

De repente, estávamos sentados na lama, no Assi Ghat, rodeados de garotos indianos bêbados, gritando "Om Namah Shivaya" ("Eu invoco, confio, honro e me curvo à luz do Senhor Shiva") para todos que passavam. Tom estava com o violão, e o jogo era cada um cantar uma música na sua língua. Então íamos de Hare Krishna a Abba, de Abba a Tom Jobim. Algum tempo depois — muito tempo ou pouco tempo, não faço ideia —, nós nos materializamos num bar, The Terrace, que eu não conhecia. Havia ali dúzias de estrangeiros chapados ouvindo um punk-rock germânico, e dando saltos e trombando no ar. Alex me informou que aquela música insuportável se chamava *pure solid*, muito popular nos clubes de Berlim. Logo fiquei com vontade de vomitar e decidimos ir até o Dashashwamedh Ghat ver o que estava acontecendo. Tivemos uma baixa. Tom sumiu. Paramos dois riquixás. Alex e Rolf assumiram os pedais. Eu fui com Alex; e David, com Rolf.

Alex se revelou um exímio condutor de riquixá. E o condutor, Raju, carregando sob a cabeça um desconcertante turbante azul-turquesa, não escondia a satisfação de ser transportado pelas ruas de Benares por um louro de olhos azuis. Como estava sentado ao meu lado, ensinei Raju a gritar "*Happy New Year*" e fomos berrando "*Happy New Year*" pelo caminho. Rolf e David ficaram para trás. Quando chegamos ao Dashashwamedh Ghat, não estava acontecendo nada. Alex e Raju partiram em busca dos nossos amigos. Eu fiquei sozinha, conversando animadamente com o Ganges. Sozinha em termos, pois em Benares essa possibilidade não existia.

— *I love Varanasi* — minha mente não cessava de dizer, em looping.

Professor Ravi Ravindra

Às seis da manhã, com a névoa cobrindo o rio e o frio penetrando nos ossos, cheguei ao Assi Ghat para encontrar Alex e Rolf. Nossa missão era navegar o Ganges até a Fundação Krishnamurti para o primeiro dia de palestras. O barqueiro nos garantiu que seriam quarenta minutos. Demoramos mais de duas horas, com Alex e Rolf ajudando nos remos. Entramos no auditório atrasados e esbaforidos. O professor Ravi Ravindra era o convidado do dia. No intervalo, ele me concedeu alguns minutos de papo.

— Você é professor de física ou de religião?

— Eu me formei em física pelo IAT, uma prestigiosa instituição indiana. Meu mestrado foi em exploração de petróleo. No Canadá, onde fiz o Ph.D., comecei a carreira como professor de física. Com o tempo, meu interesse foi se dirigindo para a filosofia e para a religião. Quando me aposentei, havia sido professor de física, de filosofia e chefe do departamento de religião da Dell House University, em Halifax.

— Como física e religião se juntam?

— O que estou fazendo aqui? O que vai acontecer quando eu morrer? Eu existi de alguma forma antes de nascer? Estas são questões básicas, fundamentais, da religião, da ciência e da filosofia. As perguntas são as mesmas.

— J. Krishnamurti era contrário a qualquer tipo de sistema, de religião, de práticas espirituais, não?

— J. Krishnamurti disse muitas coisas. Ele dizia coisas contraditórias e provocativas. Mas seu principal ensinamento era: estude a você mesmo. Olhe para si cuidadosamente, sem julgar, sem querer resultados, sem aprovar ou desaprovar.

— E como se faz isso?

— Por exemplo: você constata que é ciumento. Instantaneamente vai iniciar um programa para mudar, para não ser mais ciumento. Quando você começa a querer mudar o padrão, parou de se observar. J. Krishnamurti ressaltou: olhe, observe, sem estabelecer uma agenda de reformas. Não é uma coisa fácil. Você está sempre se comparando e tentando se ajustar. Com isso não chega ao nascedouro dos sentimentos.

— Isso é mais ou menos o que o budismo diz.

— Tudo o que J. Krishnamurti disse, de alguma forma, está nos ensinamentos de Buda. Também está nos ensinamentos de Cristo. A linguagem de cada mestre é diferente. Mas estão dizendo as mesmas coisas.

— Qual a diferença entre a busca espiritual no Ocidente e no Oriente?

— A diferença começa na forma como se acredita em Deus. No cristianismo, no islamismo e no judaísmo, Deus é alguém diferente do ser humano. Dizer "Eu sou Deus", como Cristo disse "Meu pai e eu somos um", é uma blasfêmia. Essa é a razão pela qual ele foi crucificado, aliás. Na tradição bíblica ocidental, o criador é radicalmente diferente da criação.

— Na Índia, chegar à compreensão de que "Eu sou Deus" é a meta?

— Exatamente. Dos Vedas ao budismo, o Criador não existe Não há criador. Há emanações. Brahma não criou o mundo.

Ele se tornou o mundo. Isso significa que tudo é Brahma. Essa é a fundamental diferença, o resto vem a partir daí.

— Por que tanta gente vem para cá em busca de espiritualidade?

— A busca pela experiência direta do sagrado é o que as pessoas querem, em vez de ter que contar com a intermediação da Igreja, da instituição. Na tradição bíblica, tudo é fé, a ênfase está na fé. Você tem que acreditar nisso ou naquilo. No budismo ou em qualquer tradição indiana, não se está muito interessado na fé, mas no autoconhecimento, na autoinvestigação.

— Mas o bhakti yoga é fé...

— Você lembrou bem. Sim, os templos estão abarrotados de praticantes do bhakti. E bhakti é puramente fé, devoção. Mas, no fundamento do pensamento oriental, está a autoinvestigação como caminho para Deus.

— Então a febre de Índia se deve a isso, na sua opinião?

— As pessoas vêm aqui porque não se sentem alimentadas pela sua religião. Normalmente voltam decepcionadas. Não encontram nada. Acham um lugar barato para morar, boas drogas e nada mais. A Índia, de certa forma, é muito frustrante. Mas há muitas pessoas que são tocadas por algo profundo.

— J. Krishnamurti era contra yoga, meditação etc.?

— Ele fazia yoga todos os dias, meditava todos os dias. Era contra transformar yoga em dogma, meditação em dogma. Você faz yoga e chega a Deus. Você medita e chega a Deus. Você é vegetariano e chega a Deus. Ele era contra isso.

— Você acha que está aumentando a busca por espiritualidade no mundo?

— Tenho essa impressão, especialmente entre os mais jovens. Há uma tendência de *shop around* por espiritualidade.

— Você acredita na ideia de um guru?

— Eu agradeço por ter tido professores. Mas será que um guru é mesmo necessário? J. Krishnamurti defendia enfaticamente: não guru, não autoridade, não prática. Mas ele teve professores, tinha as suas práticas. Buda teve professores. A pessoa pode fazer do guru um grande dogma ou um guia. Ninguém pode te dar o profundo entendimento espiritual. Você tem que fazer isso por si mesmo. O guru aponta direções. J. Krishnamurti foi um grande guru, embora nunca tenha aceitado esse título.

C'est la vie

A coisa do destino é que ele pode estar à espreita em qualquer lugar, até mesmo numa sala de embarque. O voo de Benares a Nova Déli foi um suplício. Eu estava exausta, sem energia, mal-humorada. O sujeito ao meu lado fedia a curry. A aeromoça era simpática demais. O piloto falou mais do que o necessário. E o desembarque, uma correria danada. Um funcionário da Air India me informou que eu precisava me apressar para pegar a conexão para Chennai. Atravessei o Indira Gandhi trotando atrás do homem. Assim que chegamos à sala de embarque, o alto-falante anunciou que o voo estava atrasado. Olhei para o meu guia com olhos assassinos e me sentei na única cadeira vazia. Foi o tempo de um suspiro para a minha vida mudar de curso.

Obviamente, naquele instante, eu não sabia nada disso, que a minha vida pegaria um rumo tão inesperado, que o destino estava naquela sala de embarque. Só fui compreender aquilo dois meses depois. O fato foi que, antes que eu pudesse abrir o meu livro — *Pastoral americana*, de Philip Roth —, meus olhos pousaram em um rapaz do outro lado da sala. O que mais me chamou a atenção foram os cabelos vastos e grisalhos, como os de Richard Gere nos melhores tempos de Richard Gere. O rosto era belo, jovem, muito jovem para a cabeleira P&B. Os olhos verdes e ligeiros, o jeito de se mover, a alegria estampada, a energia saindo pelos poros... Fui hipnotizada. Ele percebeu. Olhou-me de relance, abaixou a cabeça, sorriu. Com o empurrão do tal do destino, sentei-me perto dele no avião, na fileira ao lado. Havia um indiano entre nós. Não nos falamos durante o voo. Distraí-me com a leitura de Roth: "O que é assombroso é que nós, que não tínhamos a menor ideia de como as coisas iam correr dali em diante, agora sabemos exatamente o que aconteceu."

O destino estava decidido a fazer valer o seu poder. A companhia aérea perdeu minha bagagem. Tudo estava lá: dinheiro, cartões de crédito e a agenda com o endereço do sr. Gopala, que me hospedaria em Chennai. Eu sempre carregava as coisas de valor na bolsa e, na correria da saída de Varanasi, enfiei tudo na mochila. Já passava da meia-noite e a única coisa que eu sabia sobre Chennai era que se tratava da quarta maior cidade da Índia. Caos, era o que isso significava. Para onde ir? E como? Em qualquer outro momento da minha vida, da minha vida antes de Benares (aB), eu teria dado um chilique com a moça do balcão da Air India, que insistia em dizer que eu teria que esperar o escritório abrir, às nove da manhã do dia seguinte. Quando eu debatia calmamente com ela, na esperança de convencê-la de que a responsabilidade era da companhia e eu exigia, no mínimo, um cinco estrelas, ouvi uma voz atrás de mim.

— Você precisa de ajuda, senhorita? — disse a voz.

Alguns instantes depois, estávamos dentro de um táxi, um Ambassador branco — sempre um Ambassador branco —, voando em direção ao centro de Chennai. O rapaz se chamava Thomas, era de Paris e chegara naquela manhã a Nova Déli. Falava sem parar. Tinha estado na Índia dois anos antes e voltava com a missão de terminar um trabalho que começou na primeira visita: *La marche du son*, um filme sonoro. Eu não conseguia entender tudo o que ele falava e ele não entendia quase nada do que eu falava. Para aliviar o estresse, propus que parássemos na praia. A praia não era bonita, uma vastidão de areia salpicada de garrafas pet. Mas o céu estava inchado de estrelas e o ar, de silêncio. Thomas me passou o fone de ouvido. Escutei, mais de quarenta minutos. Chorei. *La marche du son* era a tradução sonora do meu mais profundo sentimento em relação à Índia.

Já passava das quatro da manhã quando fomos procurar a pensão que Thomas havia reservado, a Paradise Guest House. O nome era sugestivo, mas o lugar parecia uma penitenciária, com longos corredores encardidos e quartos sem janela, forrados do chão ao teto de azulejos brancos. Estávamos estropiados e fomos dormir, cada um em sua cela. Acordei bem cedo. Devo ter dormido menos de quatro horas. Queria zarpar dali o mais rápido possível. Achei um cibercafé, vasculhei os meus e-mails, encontrei o contato do sr. Gopala, liguei, e, em menos de uma hora, um carro estava na porta para me levar ao apartamento que eu alugara. Deixei a conta do hotel e um bilhete de agradecimento, com o número do meu celular, para Thomas. Saí da espelunca pensando em como ele seria mais um personagem desse romance russo que é uma longa viagem, em que as pessoas entram e saem o tempo todo da história.

Eu só tinha uma missão em Chennai — e esperava cumpri-la logo: conhecer o Krishnamacharya Yoga Mandiram (KYM). O sr. Gopala morava em uma área nobre da cidade. Tão nobre que tinha até árvores e ruas pavimentadas. As casas eram sólidas, grandes, e não davam a impressão de que desabariam no minuto seguinte. O sr. Gopala me pareceu um homem distinto, vestido com roupas tradicionais, elegante para os seus mais de 80 anos. Ele habitava um antigo casarão e tinha um apartamento num prédio na mesma rua, que alugava para pessoas que vinham a Chennai praticar yoga no KYM. Explicou-me que eu não teria o apartamento só para mim. Um dos quartos estava ocupado por um casal de americanos, e eu ocuparia o outro. A sala e a cozinha eram áreas comuns. Meu quarto revelou-se franciscano: duas camas de solteiro, lençóis puídos, um banheiro ruim.

Mas havia uma varanda, debruçada sobre uma árvore florida. Isso me bastava. A melhor notícia da manhã foi que o sr. Gopala cuidaria da recuperação da bagagem perdida.

Acordei no meio da tarde com barulho na sala. Paul e Sandra eram de Chicago, representantes irrepreensíveis da classe média americana, personagens de Jonathan Franzen. Como todo casal de longa data, tinham uma maneira de funcionar em dupla, deixando poucos vestígios de individualidade. Sandra era a porta-voz, falava sem parar. Paul raramente abria a boca. Limitava-se a concordar com tudo que Sandra dizia. Eles vinham à Índia todos os anos, havia dez anos, praticar yoga. Sabiam tudo o que eu precisava saber sobre o KYM. Sandra me disse que poderíamos almoçar juntos e, depois, fazer uma visita ao instituto. Ela até me emprestou xampu, sabonete e roupas limpas. Após me fartar com baldadas de água, seguimos para o Sangeeth Cafe. Chennai se mostrou uma cidade — quase — "civilizada". Segundo Sandra, o sul do país era bem mais rico do que o norte, e eu me surpreenderia.

O Krishnamacharya Yoga Mandiram ocupava um prédio de três andares, imponente, moderno, com jardins bem-cuidados, numa rua sem saída, não muito longe do nosso apartamento. As atendentes vestiam sáris da mesma cor e a recepção estava cheia de estrangeiros endinheirados. Tirumalai Krishnamacharya — ou T. Krishnamacharya, como ficou conhecido — foi o grande yogue moderno, o brâmane que desenterrou a hatha yoga no início do século passado, então restrita aos místicos do Himalaia. Ele influenciou de tal forma a yoga que invadiu o mundo, e não existe linhagem que, de alguma forma, não venha da árvore Krishnamacharya: a iyengar yoga de B. K. S. Iyengar, a ashtanga yoga de Patabhi Jois, as posturas clássicas de Indra Devi, a salada de posturas da viniyoga. O KYM era comandado por seu filho, T. K. V. Desikachar. Meu plano era conseguir uma entrevista com ele.

A recepcionista me informou que seria impossível um encontro com Desikachar. Ele estava beirando os 80 anos, raramente frequentava o KYM e só concedia entrevistas marcadas de antemão. O que fazer, então? Sentei-me ao lado de duas senhoras suecas, ambas carregando espalhafatosas bolsas D&G. Sandra e Paul desapareceram. Enquanto eu ruminava um plano B, uma exuberante indiana passou por mim. Ela carregava com majestade longos cabelos brancos, presos numa farta trança; vestia um sári simples, de algodão estampado; e estava descalça. O rosto era bonito, vivo, decorado com intensos olhos negros. O corpo, firme, esbelto e ligeiro. Devia ter mais de 60 anos. Cutuquei uma das suecas e ela me disse, com o ar enfadonho dos escandinavos, que aquela era Menaka Desikachar, a mulher de T. K. V. Desikachar, a nora de Krishnamacharya. Com a "aposentadoria" do marido, era Menaka quem comandava o KYM. O Plano B materializou-se na minha frente.

Abordei Menaka no jardim, ela batia um papo animado com outra indiana. Menaka ouviu com um sorriso a minha proposta de entrevista, apresentou-me a sua assistente, Radha Sundararajan, e disse que eu podia voltar no dia seguinte, às 15 horas. Ela me aconselhou a marcar uma "consulta individual" com Radha para eu me familiarizar com o método de ensino do KYM. Voltei para a recepção, marquei o horário e, quando me preparava para ir embora, meu telefone tocou. Era Thomas. Ele queria me encontrar. Voltei a me sentar para esperar pelo francês. Thomas apareceu com a mochila nas costas. Não queria continuar na Paradise Guest House. Escondia naquela mochila 7 mil euros em equipamentos e não se arriscaria a mais uma noite na penitenciária. Combinamos dividir o quarto no apartamento do sr. Gopala, depositamos a bagagem e fomos passear por Chennai.

Foi o meu primeiro contato com o Planeta Thomas. Ele tinha olhos muito rápidos, puxados, que olhavam apertados. Mas não prestava muita atenção no que via.

— Está ouvindo o amolador de facas? — ele me perguntou.

— Estou vendo o amolador de facas — respondi, quase gritando, pois estávamos bem no centro nervoso da cidade.

— A combinação da música das facas com a música da voz dele, gritos ritmados com o tilintar metálico. Escuta? — retrucou.

Thomas tirou da mochila um equipamento completo, profissional, daqueles que os sonoplastas usam no cinema. Gravou o amolador de facas. Depois, andou em meio ao trânsito que não era trânsito, mas estouro de boiada, captando as buzinas, o ranger dos pneus, o bufar das vacas, o som das cusparadas de *paan* que voavam dos *tuk-tuks*, as risadas dos pedestres. Eu estava achando aquilo divertido e o ajudava carregando coisas. Uma outra Índia nascia para mim. Antes, eu ouvia uma barulheira compacta. Agora, aprendia a distinguir os instrumentos da sinfonia.

— Vamos lá, naquele templo. Está ouvindo? É uma corneta que só tocam nos lugares sagrados — falou, me arrastando.

Era um templo imenso, majestoso, cuja estrutura cônica subia rumo ao céu, como uma nave espacial de deuses brigando por carona, encarapitados uns em cima dos outros. Se eu tivesse um *Lonely Planet* saberia que aquele era um templo muito importante, que pessoas vinham a Chennai só para apreciar sua arquitetura. Mas eu não tinha um *Lonely Planet* e não sabia disso naquele momento. Tiramos os sapatos, entregamos ao flanelinha de sapatos. Alguma coisa importante estava acontecendo. Havia centenas de pessoas vestidas de preto, equilibrando trouxas sobre as cabeças. Um templo hindu desafiava sempre a minha noção de templo: um lugar para ficar calado, quieto, introspectivo, remoendo os pecados e despachando pedidos. No hinduísmo, não havia silêncio. Dentro e fora dos templos, imperava a mesma regra: barulho. Pessoas cantavam, pessoas dançavam, pessoas tocavam, pessoas faziam oferendas, pessoas falavam, pessoas riam. A Disneylândia dos sons para Thomas.

Assim que caiu a noite, fomos jantar no Sangeeth. Mais uma vez Thomas me surpreendeu com outra faceta do Planeta Thomas. Ele comia como um selvagem, fazendo barulhos constrangedores e enfiando tudo na boca de uma só vez.

— Você sempre come assim ou está com muita fome? — eu perguntei.

— Assim como?

— Como um selvagem.

— Ninguém nunca te ensinou a ser selvagem?

— Não. Fui ensinada a ser civilizada.

— O que é civilização?

— Paris.

Thomas riu, cuspindo arroz para todos os lados quando lhe contei que no Brasil as pessoas chiques mesmo falavam francês e idolatravam Paris; que Paris era o símbolo de elegância, refinamento e sofisticação; que, para mim, não fazia sentido um parisiense comer daquele jeito. Uma pessoa que nasceu em Paris tinha, por obrigação, saber usar pelo menos meia dúzia de talheres e meia dúzia de copos ao mesmo tempo.

— Se você pensa isso é porque nunca foi a Paris.

— Já, sim, e vi um monte de gente bonita e educada.

— Franceses falam de boca cheia e pegam a comida com a mão. Por que você segura a samosa com um guardanapo?

— Higiene.

— Em Paris é assim, ó... — Thomas enfiou a mão na minha samosa.

Ele era um sujeito engraçado, o Thomas. Tão genuíno que dava a impressão de ser ingênuo. Contou-me que na infância era hiperativo e disléxico e por isso demorou para conseguir comunicar-se com fluência. Como o pai era músico, ensinou-lhe a se integrar ao mundo através dos sons. A história dos pais explicava o filho. O pai era um irlandês do sul, que tocava em uma banda de rock nos anos 1970, em Londres; a mãe, uma francesa de família abastada que foi curtir a Swinging London. Encontraram-se, apaixonaram-se e se casaram em Carnaby Street. Viviam juntos até então, e basearam a educação dos dois filhos no princípio do é proibido proibir.

— Meus pais sempre foram contra formatar, educar, eram muito anarquistas. Eu saí desse jeito. Meu irmão é o contrário de mim.

— Seu irmão é educado?

— Eu também sou educado.

— Você é um porco.

— As pessoas me aceitam porque eu sou bonitinho.

— É, a sua sorte é que você é bem bonitinho.

O clima começou a esquentar entre nós na mesa do Sangeeth. Não era tesão. Mas um jogo entre dois jogadores calejados, que não queriam entregar o jogo nem fazer gol.

— Como você pode falar inglês tão mal se o seu pai é irlandês?

— Pois eu não sabia falar nem francês quando era criança. E, depois, já não quis aprender. Achava frescura. Hoje eu estou melhor, não estou? Pelo menos estou te entendendo.

— Já avançamos.

Eu havia passado o ano de 2010 e metade de 2011 na cama, ruminando uma decepção amorosa, digerindo a ideia de que, afinal, príncipes encantados não existiam. Passei a vida inteira correndo atrás do amor — e do próximo passo, depois que você encontra o amor. Se conhecia alguém mais ou menos interessante, já queria estar namorando. Se estava namorando, queria ter casado e tido filhos. E, quando estava "casada", queria o divórcio. Com esse histórico de instabilidade conjugal, pus uma ideia na cabeça: é possível ser feliz sozinha.

Apesar de uma década mais jovem que eu, Thomas estava na mesma situação. Tinha resolvido que nunca mais seria a metade de um casal. Pregava algo como "ninguém é de ninguém". Aos 28 anos, havia sido casado seis anos e tinha uma filha de 5.

Amara a mulher com a violência do primeiro amor. Levou um pé na bunda que o atirou na Índia, dois anos antes. Conversamos sobre essas coisas tão íntimas sentados na varanda do sr. Gopala. O papo fluiu naturalmente nessa direção. A primeira noite acabou sendo espetacular, fogos de artifício explodindo no céu, e uma baita fome no café da manhã.

— Eu acho que a gente devia continuar a viagem juntos — Thomas me disse, com a boca cheia de *chapati* e chai.

— Só se você me prometer não falar de boca cheia.

— Vem comigo para Varkala?

— Tá bom, eu vou.

O café da manhã terminou com minutos de sabedoria. Thomas e eu combinamos que éramos apenas amigos, que cada um podia tomar o seu rumo quando assim o desejasse, sem drama, sem apego. Viajar juntos seria só uma maneira de tornar as coisas mais fáceis para ambos. Um dia depois do outro, seria o nosso lema, o nosso mantra.

— Desapego total — ele disse.

— É, desapego total — eu repeti.

Quando voltamos do café da manhã, a minha mochila estava na porta. Vesti um vestido florido, o meu único vestido bom, e fui para a "consulta individual" com Radha. Ela me explicou que todos os alunos que chegavam ao KYM passavam por uma análise e recebiam uma série de asanas apropriada para as necessidades físicas e psicológicas de cada um. Segundo Radha, Krishnamacharya acreditava que a yoga tinha que se adaptar à pessoa. E não o contrário. Primeiro, ela testou os meus pulmões, fazendo-me respirar caoticamente. Depois, testou o meu alongamento, o meu equilíbrio e a minha força. E, por fim, ouviu o meu pulso. Mais uma vez, pela terceira vez na Índia, escutei o mesmo diagnóstico: o meu mal era o excesso de energia masculina, a energia do impulso. Radha rabiscou num papel uma batelada de asanas e me despachou para uma aula particular, na sala ao lado.

Uma indiana magra e elegante e uma americana gorda e deselegante me aguardavam. A americana era aprendiz de professora. Todos os anos vinha a Chennai para cursos de formação. Era dona de uma escola em Nova York. As duas trabalharam comigo postura por postura, pranayama por pranayama. Gostei muito da aula, como se eu tivesse tomado uma dose cavalar de Rivotril.

Thomas estava me esperando para irmos à estação de trem comprar as passagens para Varkala. Atravessamos Chennai num tuk-tuk novinho em folha. Tudo estava acontecendo tão rápido que não conheci Chennai. Eu a vi de relance. De Varkala, eu havia ouvido falar e até pensava em ir para lá, embora tivesse planejado passar antes em Pondicherry, a cidade de colonização francesa, também no Tamil Nadu. Thomas me fez saltar a estação no meu trajeto de viagem. Mas o bom da viagem era exatamente a liberdade de poder saltar estações.

Menaka Desikachar

Quando reencontrei Menaka naquela tarde, após a sessão de Rivotril-yoga, ela estava ainda mais bonita. Vestia um discreto sári de seda cinza, a longa trança pousada no ombro, o rosto sem nenhum vestígio de maquiagem. Mais do que beleza, Menaka era dona de uma natureza felina. Não havia o menor sinal de rigidez ou tensão no seu corpo ou na sua expressão. Parecia muito à vontade na própria pele. Nós nos acomodamos em seu escritório, com Radha como testemunha.

— Você é uma mulher tão bonita. É o efeito da yoga?

— Ah... Estou tão velha. Mas a yoga mudou muito a minha vida, livrou-me do medo. Costumo dizer que eu era uma gatinha e a yoga me transformou numa tigresa.

— Quando você começou a praticar?

— Aos 21 anos, quando me casei.

— Você já tinha ouvido falar de yoga?

— Nada, não tinha ideia do que era yoga ou que estava entrando para uma dinastia de yogues.

— Mas o seu sogro foi o yogue mais conhecido da Índia. Como foi a sua iniciação?

— Um dia eu vi, pela fresta da porta, o meu sogro e o meu marido praticando. Comecei a imitar. Todo dia olhava e imitava. Meu marido me pegou espiando e disse: "Vou te ensinar." Mulheres não praticavam yoga naquele tempo.

— Além da hatha yoga, você meditava ou realizava alguma outra prática?

— Meu sogro decidiu que queria ensinar os alunos a entoar os mantras védicos. E me incumbiu das aulas. Só que eu não falava sânscrito. Ele então começou a me dar aulas, contrariando nossa tradição. Foi muito difícil. A minha pronúncia era horrível. Até que ele desistiu. Disse um dia: "Não vou mais te ensinar. Você não aprende." Resolvi provar que eu podia aprender. E aprendi com o meu marido.

— Como você experimentou a yoga em si mesma?

— Eu era extremamente tímida. Não conseguia falar em público ou mesmo me dirigir a pessoas desconhecidas. Um bicho do mato. Tinha pavor de falar inglês. Como a nossa escola foi crescendo, meu marido precisava cada vez mais de mim. Viajava o mundo inteiro fazendo palestras e eu tinha que acompanhá-lo. Só que, em vez de subir no palco e ajudá-lo, eu me escondia na plateia.

— A yoga mudou isso?

— Mudou completamente. Fui ganhando segurança, força, me livrei da timidez, que era a minha maior doença.

— O que é yoga para você, Menaka?

— Yoga não é para o corpo. Yoga é para a mente. Meu pai era um homem de negócios, muito rico. Cresci acreditando que o dinheiro era a meta. Depois de me casar, meu foco mudou. Encontrar o equilíbrio da mente tornou-se a minha meta. E, para conquistar esse estado harmônico, você tem que combinar tudo: filosofia, asanas, pranayamas... Yoga é um pacote de práticas combinadas.

— Não basta fazer alongamentos?

— Claro que não. De acordo com Patanjali, yoga são oito passos: niyama, yama, asana, pranayama, pratyahara, dharana, dhyana e samadhi. Niyamas são as regras de autodisciplina; yamas, como se comportar socialmente. Os asanas são o cuidado com o corpo. Se você não está bem fisicamente, nada pode ser conquistado. Pratyahara é a contenção dos sentidos. Os pranayamas ajudam a mente a focar, removem a agitação natural. Quando sua mente está limpa, você controla os sentidos. E, se você controla os sentidos, consegue dharana, que significa concentração. Da concentração vem a meditação, o dhyana. No fim da linha, o samadhi ou iluminação. Só agora, depois de todos esses anos, eu consigo meditar. Trabalho de uma vida inteira.

— Seu marido foi iniciado na yoga ainda criança?

— Não, ele não se interessava por yoga. Era engenheiro civil. Um dia o pai dele, que vivia em Mysore, veio para cá ensinar yoga a uma pessoa importante, com sérios problemas de saúde. Depois do tratamento, essa pessoa ficou tão contente que convidou Krishnamacharya para se estabelecer em Chennai. Nessa época meu marido começou a estudar com o pai.

— Vocês ainda não eram casados?

— Não, foi antes. Tenho que voltar um pouco no tempo. Krishnamacharya era pai de seis filhos. Todos aprenderam um pouco de yoga na infância e acompanhavam o pai nas demonstrações. Ninguém conhecia a yoga na Índia naquela época. Quando meu marido atingiu a adolescência, foi fazer faculdade.

— O sr. Desikachar, então, começou a praticar já mais velho?

— Sim, ele começou a levar a sério mesmo quando já estávamos casados, tinha 26 anos. Um dia ele chegou para o pai e falou: "Agora eu quero aprender." Krishnamacharya não acreditou. Para testá-lo, propôs: "Sua aula será às três da manhã." Praticavam nesse horário. Quando Krishnamacharya percebeu que o filho estava decidido, deixou que fizesse a prática às cinco da manhã.

— Krishnamacharya tem fama de ter sido um guru muito rígido, um disciplinador.

— Isso não é totalmente verdade. Ele era generoso e educado. Quando estava ensinando, podia ser duro. Mas nunca cruel. Era um homem dotado de grande compaixão.

— Quando vocês abriram o Krishanamatiria Yoga Mandarim?

— Em 1976, dez anos depois que o meu marido decidiu praticar com seriedade. Desikachar resolveu criar esse centro como pagamento ao pai pelos longos anos de aprendizado. Existe na Índia uma coisa chamada *guru dakishna*. O discípulo tem que retribuir o conhecimento. Então Desikachar resolveu erguer o centro para espalhar os ensinamentos de Krishnamacharya. Era o seu dever como discípulo.

— Qual é a base dos ensinamentos de Krishnamacharya?

— Yoga para o indivíduo e não o indivíduo para a yoga.

— Na consulta com Radha, vi que vocês associam a medicina ayurvédica à yoga.

— Ayurveda e yoga são primas de primeiro grau. Nós usamos o suporte do conhecimento ayurvédico para que a prática seja mais eficiente. Dependendo do pulso do aluno, sugerimos dietas e outros procedimentos para promover o maior aproveitamento possível da yoga. Nosso atendimento é *one to one*.

— Vocês não têm aulas em grupo?

— Sim, mas as aulas em grupo são como aulas de ginástica. E, mesmo nas nossas aulas em grupo, há certa individualização. O professor observa o aluno e modifica o asana para que se adapte ao corpo da pessoa. Não exigimos performance, perfeição. Não damos bola para a forma da postura. Damos ênfase para a função da postura.

— A forma da postura não tem importância?

— Como a pessoa vai absorver os benefícios funcionais de uma postura, de acordo com o que o corpo dela é capaz, é isso que nós observamos.

— Vocês também dão muita ênfase aos pranayamas?

— O que os asanas não podem curar, os pranayamas podem. Através da respiração você consegue qualquer coisa.

Krishnamacharya podia parar as batidas do próprio coração. Tinha total controle sobre o corpo.

— Quantos alunos frequentam o KYM?

— Só no departamento de yogaterapia temos 1.200 alunos.

— Por que você acha que a yoga se tornou tão popular?

— As pessoas chegam do Ocidente com a mente agitada, duras, cheias de padrões muito rígidos, sentindo-se vazias. A princípio, elas só querem remover as dores do físico. Depois, percebem que podem conquistar muito mais do que isso.

— O quê?

— Você pode chamar de espiritualidade, se quiser.

A marcha do som

Os trens não faziam parte da minha lista de atrativos da Índia. Eu não prestava atenção neles. As estações absurdamente confusas consistiam em obstáculos ao meu direito de ir e vir. E as viagens em si, um preço alto a pagar para ir e vir. Eu só viajava em compartimentos para quatro pessoas, com ar-condicionado. Nem sabia que um trem indiano reproduzia o sistema de castas na escala ferroviária. Eram seis classes, segundo Thomas me explicou no caminho para a estação de Chennai. A primeira classe nunca estava disponível e não existia em todos os trens. Em seguida, a ordem era esta: segunda A.C., quatro camas, com ar-condicionado; terceira A.C., seis camas, com ar-condicionado; segunda, quatro camas, sem ar-condicionado; terceira, seis camas, sem ar-condicionado; e, por fim, a geral, em que se viajava amontoado, seguindo a lógica indiana de que sempre cabe mais um.

Foi um debate de horas. Thomas queria me convencer a viajar na geral. Eu não queria de jeito nenhum encarar 18 horas de viagem sentada no colo de algum indiano, respirando o sovaco do outro. Ele me prometia que eu não me arrependeria, que seria uma experiência inesquecível. Disso eu não tinha dúvida. Parados em frente ao guichê, com uma fila atrás de nós, tomamos uma decisão intermediária, entre a segunda classe com ar-condicionado, a que eu estava acostumada, e a geral, que

Thomas insistia ser A Experiência. Compramos dois bilhetes na terceira classe, sem ar-condicionado. Thomas não abriu mão das janelas abertas. Isso significava viajar empoleirados num compartimento com seis camas, com o calor tropical do sul da Índia entrando sem pedir licença.

Na tarde do dia seguinte, lá estávamos nós, misturados ao mar de pessoas que cobriam o chão da estação de Chennai. Uma coisa evidente na cultura indiana era: o povo tinha algo contra cadeiras. Mesmo quando havia cadeiras, sentava-se no chão. Não que houvesse cadeiras na estação de Chennai. Mas me lembrei de ter observado isso em outros lugares quando procurávamos um pedacinho de cimento para apoiar as nossas carcaças e as nossas bagagens. Logo entendi por que Thomas amava as estações e os trens. Não demorou muito para ele se juntar a um grupo de peregrinos e começar a gravar as vozes, as gargalhadas, o farfalhar dos sáris e dos sacos de comida. Era o mesmo grupo que havíamos visto no templo, estavam vestidos de preto, carregando trouxas de pano na cabeça.

A gangue de preto era curiosa. Nunca tinha visto ninguém vestido de preto na Índia. Tudo era cor, tudo gritava por atenção. E aquelas pessoas também gritavam por atenção. Mas pelo motivo oposto, por não estarem envergando cores chamativas. Descobri que seguiam em peregrinação ao templo de Ayyappa, o filho de Shiva, na cidade de Sabarimala, no Kerala. Todos os anos, durante 41 dias, vestiam-se assim e, sobre a cabeça, carregavam oferendas. O desafio era fazer a viagem sem pousar no chão o que estivessem carregando, a não ser para dormir. Ninguém quis me mostrar o conteúdo das trouxas. Achei que eu estava numa ótima posição. Pelo menos não tinha nada para equilibrar, só os meus pensamentos sombrios que ficavam cada vez mais sombrios com a iminência do embarque.

Descontados os inconvenientes, viajar pela Índia era algo muito fácil. O Raj deixou de herança 63 mil quilômetros de ferrovias, a segunda rede ferroviária do mundo. Cobria 28 estados, e estendia-se para o Nepal, Bangladesh e Paquistão. Não dava para imaginar o que seria da Índia sem os trens. Como aquela multidão se locomoveria? Os engarrafamentos bateriam todos os recordes. Tive que dar o braço a torcer a Thomas: bastava andar de trem para conhecer a Índia. Os indianos reproduziam a vida, o caos de todo santo dia, nas estações. Aguardando pelo embarque, vi pessoas tomando banho; outras rezando; outras cozinhando; outras almoçando, sentadas em rodinhas como se estivessem em volta da mesa da cozinha. Como eu nunca tinha parado para observar aquilo?

A terceira classe sem ar-condicionado não me pareceu o fim do mundo. No compartimento, três camas de um lado e três do outro, dois "treliches", com uma mesinha no meio. Enquanto a noite não chegasse, as camas do meio ficariam dobradas, e nós, os seis passageiros, nos acomodamos nas camas de baixo, que faziam as vezes de sofás. Nossos companheiros de cabine pertenciam à gangue de preto — e não pousavam as trouxas por nada. Dentro do trem, a vida era uma festa. A cada parada, um enxame de vendedores invadia, propagandeando aos gritos os seus produtos. Na segunda A.C., a minha casta, havia vendedores. Mas a coisa era bem mais calma. Com o calor castigando e o sol ainda no céu, não vigorava nenhuma lei por ali. Por direito, éramos seis na cabine. Só que os amigos apareciam para conversar ou dividir a samosa, e eu contei 14 pessoas no compartimento na hora do jantar.

Thomas comeu e bebeu com as pessoas, usando as mãos. Eu me limitei ao meu imenso saco de frutas secas, que, elementar, dividi com todos. Quando o burburinho se tornou escuridão, arrumamos as nossas camas e dormimos. Thomas dormiu. Eu cochilava e acordava, ora por conta do calor excessivo ora por conta dos roncos excessivos. De manhã bem cedo, com o sol nascendo no belo horizonte, uma vasta paisagem verde, fui ao banheiro, depois de segurar a bexiga por todas aquelas horas. O banheiro era uma caixa de ferro, com um buraco no chão e uma pia sem água. O metal que cobria do chão ao teto estava tão quente que eu não podia segurar em nada para me equilibrar de cócoras. E também fedia tanto que eu precisava da mão para tapar o nariz. Foi um teste: de cócoras, sem as mãos, com o trem chacoalhando. No retorno ao meu compartimento, encontrei Thomas feliz como um passarinho, já com dois copos de chai. O vagão despertava sonolento.

Foi uma manhã animada. Na Índia, como já mencionei, o estrangeiro era tratado como celebridade. Só que ali, naquele ambiente restrito, o sentimento se intensificou. Era como um *darshan*, em que eu e o Thomas éramos os deuses a serem vistos e admirados. Tirei dezenas de fotografias com as pessoas. E tirei dezenas de fotografias das pessoas. Um *darshan* de mão dupla. Ou talvez: um zoológico, em que os macacos — nós — também tinham celulares. Quando faltavam poucas horas para chegarmos ao nosso destino, Thomas resolveu me ensinar a praticar o seu esporte favorito: pendurar-se na porta do trem. O vento estava quente, abafado, pegajoso, tropical. A paisagem era exuberante, com rios cortando florestas. O trem seguia: tac-tac-tac-tac-tac-tac... O vendedor de chai gritava: "Chai! Chai! Chai! Coffee! Chaaaaaai!". A marcha do som, a marcha da Índia.

St-Tropindia

Depois de tantos meses na Índia, envolvida pelo manto frio da pobreza e pelo inverno gelado do norte, foi um deleite chegar a Varkala. O vilarejo ensolarado, banhado pelo mar da Arábia, era a Índia para quem não queria estar na Índia. Umas férias da Índia dentro da Índia. O *tuk-tuk* que nos levou da estação de trem à pensão foi o primeiro símbolo da mudança. Era dotado de confortáveis bancos de couro, a pintura reluzia de nova, e o motorista colocou um CD do Ravi Shankar para tocar. O som das tablas soou como a Bossa Nova devia soar para o turista que chega ao Rio de Janeiro. O calor abafado, o verde tropical, os coqueiros.

Logo que adentramos o centrinho de Varkala, nas ruelas de areia, bandos de mulheres louras, altas e magras eram escoltadas por maridos louros, altos e magros, puxando crianças branquelas de olhos azuis. A cada metro, uma placa oferecia um tratamento milagroso, um *workshop* de yoga, uma massagem revigorante, um detox rejuvenescedor. Fiquei pensando que, se eu conseguisse aproveitar todas aquelas ofertas, poderia ir embora de Varkala com dez anos a menos. Outro fato que chamava a atenção era a quantidade de restaurantes de frutos do mar. Fazia tantos meses que eu não comia direito que comecei a sonhar com uma lagosta na brasa que eu vira de relance ao passar. Também cobicei as lojinhas, uma sanha consumista me invadiu. Afinal, eu estava precisando de roupas novas, de bijuterias bacanas. Ou não, se havia sobrevivido sem nada disso até então. Mal pousamos as malas na Narkaville Guest House, uma pensão bem simpática, arrastei Thomas de volta à rua.

— Não quero ficar aqui muito tempo — ele disse, enquanto caminhávamos em direção à praia.

— Eu quero. Talvez para sempre.

— Parece uma maquete.

— St-Tropindia! Não é maravilhoso? — tentei animá-lo.

Eu não sabia o que eu queria fazer primeiro: compras, massagem ou comer lagosta. O estômago ganhou. A rua da praia pairava acima da praia, adornada por uma longa falésia avermelhada que refletia na água azul. De uma ponta a outra, cafés, restaurantes, pousadas, lojas. Varkala me pareceu um daqueles paraísos hippies que começava a se transformar no que todo paraíso hippie um dia se transforma: balneário rústico para pessoas descoladas. Havia ali a mescla do que foi e o que viria a ser, a sofisticação pós-hippie em progresso. Entre tantas opções, escolhemos o Gipsy Cafe, uma opção que estava mais para hippie do que para pós-hippie. Assim que nos acomodamos, um ritmo familiar foi crescendo aos poucos, e a voz de Clara Nunes surgiu, cantando, "o mar serenou quando ela pisou na areia". Jamal, o gerente, me mostrou sua imensa coleção de música brasileira.

No dia seguinte, a varanda da Narkaville Guest House se transformou na embaixada de St-Tropindia. Thomas estava em Varkala para encontrar amigos, uma meia dúzia de franceses havia marcado de se agrupar ali. O primeiro a chegar foi Joel, o embaixador. Mal ele abriu a boca e eu já gostei dele. Era francês, mas sobretudo era indiano. Falava até hindu. Tinha 63 anos e quatro décadas de viagens frenéticas à Índia. Joel me falou do "doutor", um naturopata que vinha de uma linhagem milenar da ayurveda. Nessa temporada, estava hospedado na clínica dele para aprender técnicas de cura baseadas na medicina natural.

Segundo Joel, o doutor possuía técnicas milagrosas de limpeza do corpo:

— Ele enrola os pacientes em folhas de bananeira e põe debaixo do sol do meio-dia, por uns quarenta minutos. Depois de algumas sessões, você prova o seu suor e não tem gosto de nada. Não sobra nenhuma toxina no corpo.

— Mas você não passa mal com o sol, não tem insolação?

— Não, a folha de bananeira filtra o sol.

— Vou fazer um detox. Custa caro?

Enquanto conversávamos sobre as maravilhas da medicina natural e fumávamos um baseado atrás do outro, Nicholas apareceu. À primeira vista, ele era intimidador. Tão exótico que parecia ter vindo de um planeta distante, e havia trazido com ele, como instrumento de comunicação, apenas um violão. Era alto, magrelo, cabelos desgrenhados sob um chapéu-coco, pés descalços, dezenas de colares, pulseiras, anéis. E olhos imensos e expressivos. Não falava muito. Joel falava por todos nós. Nicholas se limitava a dedilhar o violão, enquanto Thomas se revezava entre a tabla e a flauta. Fiquei com ciúme de Nicholas. Ele e Thomas se fecharam num mundo de paredes sonoras. Vê-los tocando era como assistir a uma valsa entre dois amantes que só tinham olhos — e ouvidos — um para o outro. Não sei se era ciúme. Talvez fosse inveja. Sempre quis encontrar algo que me abduzisse.

Terminamos o dia no restaurante mais chique de Varkala, o Cafe Del Mar. Joel conhecia o garçom e sabia como conseguir cerveja, o que na Índia era uma coisa rara, bem mais complicada de se achar do que qualquer outra droga.

— Uma vez eu tive uma overdose de ópio. Você fica se sentindo tão bem que esquece tudo. Eu esqueci de respirar — Joel me contou, quando lhe perguntei sobre a droga que estava guardada na minha bolsa desde Benares.

— Como alguém pode esquecer de respirar? Respirar é involuntário.

— Mas foi. Minha respiração ficou tão lenta por conta da passividade que o ópio traz que quase morri por falta de oxigênio. Eu não sentia que estava sufocando, mas estava sufocando.

— Impossível, Joel.

Ele me garantiu que a história era verdadeira. Teria acontecido numa casa de ópio, no norte da Tailândia. Joel não gostava da Tailândia. Preferia a Índia. E, sobretudo, não gostava nem um pouco da França.

— Na França tudo é proibido. Reduziram a liberdade a zero em nome de uma segurança que ninguém precisa. Até cantar é proibido, sabia?

— Como assim?

— É. Se você canta a polícia aparece para te perguntar por que você está cantando.

— Você nunca fala sério?

— Sério. Imagina se todo mundo em Paris começar a cantar? Uma séria ameaça ao mau humor, o maior patrimônio francês.

— Por isso você gosta tanto da Índia? Por causa da falta de regras?

— Claro, que mundo chato esse em que você não corre riscos.

Varkala era o lugar perfeito para eu me aperfeiçoar na prática do nada. Se eu passasse mais seis meses na Índia, poderia me tornar até uma guru do nada. Antes, não fazer nada era um grande problema para mim. Tinha sempre que estar fazendo alguma coisa. E nunca uma coisa só. Precisava fazer várias coisas ao mesmo tempo. Não fazer nada consistia numa conquista, um degrau espiritual. Eu já nem lia mais. Ler era fazer alguma coisa. Só comia.

De manhã, tomávamos café no Chill Out Cafe. No fim da tarde, assistíamos ao pôr do sol no Gipsy. E, à noite, retornávamos ao Chill Out. Os músicos se reuniam ali em torno de um microfone aberto. Um instrumento atraía o outro e a coisa seguia madrugada adentro. Havia desde um percussionista da ilha francesa La Réunion até um tocador de *hong* suíço. E Thomas continuava esperando a chegada do grupo que viria de Berlim: Jean-Charles, Pierre e Anna. Eu não esperava nada. Enfim, atingira o estado de não esperar. Não que eu tivesse chegado a algum lugar. Só não estava mais esperando.

— O que você está fazendo na Índia? — Jean, o percussionista, me perguntou certa noite.

— Nada. E você?

— Nada.

— Não fazer nada na Índia deve ser o nosso karma.

— Será que isso é um bom karma?

— Melhor do que fazer alguma coisa em Wall Street.

— Aí seria melhor nascer cavalo.

— Melhor nascer peixe. Peixe não faz nada.

— Peixe seria perfeito.

— O máximo de ruim que poderia acontecer é acabar num *tandoori*.

— Eu adoro peixe no *tandoori*.

— Eu também.

O tocador de *hong* da Suíça, Philippe, era diferente. Pretendia fazer alguma coisa, uma coisa grande.

— Vou voltar para a Suíça, alugar todos os meus imóveis e viver em Varkala. Quero criar uma ONG para apoiar os músicos virtuosos da Índia e promover o encontro deles com músicos do resto do mundo — ele me falou, exibindo o bronzeado em contraste com a camisa de linho branca aberta até o peito.

— Mas isso já acontece, no Chill Out.

— Quero fazer uma coisa grande.

— Para isso precisa ter muitos imóveis.

— Eu tenho muitos imóveis.

— Então você também podia apoiar o meu projeto.

— Qual projeto?

— Um *ashram* para a prática do nada.

— Você pode usar a praia.

— Não dá. Lá todo mundo fica fazendo alongamentos. Você já viu alguém na praia que não esteja se alongando?

— É verdade. Eu mesmo... Assim que piso na praia, começo a me alongar.

— Eu também. Fico tentando praticar o nada na essência, mas, de repente, estou me alongando. Acho que é tipo bocejar, um começa e contagia o resto.

— Bocejar é o alongamento dos músculos faciais.

— A gente podia formar um grupo para bocejar na praia. As pessoas parariam de se alongar e começariam a bocejar. Chamaríamos de "bocejasana, a yoga facial", e venderíamos como uma técnica nascida no Kerala.

— Ficaríamos ricos.

— Você já é rico.

Uma manhã partimos para Kanyakumari, a ponta, o fim da Índia, onde se encontravam três mares: o mar da Arábia, a baía de Bengali e o oceano Índico. Estávamos doidos para ver o encontro dos mares. E mais doidos ainda para descobrir se a Índia tinha mesmo fim. Fomos eu, Thomas, Nicholas e Lourdes, uma uruguaia que vivia na Espanha e estava em Varkala havia dois meses. Nicholas e Thomas insistiram tanto que nós topamos: faríamos a viagem na General Class. Segundo nos informaram, o trem levaria quatro horas para nos conduzir a Kanyakumari. As quatro horas pareceram anos. Havia tanta gente naquele vagão que não era preciso se segurar em nada, pois os corpos formavam uma massa compacta e imóvel. Mesmo assim, Thomas e Nicholas arrumaram um jeito de se misturar à turba e captar os sons. Embora fossem mais franceses do que baguete, possuíam o dom da diluição.

Kanyakumari era uma grande confusão, um intenso comércio de rua. Éramos os únicos turistas estrangeiros. Mas não éramos os únicos turistas. Havia centenas de turistas indianos.

Um vai e vem colorido, frenético, festivo. O encontro dos mares se revelou uma decepção. Não dava para saber onde acontecia. Numa ilhota não muito longe da costa, enxergava-se um templo, um monumento erguido para o yogue Vivekananda. Pegamos a fila que serpenteava, confusa, e nos enfiamos num barco. A cada onda que castigava a velha embarcação, gritos de montanha-russa. Não sei se me senti mais comprimida no vagão do trem ou no barco pirata.

O templo não era um daqueles belos templos do sul da Índia. Era uma construção moderna, sem muita graça. A graça estava nas pessoas. Enquanto Thomas e Nicholas percorriam o lugar caçando barulhos, eu e Lourdes viramos papparazi. Tudo simplesmente berrava para ser fotografado. Em viagem de férias, as indianas se enfeitavam como nunca. Perseguimos um bando de mulheres descalças, vestidas de vermelho, com espantosas argolas nos narizes, braceletes que cobriam toda a extensão dos braços e tornozeleiras que pareciam âncoras. Elas vinham do Rajastão. Pertenciam a uma tribo de ciganos.

Quando voltamos a Kanyakumari, já caía a noite e o som de vozes entoando mantras nos atraiu para um largo, fora do bazar central. Um multidão estava sentada no chão, do lado de fora de uma pequenina igreja cristã, com um santo Antônio esculpido em madeira no altar. Nós nos juntamos a ela. Um puja ou uma missa? Mantras ou salmos? Aquilo era como o encontro dos mares, indistinto, indefinível.

Uma semana depois da excursão a Kanyakumari, Thomas e eu resolvemos partir para uns dias de descanso nas montanhas do Kerala. Não havia razão para querermos descansar em outro lugar, já que Varkala era a melhor definição de lugar para descansar. Mas fomos assim mesmo. Cheguei à estação de trem antes de Thomas, que decidiu, na última hora, comprar uma flauta nova, esculpida por um artesão famoso. A flauta o ajudaria na tarefa de descansar. Enquanto aguardava, conheci

Ross, que também estava a caminho de Munar, a porta de entrada para as montanhas. Ross viajava com uma roupa esquisita para a ocasião. Demorei algum tempo para perceber o que havia de deslocado naquele visual.

— Você não está com calor? — perguntei, mirando o jeans skinny, o tênis colorido, a camiseta de gola V grudada no corpo e a bizarra echarpe de caveirinhas.

— Não. Você está? — ele respondeu, olhando-me por trás dos óculos alaranjados com a marca D&G em letras garrafais.

— Sinto que vou desmaiar toda vez que olho para a sua echarpe.

Ross não gostou do meu comentário. Virou-se para o outro lado e abriu um livro. Só vi que no título havia a palavra "vampiro".

— Você é de onde? — puxei outro assunto.
— De Sidney — ele respondeu.
— Está na Índia há muito tempo?
— Um mês.
— Fazendo o quê?
— Viajando.

Thomas apareceu com a flauta mágica e logo senti o seu poder. Ross mudou de atitude. Arrastou a mochila para o nosso lado e não desgrudou mais. De Varkala até Kotayan, foram duas horas e meia de trem, na General Class. E, em Kottayam, teríamos que pegar um ônibus que se arrastaria por oito horas — no mínimo — até Munar, a 2 mil metros de altitude. Ross e Thomas entabularam uma longa conversa, da qual fui excluída. O australiano não se dirigia a mim. Fiquei arrependida de ter mencionado a sua echarpe de caveirinhas. Eu o ouvi contar que trabalhava na TV. Depois da viagem, estrearia num seriado popular.

A rodoviária de Kottayam era um recorde de imprecisão até para os padrões indianos. Ninguém sabia dizer de onde sairia o ônibus para Munar Ninguém sabia informar se EXISTIA um ônibus para Munar. E havia tantos ônibus estacionados que nos dividimos para desvendar o mistério. Cada um foi para um lado. Ross achou o veículo — aquilo se encaixava na categoria veículo porque tinha quatro rodas — que se dirigiria à montanha e, não fosse Thomas, ele teria me deixado para trás.

— Eu não quero mais viajar com esse sujeito — eu disse a Thomas, quando vi as fileiras de três cadeiras.

O ônibus era uma carcaça de ferro enferrujada que, a julgar pela aparência, não conseguiria sair do lugar, quanto mais subir uma montanha de 2 mil metros.

— Ele é legal, você é que está implicando com o jeito como ele se veste.

— Você não percebeu que ele gamou em você?

— Agora você está louca.

Chegamos a Munar de madrugada. O veículo conseguiu fazer o trajeto em 11 horas, contrariando a minha expectativa de que não chegaríamos nunca. As aparências enganam. Eu me sentia tão cansada que agora realmente precisaria de uns dias para descansar. Saímos de Varkala descansados, cansamos na viagem e agora descansaríamos em Munar. Talvez fosse mesmo bom incluir deslocamentos brutais na prática do nada. Eles intensificavam o desejo de não fazer coisa nenhuma. Eu só queria encontrar um hotel e dormir pelos próximos dias. O problema foi que não encontramos um hotel. Fazia um frio glacial e, embora lá embaixo estivesse quente feito o inferno, na verdade estávamos no inverno do Kerala. E Munar era uma estação de inverno. Batemos na porta de dezenas de pensões. Achamos um único quarto numa espelunca. Tivemos que dormir os três na mesma cama, enrolados no mesmo edredom.

— Dois é bom, três é demais, conhece o ditado? — disse a Thomas, logo no café da manhã.

— Eu também não quero dormir com Ross. Mas o que eu posso fazer?

— Pode parar de ser simpático.

— Ele acordou mais cedo e foi negociar um tuk-tuk para nos levar para um passeio.

— Eu não quero passear. Quero dormir.

Depois do café da manhã, partimos espremidos no tuk-tuk de Ravi. Nosso destino era a Top Station, o ponto mais alto da montanha. A paisagem varreu meu mau humor: infinitas plantações de chá formavam desenhos geométricos, que subiam e desciam vales. Os rios eram verdes como as montanhas e tão cristalinos quanto o ar ali em cima. Ravi nos informou que poderíamos passar a noite na Top Station. Lá, havia um vilarejo onde os moradores alugavam quartos. Nós nos hospedamos na casa de uma família animada e dividimos um alojamento precário com um inglês, outro australiano e uma sueca, além do Ross, é claro. Foram cinco dias de caminhadas, cantoria, fogueiras e noites estreladas. No último dia, Ross perdeu a bolsa, com todos os documentos, cartões de crédito, a câmera fotográfica. Fiquei com pena dele, e isso era sincero.

— Pelo menos você não perdeu a echarpe — tentei fazer uma brincadeira.

— Você é insuportável — ele me disse.

De volta a Varkala, internei-me na clínica do doutor para um programa de detox de dez dias. Thomas ficou na Narkaville Guest House e prometeu me visitar diariamente. O retiro começou pontualmente às cinco da manhã de uma segunda-feira. O doutor buzinou na porta da pensão e eu segui com ele para o ritual de iniciação. A clínica ocupava um casarão bonito, cercado de varandas e coqueirais. Era grande, bem grande, três andares e 12 quartos. No primeiro andar, salas de massagem; no segundo, cozinha e sala de jantar e no último os quartos dos pacientes e um imenso salão coberto com tatame. O doutor, ajudado por duas assistentes, Shiba e Sayma, me instalou no tatame. Ainda estava escuro e eu me vi rodeada de velas e mãos. Depois de massagearem meu corpo vigorosamente, fui instruída a me recolher ao quarto e beber pelo menos três litros de água morna com ervas. A combinação da massagem com a água amarga me levou ao banheiro nove vezes seguidas.

— Não aguento mais cagar — falei para Thomas quando ele chegou no meio da tarde para me ver.

— Você comeu alguma coisa?

— Nada. Jejum absoluto. Só água morna e água de coco.

Além de mim, encontravam-se ali, na casa do doutor, uma italiana, uma austríaca, três russas, um homem de origem não identificada, pois não falava com ninguém, e duas alemãs, que só apareciam durante o dia. Joel estava na clínica em condições especiais. Não fazia regime algum. Pelo contrário. Contrabandeava uma cervejinha de vez em quando. A austríaca, Anne, era a minha vizinha de quarto. Ouvia Mozart o dia inteiro, e só andava pelada da cintura para cima. Isso não seria um problema, se ela não fosse um bizarro espetáculo. Devia ter mais de 1,90 metro e pesava pelo menos 120 quilos. Os peitões desciam até a cintura. Com a juba vermelha em desalinho, a voz rouca e o sotaque exageradamente germânico, Anne era um personagem. A sua obsessão era saber o que os outros estavam comendo, e ela não.

— Eles te deram café da manhã? — ela me perguntou, no nosso primeiro contato, quando me viu desfalecida na varanda, conversando com Thomas.

— Não, hoje é o meu primeiro dia e estou de jejum.

— Você viu se eles deram café da manhã para as russas?

— Não vi.

— E para Barbara, a italiana?

— Também não vi.

— Eu estou de jejum há oito dias. Hoje eu como de qualquer jeito.

Ao ouvir Anne mencionar oito dias de jejum, eu me apavorei. Shiba, a assistente de infinita paciência, me explicou que o tratamento era individual. Anne sofria dos pulmões. Vinha à Índia todos os anos, havia quatro anos, e ficava internada cerca de dois ou três meses. Embora ainda chiasse como um rádio fora de sintonia, Shiba me garantiu que o progresso era enorme. Quando começou o tratamento, não subia sequer uma escada. Para ela, a saga intercalava longas dietas. Como eu não tinha nenhum problema sério, meu jejum duraria dois dias. O doutor havia elaborado o meu pacote com base no mesmo diagnóstico que eu ouvira antes: o Pitta desregulado, o fogo ardendo. Depois do *pancha-karma* do dr. Arora, eu me sentia bem. Mas, segundo o doutor, ainda precisava baixar as chamas interiores.

As horas na clínica passavam como num filme mudo, com um único cenário: o salão do tatame. E uma única trilha sonora: Mozart. Ninguém falava com ninguém na maior parte do tempo, e cada um adotou uma atividade compulsiva para expressar a fome. Anne pintava. Barbara fazia alongamentos, usando as paredes para se esticar. Ela me contou que sofria havia vários anos com dores reumáticas intensas, apesar de ser professora de yoga e ter apenas 38 anos. As russas gastavam os minutos dormindo, uma delas roncando como um trator. Eram três matronas de São Petersburgo. O homem de origem desconhecida escolheu o passatempo mais estranho: ler o *Lonely Planet*. Lia página por página, como se aquilo fosse um saboroso romance. Eu optei por praticar o nada. Ficava por ali, olhando o que os outros estavam fazendo. Ou ouvindo as histórias de Joel, quando ele estava em casa.

A cada duas ou três horas, Shiba e/ou Sayma apareciam para me aplicar algum tratamento. Às seis da manhã, eu era acordada com um copo de água amarga e levada para o tatame, onde as duas me socavam com duas trouxinhas pesadas. Segundo me informaram, aquilo acordava o sistema linfático. No meio da manhã, era levada para o terraço, enrolada em bandagens geladas e colocada ao sol. Após o almoço — a partir do terceiro dia tive direito a frutas, água de arroz e legumes semicozidos —, massageavam a minha coluna até ficar bem quente e aplicavam, de novo, bandagens geladas. No fim da tarde, mergulhavam minha cabeça numa bacia de água com gelo e me deixavam ali, congelando. Antes de dormir, uma relaxante massagem na cabeça.

Com o passar dos dias, os procedimentos ficaram mais intensos. No quarto dia, fui apresentada às folhas de bananeira. Aquilo não era nada agradável, me senti como uma múmia sendo cozida ao sol. Fiquei quarenta minutos presa num casulo de folhas de bananeira, que deixavam somente o meu nariz de fora. Suei tanto que pensei que fosse murchar. O doutor me garantiu que o "*banana-leaf*" era, de longe, mais eficiente do que qualquer sauna. Meu suor se transformaria em água mineral após as seis sessões até o final do retiro.

O retiro acabou e eu estava muito orgulhosa de tê-lo enfrentado. Tudo aquilo havia funcionado como uma injeção de disposição, de energia, de frescor, uma verdadeira sensação de limpeza, como se eu tivesse sido colocada numa máquina de lavar que me virou várias vezes do avesso. Tanto o *pancha-karma* do dr. Arora quanto o detox do doutor deixaram em mim a mesma sensação: limpar o corpo aproxima do céu. Não que eu tenha encontrado Jesus ou algo parecido. Mas arrancar as toxinas das entranhas era tão poderoso quanto tomar uma droga qualquer: o nariz aguça e os cheiros ganham vigor; o paladar fica apurado; o tato se torna consciente; e a mente, por sua vez, se recolhe, diante dos outros sentidos despertos. Outra coisa que eu constatara, pelo menos no meu caso, era que a transformação não tinha um caráter transformador. Eu saía dos retiros me sentindo outra pessoa e, alguns dias depois, era de novo a mesma pessoa. Mudar os hábitos me consumiria vidas, eu sabia.

Do lado de fora da clínica, a vida continuava igual, os mesmos personagens, nos mesmos lugares. Eu e Thomas passamos mais uma semana em Varkala. E decidimos que era hora de nos separar. Ele seguiria para Madurai, onde encontraria os amigos que nunca chegaram a Varkala. E eu partiria para o *ashram* de Amma, a guru do abraço, num vilarejo a pouco mais de duas horas de viagem.

Vida simples

Joel nunca entendeu "como as coisas chegaram ao ponto que chegaram". As coisas variavam de acordo com o tema da conversa. Se estávamos comentando um e-mail de um amigo, ele me perguntava — ou se perguntava — por que as pessoas passaram a precisar de telefones conectados à internet. Será que existia no mundo assuntos tão urgentes que não podiam esperar uma corridinha à padaria? Para Joel, não havia nada mais bizarro do que "checar o e-mail na fila do croissant". Uma ocasião falávamos dos belos vestidos que a alemã, uma loura elegante e triste, na casa dos 50 anos, que aparecia todas as tardes na clínica, exibia nos não jantares. Metia-se num Stella McCartney para comer uma fatia de abacaxi. Joel não conseguia chegar a uma conclusão sobre a causa da doença da mulher, que alegava "ansiedade crônica".

— Não sei se ela compra todos esses vestidos para amansar a ansiedade, ou se, para comprar todos esses vestidos, fica ansiosa — ele disse, com o seu jeito zombeteiro de dizer as coisas.

— Disto eu entendo: você trabalha feito maluca, fica exausta e, para se sentir melhor, compra um vestido lindo e caro, que te coloca no cheque especial. E aí você precisa trabalhar mais para pagar o cheque especial e comprar mais um vestido porque você trabalhou além da conta e só outro vestido vai te dar algum prazer.

— Por que tem que ser um vestido de grife?

— Fácil: uma boa grife significa um corte perfeito, um tecido maravilhoso, um grau de perfeição que você realmente precisa para existir no mundo em que você existe, onde todas as outras mulheres têm vestidos de grife.

— Quantos vestidos de grife são necessários para justificar a existência?

— Varia muito, impossível quantificar a existência.

Alimentávamos diálogos idiotas assim por horas, até que a noite nos expulsava do terraço para o salão do tatame, onde o ventilador girava rápido e Mozart acalmava o calor. A cada dia, eu gostava mais de Joel. Tanto ele quanto eu perseguíamos um clichê: Vida Simples. Joel, na verdade, já tinha alcançado a "iluminação". Eu vivia cindida entre desdenhar e querer os vestidos da alemã.

— Fui criado pela minha avó, no interior da França. Cultivávamos nossas frutas, verduras, tínhamos vacas. Não existia luxo — ele me contou, numa das nossas tardes. Joel deixou de acreditar no "sistema" aos 18 anos. Na época, vivia em Paris, estudava num bom colégio e, então, leu Céline e Rimbaud. — Fui morar numa casa de estudantes. Um inferno. Não estava nem aí para as coisas que as pessoas gostavam. Um dia um professor de literatura me chamou à sala dele e me mandou ler Céline e Rimbaud. Ele disse: "Leia os poetas, leia os viajantes, leia os inconformados."

Segundo Joel, 1967 foi o ano em que os "jovens franceses começaram a deixar o cabelo crescer". E ir para o Oriente entrou na moda.

— A trilha começou em 1965, partindo de Londres. Na França, um pouco depois. A verdade estaria lá. Mas a verdade é que a verdade não estava em lugar nenhum.

Para ir para onde os outros estavam indo, Joel trabalhou como babá, juntou duzentos dólares e zarpou.

— Eu não estava em busca de espiritualidade ou protestando. Procurava a simplicidade. Em Paris, tudo era dinheiro.

Não eram as histórias de Joel que me faziam passar os fins de tarde com ele, embora eu fosse fascinada pelas histórias dos pioneiros da Nova Era. O que me atraía era o jeito como ele narrava a própria vida, como se estivesse num palco, lendo um texto cômico-dramático, sem deixar a peteca da eloquência cair. Joel atingia a perfeição oratória, vagando entre o cinismo e a poesia. Era um homem inteligente, bonito, cachos grisalhos, os olhos azuis muito vivos, magro, com um inglês perfeito, decorado com um leve sotaque francês.

— Eu era só uma criança, não sabia nada. A liberdade era o sonho dos jovens. E eu me agarrei a esse sonho. Via os malucos voltando do Oriente e achava cool. Só que não tinha nada de cool: todo mundo viciado em ópio e morfina.

Quando Joel deixou o Quartier Latin, em março de 1967, seguiu a rota que todos seguiam: Itália, Iugoslávia, Grécia, Turquia, Irã, Afeganistão, Paquistão e, enfim, Índia.

— Eu dormia ao ar livre, me alimentava do que as pessoas me davam, pegava carona. Acreditava que estava a caminho da terra prometida, na trilha da vida de verdade. Era um sonhador.

Em Istambul, começou o "outro mundo".

— Fumei haxixe pela primeira vez, experimentei ópio, passava os dias nos grandes bazares. E o cheiro? A coisa estava no cheiro, o cheiro do Oriente.

Da capital turca, Joel partiu de carona em direção à fronteira com o Irã, que já se encontrava sob os mandos do xá Reza Pahlavi. Joel cruzou o país e chegou ao Afeganistão.

— Paraíso! Cruzei a fronteira entre Irã e Afeganistão a pé. E me juntei a uma tribo de nômades que viajava de camelo. Eu vinha de Paris, um lugar tão artificial e sem alma. De repente, estava montado num camelo, no meio do deserto. Os homens pintavam os olhos de preto, usavam espadas, facões, turbantes, túnicas coloridas...

Quando chegou a Cabul, Joel decidiu:

— Era o maior bazar entre Oriente e Ocidente: peles de animais, madeira, porcelana chinesa, incensos indianos, tapetes persas, joias, camelos. Milhares de pessoas nas ruas, cada uma com a vestimenta da sua tribo. Eu pensei: "Vou ficar no Oriente para sempre."

Nessa primeira visita, ficou três meses. Mais tarde Joel retornou ao Afeganistão, onde viveu por vários anos.

— A Europa tinha realmente ficado para trás. Em Cabul, era como estar de novo na Idade Média. Fiz muitas amizades, aprendi um pouco do parse. Os afegãos... Inacreditável o que fizeram com os afegãos.

Ao lembrar dos afegãos, Joel esfregou as mãos nervosamente, levantou-se da cadeira e desceu para o salão do tatame. Só voltamos a falar do assunto no dia seguinte.

— Eu não estava seguindo a trilha dos hippies. Queria estar com as pessoas, fazer parte. Consegui isso no Afeganistão: morei vários anos em Cabul e fiz mais amigos lá do que em qualquer outro lugar.

O ocaso do Afeganistão fazia parte — obviamente — da grande questão de Joel: "como as coisas chegaram ao ponto que chegaram". Ele conheceu Bamiyan, por exemplo, quando as gigantescas estátuas de Buda ainda estavam lá, antes que o Talibã as implodisse, antes que o radicalismo se instalasse.

— A paisagem era lunar. Não havia barulho, nenhum som, só algumas tribos nômades cruzando de vez em quando. Eles, os nômades, saíam de suas tendas, vinham até nós, botavam pratos de sopa na nossa frente e iam embora.

Próxima estação: Paquistão. Joel não gostou. Resolveu caminhar por semanas, montanha acima, para atingir o Kafiristão, cenário da famosa história de Kipling *O homem que queria ser rei*.

— Foi a minha mais bela viagem. Lá em cima, no topo do mundo, encontramos o povo *nuristani*, de olhos e pele muito clara, descendentes dos arianos. Não era preciso tomar LSD, fumar haxixe. O lugar era totalmente louco.

O paraíso se desfez em Nova Déli.

— Poucas pessoas estavam cruzando a fronteira por causa da guerra entre Índia e Paquistão. Quando desci a montanha, no Punjabi, peguei um trem direto para Déli.

A essa altura, Joel tinha 12 dólares no bolso.

— Meu cabelo estava enorme; minha roupa, suja e rasgada; eu tinha um cajado. Um *sadhu*! O bilheteiro não me cobrou, pensou que eu fosse santo. Eu me senti um Jack Kerouac de turbante. Mas em Déli... Em Déli, eu me apavorei.

Para contar a chegada a Nova Déli, Joel pulou da cadeira. Já passava das nove da noite e os habitantes da clínica dormiam. A fome e a falta do que fazer costumavam mandar as pessoas para a cama cedo. O salão do tatame estava iluminado por velas. Eu só via o vulto de Joel, tentando exprimir corporalmente a sensação de sufocamento, de terror, de pânico que o invadiu quando o trem estacionou na plataforma da capital indiana.

— Milhões de pessoas correndo de um lado para o outro, carregando coisas na cabeça. Era o ano da grande fome no campo. Todo mundo estava se mudando para Déli. Pessoas famintas, verdes, esqueléticas, centenas de leprosos. Sentei-me numa calçada e chorei desesperado. Eu nunca tinha visto a miséria humana.

Joel não fazia ideia do lugar aonde poderia ir para escapar das "mãos sem dedos que me agarravam nas ruas". Encontrou um templo *sikh* e ali passou a noite. Ouvindo a narrativa de Joel, fiquei pensando em como era fascinante a vida do viajante sem um *Lonely Planet*. Os desbravadores, os pré-*Lonely Planet* tinham direito ao mergulho vertical, e era isso que me fazia morrer de inveja. Eu vivia um tempo sem direito a surpresas, o tédio do conforto, o tédio da globalização.

— Michaux, Baudelaire, Rimbaud, Kerouac, Ginsberg, Verlaine, Kipling, esses caras eram os guias. Eu havia lido sobre Benares no *Far East*, do Michaux. Acordei cedo e peguei o primeiro trem para lá.

Joel não sabia bem o que era o lá. E nem o que lhe custaria chegar lá.

— Pessoas penduradas no teto, nas janelas, viajando dentro dos banheiros. Resolvi descer numa estação qualquer, no meio da noite. Estava sufocando. Dormi no banco da estação. Quando acordei, estava rodeado por uma multidão. As pessoas queriam me tocar, tocar o meu cabelo. Eu tinha um cabelo muito louro e muito encaracolado. De repente, chegou um homem de bicicleta que falava inglês. Ele me perguntou bem assim: "*Are you Beatles?*"

Joel teve que admitir: não era o John Lennon.

— Mas dancei e cantei uma canção popular francesa. De repente, as pessoas estavam colocando guirlandas de flores no meu pescoço, tocando os meus pés.

De vagabundo a santo, Joel viveu no vilarejo miserável por várias semanas, sendo alimentado e tratado como uma divindade.

— Ninguém ali pensou que eu fosse maluco. Essa era a bênção da Índia: nada podia ser estranho o suficiente.

A festa de despedida nunca abandonou a memória de Joel.

— Eles me vestiram como marajá, me pintaram de dourado e me pediram para dançar o twist. Por que o twist? Não sei, mas dancei. As pessoas batiam palmas, jogavam flores, riam muito. Meu batismo indiano, tudo genuíno e sem julgamento.

Joel chegou a Benares e conheceu Mathaji, uma mulher *sadhu*. Segundo ele, Mathaji era uma guerreira, iniciada nos segredos do tantra. Ficou doido — literalmente, talvez — por ela.

— Ela tinha uns dreadlocks enormes, tipo rastafári. Era uma mulher pequenina, linda, com olhos fortes, negros. Mathaji me pegou pela mão e me guiou até o rio. Morava num barco. Viramos amantes. Mathaji me protegeu de tudo. Benares era a cidade mais louca do mundo, nem se compara com o que é hoje. As pessoas morriam no meio da rua. Havia milhões de monstros, deformados por doenças. Eu entrei nessa viagem do amor. Mathaji tinha mais ou menos 50 anos. Eu, 18.

Foram dois meses juntos: um amor e um barco.

— Entrei fundo no bhakti yoga. Mathaji me dava banho, penteava meus cabelos, me vestia com roupas indianas. Eu me entreguei para aquela mulher. Desapeguei-me de tudo.

Depois de Benares, Joel voltou à Índia 25 vezes.

— A Índia e o Afeganistão me ensinaram tudo o que eu precisava aprender na vida: tolerância, respeito, aceitar a diferença, ouvir as pessoas, ouvir a natureza. Não estou falando de encontros com gurus, meditação, yoga, toda essa merda que virou mais um produto para as pessoas consumirem. Estou falando de outra coisa. Encomendei uma lagosta no Cafe Del Mar, vamos jantar?

A casa do amor

Thomas pegou o primeiro trem que passou, em direção a Madurai. Eu fiquei esperando o trem que seguiria na direção contrária, para Amritapuri. Quando ele chegou, pulei na geral. Pela primeira vez, sozinha na General Class. Já havia aprendido a técnica do "sempre cabe mais um". Bastava uma empurradinha, um chega pra lá e se encaixar. Foram três horas e meia de viagem. Além de mim, havia apenas mais um ocidental no vagão, Paolo, um jovem romano que vivia em Ibiza no verão e, no inverno, em Varkala. Ele fazia um esforço imensurável para parecer local, enturmado, à vontade. Usava o *dhoti*, estava descalço e ostentava um sarongue amarrado na cabeça. O figurino, porém, não contornava os fatos: Paolo tinha cara — e atitude — de italiano. Fez questão de me informar que não estava indo a Amritapuri. Desceria uma estação antes, onde aconteceria no dia seguinte um festival de elefantes.

— Um festival de elefantes? — eu disse, enfatizando a surpresa.

— Mais de sessenta elefantes desfilando pelas ruas, todos ornamentados.

— Eu vou para o *ashram* de Amma passar uns dias.

— Vai para a Disneylândia ver o Mickey Mouse? — Paolo debochou.

Arrastei minha mochila sob um sol que mais parecia um maçarico me queimando a pele. Amritapuri era um vilarejo muito pobre, com casinhas de taipa e infindáveis coqueirais, banhado por um mar azul-turquesa e cortado por um belo e cristalino rio. Para cruzar o rio, havia uma ponte em forma de arco. Da ponte rosa, avistei... O que era aquilo? Aquilo podia ser qualquer coisa, menos um *ashram*. Vários prédios, arranha-céus de dez andares ou mais. Imensas gaiolas, tingidas pelo tempo de uma cor indefinível, um rosa-ferrugem. Cruzei o portão e, em meio aos oito blocos de prédios, havia um templo com arquitetura de templo indiano, com deuses sexualizados, encarapitados uns sobre os outros. E, para lá e para cá, andando apressadas, centenas de pessoas vestidas de branco. Aquilo era bem mais esquisito do que a Disneylândia.

Caminhei desnorteada por algum tempo, me sentindo no cenário de um teatro bíblico adaptado para a Índia. Uma moça com louríssimos dreadlocks amarrados selvagemente no alto da cabeça, vestida com uma longa túnica branca, carregando mais pulseiras do que os braços podiam carregar, descalça, exibindo pés tatuados, me socorreu. Ela me disse que, antes de tudo, eu precisava me registrar no Escritório Internacional. Não entendi por que existia ali um Escritório Internacional. Todo mundo me parecia "internacional". Pelo menos nos postos de serviço, da portaria ao café, não vi nenhum indiano. Antes de encarar a burocracia, tomei um chai, que me foi servido por um finlandês. Estava vestido com uma saia rodada branca, tronco nu, cheio de colares, e carregava na cabeça uma coroa de flores naturais. Ele fixou os olhos azuis em mim e perguntou:

— Primeiro dia?

— É, acabei de chegar.

— Você se acostuma. Dois dias e você já vai se sentir em casa. Aqui é a casa de todos, a casa do amor.

Será que em dois dias eu estaria com uma coroa de flores na cabeça e falando daquele jeito? Havia algo de errado naquela "casa do amor". Ninguém sorria, cantava ou dançava como no filme *Hair*. Os figurinos eram *Hair*, mas o clima... As pessoas não se olhavam, como se todo mundo tivesse passado por uma lobotomia e construído em torno de si uma bolha de paz. No Escritório Internacional, uma inglesa confiscou meu passaporte, me entregou uma folha com uma lista interminável de regras, um mapa para eu não me perder, um código que me daria acesso ao dormitório, e me informou que a diária era de "apenas duzentas rupias", incluindo almoço e jantar. Se eu quisesse também havia a minha disposição dois cafés, um com comida indiana e outro com comida ocidental. Com um sorriso automático, a inglesa me despachou.

O meu dormitório ficava no Bloco D, décimo andar, número 1.082. Antes de embarcar na missão caçada-ao-Bloco-D, eu teria que parar na seção de Sleeping Needs, onde receberia lençóis, toalha e travesseiro. Fui atendida por um sueco, que me entregou a roupa de cama, e por um francês, que me deu a toalha. Não foi nada fácil achar o Bloco D. O lugar era enorme. No Escritório Internacional, fui informada que 3 mil pessoas residiam permanentemente no Mata Amritanandamayi Math. A população pulava para cerca de 5 mil quando Amma estava em casa. E Amma estava em casa. Achei o Bloco D e peguei o elevador com uma jovem que carregava um bebê e arrastava duas crianças pequenas. Toda a família vestia branco. A mãe me ignorou. Talvez porque eu estivesse vestida de preto.

O dormitório era uma cela de cadeia, com dois beliches e alguns colchões empilhados. Teoricamente abrigava quatro pessoas. Mas, como uma das leis do Mata Amritanandamayi Math era nunca recusar visitantes, até oito poderiam dormir ali. Só três camas estavam ocupadas até então. Enquanto eu arrumava as minhas coisas num canto, uma colega apareceu. Fiquei feliz: ela era brasileira, uma gaúcha que morava na Dinamarca havia vinte anos. Carlota era o seu nome. E tinha cara de

Carlota: negra, com um belo corpo de bailarina; careca; enormes brincos de madeira; e um macacão cool.

— Você está aqui há muitos dias? — foi a primeira pergunta que me veio à cabeça.

Queria saber quanto tempo era possível suportar.

— Quatro dias — ela respondeu.

— Você está gostando?

— Já ouviu falar do livro *Vigiar e punir*, do Foucault? Aqui é assim.

— Estou um pouco assustada.

— Todo dia eu faço *seva* num lugar diferente. Ontem ajudei a lavar a louça do café. Perguntei para o cara que dividia a tarefa comigo: "O que você sente aqui?" Ele me respondeu: "É como perguntar a alguém que está dentro de um lago cristalino qual é a sensação da água. A única maneira de saber é entrando no lago."

— As pessoas dizem coisas esquisitas. O cara do café me falou: "Aqui é a casa do amor."

— Não vista roupa branca, a cor protege para que não vire zumbi.

Carlota estava falando sério. Para cobrir o decote provocante do macacão, ela carregava uma echarpe vermelha, que me mostrou como se o pedaço de pano fosse um escudo, "um escudo para não virar zumbi". Carlota já tinha um lugar preferido no *ashram*: a Eco Shop, uma lojinha de produtos "incríveis". Troquei a roupa preta por um vestido estampado, catei uma echarpe azul e descemos para as compras. Comprei um litro de óleo de amêndoas orgânicas, dois creminhos de capim-limão orgânico e um saco de chocolates orgânicos. Naquela primeira noite, não jantei. Estava exausta demais para mais emoções orgânicas.

Tomei o meu desjejum no café ocidental: croissant com cappuccino e salada de frutas com iogurte. A garota espanhola que me atendeu estava toda atrapalhada. E o clima atrás do balcão parecia tenso. Toda hora a senhora italiana largava o que estava fazendo para dar uma bronca na garota espanhola. Sentei-me a uma mesa com duas francesas, as duas carregando turbantes africanos, e um holandês sem turbante, mas todo tatuado. O holandês era simpático.

— Primeiro dia? — ele disse.

— Cheguei ontem.

Acho que todo mundo fazia essa pergunta para todo mundo com cara de deslocado, como eu. O holandês se chamava Bert, devia ter pouco mais de 50 anos, passava o verão em Amsterdã, sua terra natal, e o inverno na Tailândia, nas montanhas, em Pai. Eu já tinha ouvido maravilhas de Pai. E ficamos falando de Pai por algum tempo até desembocarmos no assunto que me interessava.

— E você? É a sua primeira vez no *ashram*?

— Segunda. Mas não sou fanático, não se preocupe. Sou reverente.

— Eu não pensei que você fosse fanático.

— Melhor avisar. Fique um tempo, sinta o lugar, você vai entender por que toda essa gente está aqui.

— Por quê?

— Amma é um modelo. Ela irradia amor incondicional, paz, espiritualidade, conexão. Não é uma intelectual, uma filósofa vomitando teorias. Uma mulher muito simples, extremamente inteligente, profunda.

— Você a conhece pessoalmente?

— Não, mas não é necessário. Você sente isso nos *darshans*.

— Eu estou achando tudo bizarro.

— Para quem gosta de observar pessoas, isso aqui é um banquete: gente bacana, gente louca, gente carente, gente desesperada, gente em busca de não sei o quê, gente entediada. Todas as espécies.

— Você sabe quando é o próximo *darshan*?

— Agora, depois do café, na praia.

Dei um salto da cadeira, derrubei o pote de iogurte. Eu tinha esquecido a regra número um: o encontro dos recém-chegados na biblioteca, às dez da manhã. Corri para o prédio anexo ao templo. Contei: éramos 41 novatos esperando no corredor. A tutora era de Israel e estava no *ashram* havia 11 meses. Gastou um precioso tempo apresentando os projetos sociais de Amma. Muitos, em todo o mundo. Eu sabia bem pouco sobre Amma. Somente que rodava o planeta distribuindo abraços, e, pelo trabalho social, havia recebido ou sido indicada ao Prêmio Nobel da Paz. Comprei a biografia dela na livraria.

Amma nasceu Sudhamani, em 1953, na família Idamannel, uma antiga família de pescadores da região, dona das terras onde o *ashram* foi construído. Sudhamani era a segunda de oito irmãos. Desde o nascimento, já apresentou sinais divinos. A cor da pele era azul-escuro e deitava com as pernas cruzadas na posição de lótus. Teve uma infância sofrida, perseguida pelos pais, pelos irmãos, pelos vizinhos... Todos a consideravam louca. Rezava, meditava, tinha ataques de choro até perder os sentidos, sempre chamando por Krishna. Até que passou a manifestar Krishna. E depois a manifestar Devi, a Divina Mãe. Os primeiros devotos foram os habitantes da própria ilha. Depois, começaram a chegar estrangeiros. A coisa virou o que virou.

Fomos toureados até a praia pela israelense. No caminho, ela nos informou que os novatos tinham prioridade na fila do abraço. Isso nos animou bastante. Ao chegarmos à praia, que ficava logo nos fundos do *ashram*, a cena me lembrou Copacabana no Ano-Novo: uma multidão de branco. A diferença era que em Copacabana havia mais gente e o povo fazia barulho. Ali todos estavam mudos, de olhos fechados, sentados em cadeiras ou no chão, reverenciando Amma, que se encontrava sentada num trono, sobre um palco baixo, em meditação. Nós, os novatos, nos acomodamos na periferia da turba. Como conseguiríamos ser abraçados primeiro se estávamos no fundão?

Sentei-me no chão e fiquei ansiosa, esperando pelos acontecimentos. Fechei também os olhos, mas de vez em quando abria um só para checar se tudo estava como antes. Foram cerca de quarenta minutos até Amma aterrissar.

Por algum tempo, ela apenas examinou a plateia, pacificamente. Havia algo naquela mulher. Eu só não saberia dizer o quê. Exercia uma atração, como se tivesse em torno de si um campo rnagnético. Quando abriu a boca, Amma balbuciou palavras na sua língua, com uma voz muito rouca. Segundo o tradutor, a "mãe" trouxera uma questão para o dia e todos devíamos pensar sobre ela: "Como sair do círculo de pensamentos negativos e adquirir autoconfiança e felicidade." Não demorou muito para as pessoas começarem a levantar a mão para responder à pergunta. Virou uma bagunça. Eu não conseguia ouvir bem o que diziam. No final do debate, Amma falou:

— Para acordar é preciso se perguntar sempre, carregar consigo a questão espiritual: como se livrar dos pensamentos negativos? Não me respondam. Encontrem a resposta dentro da mente.

E, de repente, começou um empurra-empurra, um salve-se quem puder. Se eu não tivesse me levantado às pressas, teria sido pisoteada. Não era como um arrastão em Copacabana. Mas as pessoas assumiram o lado primitivo para conseguir se colocar em primeiro lugar na fila do abraço. E nós? Os novatos? A israelense emergiu e abriu caminho para nós. Havia dezenas de "guardas" tentando organizar a coisa. Parecia impossível. Não sei como aconteceu, acabei numa posição privilegiada. Não estava na frente. Mas não estava na rabeira. E aquilo não era uma fila. Era um arremedo de fila, que obedecia à força física. As pessoas eram empurradas para os braços de Amma conforme iam se aproximando dela. Na minha vez, a sensação foi de um tropeção. Tropecei, caí nos braços da mãe, que disse algo incompreensível no meu ouvido, e logo alguém já estava me empurrando de novo para desocupar a área. O abraço durou segundos. Fui me sentar na beira do mar. Eu havia sentido alguma coisa? Tinha recebido algum chamado? Não, não tinha.

Eu teria outra chance à noite. Haveria um *satsang*, Amma cantaria para nós. Passei o resto do dia esperando, esperando, esperando... Não sabia o que fazer ali, embora houvesse muita coisa para fazer. No Escritório Internacional, vi um mural que listava dezenas de cursos em andamento no *ashram*. Só que preferi gastar o tempo caminhando ao léu. O *satsang* começou por volta das sete da noite. Foi mais bonito do que eu esperava. Foi lindo. A força da voz e da presença de Amma era inquestionável. Ela se posicionou no centro do palco do grande galpão, rodeada de músicos virtuosos. Parecia num transe, sacudindo os braços, a cabeça... Por quase duas horas, cantou.

No jantar conheci Alfred, um professor de história do Canadá. Era um senhor distinto, na casa dos 60. Estava na Índia pela terceira vez. A primeira visita foi em 1968, quando percorreu a Ásia por oito meses de carro. Na época, morava em Londres e saiu de lá dirigindo o "meu calhambeque". Em 2009, voltou, por seis meses. E agora estava no *ashram* como voluntário, ajudando no estabelecimento do departamento de História da universidade que Amma criara no vilarejo.

— Tem uma universidade aqui?

— Tem. É muito bacana o projeto. Amma tem vários projetos interessantes, pesquisas na área de medicina natural, um monte de coisas.

— Você está gostando de viver no *ashram*?

— Não sou a melhor pessoa para você perguntar isso.

— Por quê?

— Só estou aqui há dois meses. Pouco tempo. Você já ouviu falar do Club Med?

— Claro.

— Aqui é o Club Med da Devoção.

Eu pretendia participar do *satsang* da manhã, quando as pessoas se reuniam no templo para cantar os mil nomes de

Deus. Antes do café, porém, o meu telefone tocou. Era Thomas. Ele disse que sentia saudades. Eu disse que também sentia saudades. Após o telefonema, arrumei as coisas e parti para a estação de trem.

— Vamos nos encontrar?
— Vamos
— Onde?
— Maysore.
— Amanhã?
— Amanhã

A última estação

Cheguei pela manhã a Mysore. Thomas me esperava na estação, com os cabelos grisalhos em desalinho e os olhos felizes. O reencontro era um recomeço, um segundo passo, e nós dois sabíamos disso. Faltavam dez dias para o meu avião decolar de Bombaim e me levar de volta para casa. Dez dias! Eu estava na Índia havia quase duzentos dias. Queria ir embora, queria ficar. Sentia um cansaço de várias vidas. Não suportava mais o cheiro da Índia, o barulho da Índia, o trânsito da Índia, a sujeira da Índia, os trens da Índia, a falta de lógica da Índia. Mas amava a Índia. E não queria deixar Thomas de novo. Durante a noite virada na cabine de segunda classe com ar-condicionado e cheiro de chulé ao curry, retornei ao meu estado habitual, o estado da espera. Estava de novo esperando. Viver no presente, era isso que eu tinha que ter aprendido. Só isso. Tudo isso. Mas não. Meu pensamento flutuava para o futuro, para o que aconteceria depois que eu pegasse o avião.

— Não faz sentido — eu disse, antes que Thomas tivesse a chance de dizer *salut*.

— O quê?

— Esse reencontro, eu vou embora em dez dias.

— Dez dias é daqui a dez dias. Isso significa que temos dez dias.

— Nove.

Sharat, o nosso truk-tuk driver da vez, ganhou as ruas de Mysore. Para os padrões indianos, a cidade era quase Paris. Tinha ruas largas, sinalizadas, praças e até um palácio, um autêntico palácio de marajá, além de outras construções grandiosas. A minha única missão em Mysore era conseguir uma entrevista com o filho de Pattabhi Jois, que assumiu o comando do templo da ashtanga yoga depois que o pai, um dos gurus mais famosos do mundo, criador do método que conquistara legiões, inclusive a Madonna, morreu, em 2009, aos 93 anos. Não foi nada fácil encontrar um lugar para ficar. Nos arredores da shala de Pattabhi, todas as pensões estavam lotadas, com fila de espera. Chegamos no pico da temporada. Percorremos o bairro. Nada. Resolvemos tentar um hotel no centro da cidade. Recusei-me a ficar em qualquer um deles. Estava cansada demais para encarar outro mafuá. O cansaço havia se manifestado na minha pele. Meu corpo se cobrira de brotoejas. Thomas disse que era apenas uma reação alérgica às picadas de mosquito. Eu achava que não, que era a Índia saindo pelos meus poros.

Voltamos para o bairro de Pattabhi. E um irlandês que estava na cidade havia seis meses nos levou à pensão do sr. Gowda, a Krishna Prem Guest House, um predinho de três andares, recém-construído, arejado, limpo, confortável, simpático como o sr. Gowda. Havia um quarto que ficaria vago após o meio-dia. Nós nos instalamos, passaríamos os próximos oito dias ali, esperando. Esperando o quê? Teoricamente, o meu avião. Mas não. A minha ansiedade contaminou Thomas. E nos tornamos ávidos de futuro. Ele ficaria mais dois meses na Índia. Eu voltaria para o Brasil. E nós? O que seria de nós? Já éramos, então, "nós". A entidade "nós" passou a ansiar por garantias, como se isso fosse possível em alguma instância da vida.

Foi impossível penetrar no templo da ashtanga. Não consegui passar nem da porta, onde, após a prática da manhã, uma chusma de jovens esculturais se reunia em torno do vendedor de água de coco. Eu nunca tinha visto tanta gente bonita num lugar só. Corpos atléticos, magros, delineados, alongados, bronzeados. E as roupas? Visuais descontraidamente estudados: longas saias coloridas cobrindo malhas de ginástica. Lenços de seda prendendo cabelos suados. Vestidos vaporosos e transparentes revelando mais do que escondendo. Havia pessoas do mundo inteiro, uma convenção internacional da beleza e da saúde.

Em contraste com a leveza daqueles corpos, a *shala* de Pattabhi, silenciosa e rígida. Tentei várias vezes entrar no prédio. Bebia água de coco todas as manhãs, na esperança de encontrar alguém que pudesse me ajudar na missão. Ninguém me dava bola. Acho que reinava no grupo um sentimento de pertencer a uma espécie superior da raça humana. O homem de bigodinho que guardava a *shala* nunca me dirigiu um sorriso sequer. Só me dizia que eu precisava mandar um e-mail e aguardar autorização, já que não era aluna nem tinha a intenção de ser. Eu explicava que havia mandado o e-mail, vários e-mails, e não obtivera resposta, queria apenas falar com alguém pessoalmente. Com o passar dos dias, ele simplesmente me ignorava e virava as costas quando eu me aproximava. Acabei desistindo.

Eu estava muito bem fisicamente, mas num mau momento interno. Meu Eu se encontrava em desacordo com o meu eu. Passava os dias num estado permanente de TPM. E, para completar, a alergia havia se transformado numa coisa pavorosa, como se eu tivesse uma doença de pele. Na Índia, qualquer pequena ferida ganhava proporções leprosas com o contato com a água contaminada e o ar infestado de bactérias. Sharat, o nosso motorista particular, estava preocupado comigo. Todo dia olhava para mim com ar de pena. Uma tarde me falou do dr. Kamal Pansari, um especialista em óleos essenciais. Mysore era muito famosa pela produção de óleos essenciais e incensos. E o dr. Kamal Pansari, segundo Sharat, era um alquimista, um bruxo. Naquela tarde, ele nos levou lá, à toca do Kamal.

Ficava no centro nervoso de Mysore, onde a cidade era a Índia em todas as nuances: um bazar medieval em frenesi. Tudo estava tão sujo que temi pelas minhas feridas. Elas podiam ser alimentadas a ponto de me engolir. A toca do Kamal era uma lojinha escura, úmida, com paredes cobertas por prateleiras repletas de potes de vidro, que deviam estar ali fazia milhares de anos. Nós nos acomodamos no quartinho dos fundos. Havia quatro cadeiras velhas, uma cadeira grande, quase um trono, e nenhuma luz natural. Uma lâmpada fraca tremulava sobre nossas cabeças. O dr. Kamal demorou pelo menos uns 15 minutos para aparecer. Surgiu numa túnica cinza austera, com um sorriso espalhafatoso. Era um homem grande, gordo, vozeirão de barítono, e exibia tanta autoconfiança que eu logo me dispus a obedecê-lo. Ele me disse que possuía, naquele cubículo, 1.600 diferentes tipos de óleo.

— O sândalo é bom para artrite, reumatismo. O lótus, para alívio do estresse. O jasmim negro é um óleo precioso, encontrado apenas em altas montanhas. Os povos do Himalaia usam para proteger a pele do frio. O jasmim branco é o símbolo da feminilidade, bom para recém-casados. Vocês são recém-casados? — ele perguntou, olhando para Thomas, que não respondeu.

Por mais de uma hora, ele falou. Dos seus óleos, da sua loja, fundada por seu tataravô, da sua fama mundo afora. Disse que pessoas vinham "até do Japão" para fazer compras no seu estabelecimento. Para as minhas feridas, o dr. Kamal misturou uma pasta de lama negra com gotas de vários óleos. Ele me garantiu:

— Três dias e você nem vai se lembrar dessas feridas. As pulgas são venenosas.

— Pulgas?

— Sim, pulgas.

No final da consulta, falando agora num tom de voz quase inaudível, o dr. Kamal nos ofereceu dois produtos fora do catálogo: ópio e um óleo extraído da flor da cannabis. O ópio, segundo afirmou, era o melhor que poderíamos encontrar em toda a Ásia. E o óleo, ele nos mostrou, vinha num vidro pequenino, fechado com uma bolinha, como um desodorante em miniatura. Bastava encharcar um cigarro com aquele óleo para obter o efeito da melhor maconha. Aquilo era a essência da maconha, o THC líquido. Thomas arregalou os olhos e comprou três vidrinhos. Eu comprei a porção mágica e um carregamento de óleos essenciais. Assim que chegamos à pensão do Gowda, nos trancamos no quarto. Eu besuntei o corpo de lama preta. Um alívio. E testamos o óleo de cannabis. Outro alívio. Uma sensação suave e calmante, o elixir contra a minha estranheza interior.

Em Mysore, além de Pattabhi Jois, havia outro yogue famoso: B. N. S. Iyengar. Não era tão famoso quanto Pattabhi, nem tão famoso quanto o seu — quase — homônimo, B. K. S. Iyengar, mas também tinha sido discípulo de Krishnamacharya e também atraía enxames de estrangeiros. Sharat sabia onde encontrá-lo e me levou à Mandala Yoga Shala. A escola ocupava uma casa simples e confortável, cercada por um jardim. Ali não foi difícil penetrar. Havia um modesto restaurante nos fundos, onde dezenas de jovens tomavam café da manhã. Sentei-me a uma mesa com um americano de Nova York, uma canadense de Toronto e quatro japonesas de Tóquio. O esporte preferido dos alunos da *shala* de Harish, o dono, era falar mal dos alunos da *shala* de Pattabhi, por desdém ou por ideologia, não sei:

— *Yoga-money* — o americano desdenhou.

— Eu fui lá uma única vez e detestei o clima — a canadense completou.

— Eles parecem os donos do mundo — miou uma das japonesas.

Assim que terminou a aula, B. N. S. Iyengar me recebeu. Era um senhor de mais de 80 anos, tradicionalmente trajado, com o *tilak* de pasta de sândalo na testa.

— Hoje eu não quero falar. Você pode vir à minha casa amanhã, às oito da manhã?

— Claro.

— Vou te preparar a minha especialidade, um chai como você nunca tomou.

B. N. S. Iyengar

Aos 85 anos, B. N. S. Iyengar já se dava ao direito de dar broncas e falar alto quando se achava incompreendido. Fui recebida com uma caneca fumegante de chai numa casa muito simples, decorada com retratos, medalhas e diplomas que acumulara durante sua longa estrada de dedicação à yoga. Nós nos acomodamos no quarto. Ele se sentou na cama estreita, com a coluna ereta e pose de mestre. E eu me sentei numa cadeira de plástico na sua cabeceira.

B. N. S. Iyengar nasceu no interior do estado de Karnataka, não muito longe de Mysore, numa família de agricultores pertencente à casta dos brâmanes. Aos 19 anos, foi iniciado na yoga por *sadhus* que passaram por seu vilarejo em peregrinação rumo ao Himalaia. Em 1954, conheceu Krishnamacharya e se tornou um de seus discípulos.

— *O senhor já praticava hatha yoga quando encontrou Krishnamacharya?*

— O que você chama de hatha yoga? Eu comecei praticando o sistema completo descrito por Patanjali: ashtanga viniasa yoga.

— *Como você encontrou o seu guru?*

— Eu o estava procurando. Tinha viajado por toda a Índia em busca de um mestre. Em Mysore, ouvi falar de Krishnamacharya. Fui procurá-lo e ele me aceitou como aluno. Na época, ele era também professor de sânscrito da universidade de Mysore. Eu estudei com Krishnamacharya muitos anos, até ele se mudar para Chennai.

— Quantos anos?

— O que interessam os números? Os yogues não costumam contar os anos. Quando Krishnamacharya partiu, passei a estudar com Pattabhi Jois, que era o seu discípulo mais graduado. Foi ele que me levou até o nível avançado da yoga.

— Quando o senhor começou a ensinar?

— No início dos anos 1980. Eu era um grande performer dos asanas. Tinha muita facilidade de demonstrar as posturas, as mais complexas.

— O que é yoga para o senhor?

— A yoga pura só diz que o homem pode se tornar Deus. Yoga é a ciência que leva o homem a desenvolver o próprio poder usando bem o tempo. Yoga é tempo e poder. O objetivo é a realização de Deus. Você cozinha a comida. O objetivo é matar a fome.

— O entendimento da natureza divina do ser humano.

— A união do espírito kármico com o superespírito, podemos falar assim para ficar mais claro. Isso é atingir a liberação, a salvação. Conquistar esse estado é o nosso objetivo máximo, o que significa não renascer, estar liberto do ciclo de renascimentos.

— No Ocidente, as pessoas praticam yoga apenas para conquistar bem-estar. Não pensam em renascimento.

— Isso não é yoga. É exercício físico. Vejo essa postura aqui na minha escola. A diferença entre os indianos e os estrangeiros, para mim, é a seguinte: os estrangeiros não sabem nem pensam no que acontece depois da morte. Não se preocupam com a educação do espírito. Estão preocupados com esta vida. Os indianos entendem e buscam a educação do espírito, que é o mais importante, que é o objetivo da yoga.

— *Essa seria a diferença?*

— Os ocidentais praticam yoga para conseguir ter mais prazer nesta vida. Os indianos estão preocupados com o que acontece com a alma. A vida aqui na terra é impermanente e passageira. Com a yoga, buscamos descobrir o eterno. A realização é entender o eterno, o que permanece.

— *Essa tem sido a sua busca nesses anos todos de prática?*

— Há muitas filosofias espirituais na Índia. Não estudei todas as escolas. Mas acho que a maioria diz a mesma coisa: a realização de Deus é a realização de si mesmo.

— *O senhor ainda pratica muito?*

— A base da minha prática hoje são os yamas e niyamas. Sem seguir os princípios de relacionamento com o próprio corpo e com a sociedade, não existe yoga. Por exemplo: você compra vegetais no mercado. Chega em casa e os lava. Depois você os cozinha. Você come e mata a sua fome. Depois de matar a fome, você se esquece da comida. Não é assim? Quando você realiza Deus, se esquece da prática dos asanas, dos pranayamas... O objetivo dessas práticas era matar a fome.

— *Então o senhor se iluminou, é isso?*

— Eu não disse isso.

— *Como é a sua rotina?*

— Para um yogue, não existe hora, tempo marcado por relógio. Todo o tempo estou pensando em Deus. Isso é meditação.

— *Deus existe?*

— Existe Eu. Deus é autoconhecimento.

— O senhor falou que yoga é a relação tempo e poder. No Ocidente, o tempo virou uma grande questão. Ninguém tem tempo.

— As pessoas não têm tempo porque estão viciadas: ganhar dinheiro, ganhar dinheiro, ganhar dinheiro. Ter prazer, ter prazer, ter prazer. Dinheiro e prazer não preenchem, o que gera a sensação de vazio, de ansiedade.

— *O que é tempo?*

— Entre o nascimento e a morte, existe o tempo. E as pessoas precisam otimizar esse tempo, dedicando-o à realização do Eterno, ao autoconhecimento. Esse tempo é muito precioso para se desperdiçar ganhando dinheiro e tendo prazeres que se vão no minuto seguinte. Apego ao sexo, apego ao dinheiro, apego a padrões sociais, apego a roupas novas, apego ao que está na moda. O que significa tudo isso? O yogue se dedica a conquistar o tempo. Vai para dentro, essa é a ciência da vida. Não para fora.

— Qual é a coisa mais difícil para os ocidentais aprenderem no processo da yoga?

— Os estrangeiros chegam aqui com boa vontade. São estudiosos. Mas têm a mente aberta para aprender coisas práticas, coisas para este mundo. Têm muita dificuldade quando se trata de educar o espírito. E yoga é educação do espírito. Vêm à Índia para abrir a mente para esse outro entendimento. Mas poucos conseguem.

— Qual é o primeiro passo para se iniciar na educação do espírito?

— A pergunta: por que nascemos? Certamente não foi para tomar chai. Se você não tem a pergunta dentro de você, não há começo.

Depois do nevoeiro

Acordei de um sonho onde alguém me perguntava: "Você é daqui?". Eu não me lembrava de tudo, de como cheguei a tal frase. A voz nem mesmo tinha rosto. Só me lembrava que, quando a ouvi, o homem de toda manhã gritava o seu grito ritmado, que embora eu não conseguisse reconhecer uma sílaba sequer, muito menos uma palavra, eu compreendia. Era hora de o sol despertar. Ele era o verdureiro, vendia quatro coisas: couve-flor, batata, espinafre e lentilha. Tinha uma voz tão potente que era capaz de acordar o dia. Ele passava pontualmente às 5h30 da manhã. Levantei-me da cama, escovei os dentes, tomei um longo gole de água, voltei e me deitei com Elias Canetti. Estava lendo *As vozes de Marrakech*. Nunca fui uma pessoa de prestar atenção aos sons. Minha mente sempre falou mais alto do que tudo do lado de fora. Com Thomas, isso estava mudando. Os sons ao redor começaram a adquirir significado. Thomas costumava dizer, quando andávamos pelas ruas da Índia, que a audição era o próximo sentido a desaparecer. Ninguém ouvia mais. Vivíamos a era da imagem. Tudo era imagem. A audição perderia a função, assim como o olfato, que fora tão necessário em tempos outros. Eu acreditava naquela teoria. Ouvíamos cada vez menos. Ouvir no sentido de escutar. Cheirar no sentido de absorver.

Canetti escreveu: "O que há na linguagem? O que ela esconde? De que ela nos priva? Durante as semanas que passei no Marrocos, não tentei aprender nem o árabe nem as línguas berberes. Não queria perder nada da força de seus gritos estranhos."

O nono dia chegara. Eu iria embora na manhã seguinte. A lembrança do trajeto me fez gemer: Mysore—Bangalore—Bombaim—Londres—Rio, com uma parada de três dias na Inglaterra. Thomas suspirava ao meu lado. Ele dormia muito bem, sempre. Como eu era o oposto disso, uma insone crônica, ele me disse que aprendeu a dormir. Na infância e na adolescência sofreu com a noite. Chorava sozinho no quarto, com medo de que o escuro durasse a eternidade. Uma criança hiperativa, segundo Thomas, era obrigada a entender a mente muito cedo — ou pelo menos tomar conhecimento da existência e do poder dela. Ele me falava:

— Você tem que treiná-la.

Olhei para ele, ele ressonava. Adormecia de um jeito engraçado, como se estivesse meditando deitado. Posicionava o corpo muito alinhado, de barriga para cima, cruzava as mãos sobre o estômago, de forma solene, e não se mexia. Sem saber, praticava no sono o que os yogues chamam de shavasana, a postura do morto. O shavasana é a postura mais difícil da yoga, de acordo com os mestres. Ela é a faculdade de morrer sem perder a consciência da vida.

A pergunta se equilibrava no som dos suspiros do Thomas. Ora repousava na exalação, ora era engolida pela inalação. O que faríamos com aquele "nós"? Naquela tarde, minha última tarde na Índia, fomos almoçar no restaurante de um hotel cinco estrelas, o Fortune JP Palace, que ocupava um palacete ricamente revestido com lustres de cristal, tapeçaria oriental, mobiliário inglês. Um lugar tão suntuoso que nos sentimos incomodados. Aquela não era a nossa Índia. Na nossa Índia, podíamos comer com as mãos, sentar no chão, dar risadas. Ali os atendentes pareciam saídos de um filme, com vestimentas caricatas, polidos para atender o Ocidente, escondendo sob turbantes a espontaneidade local. Thomas parecia uma criança numa festa infantil. Queria comer de tudo, provar de tudo. Sua sanha experimentalista culminou num prato desencontrado, em que cordeiro ao curry se misturava a macarrão chinês. Eu não estava com fome. Foi um almoço de despedida sem o tom da despedida. Thomas se encarregou de tornar as coisas engraçadas. Ele era o mesmo no *dabha walla* da esquina ou no JP Fortune Palace. Fomos andar a pé pela cidade depois de comer. Tomamos um chai na rua, comemos doces rosa e doces roxos, cruzamos o parque de árvores secas, sentamos num banco, olhando as crianças que teimavam em brincar num playground em ruínas.

— Sul da França? Escreve o seu livro no sul da França? — Thomas falou.

— Talvez... Não consigo planejar uma próxima viagem. Estou voltando para casa.

Não era exatamente verdade. Pouco tempo antes de partir para a Índia, ainda no Brasil, ainda em "casa", anotei no meu diário uma frase que li em O *grande bazar ferroviário*. Paul Theroux escreveu: "Toda viagem é circular. [...] Afinal, a grande viagem é apenas uma maneira de o homem inspirado tomar o rumo de casa."

Pensei nessa frase diversas vezes no meu infinito trajeto de volta para "casa". Eu não sabia o que significava "tomar o rumo de casa". Nos últimos vinte anos, pouco morei em "casa". Para mim, o sentimento era mais de deixar uma "casa" para trás que de "tomar o rumo de casa". O sentido de "casa" estava, então, mais nublado do que nunca. Ir embora da Índia pesava como deve pesar a mala do imigrante. Uma "casa" estava ficando para trás. Acho que todas as vezes em que retornei ao Brasil senti a mesma coisa: uma "casa" está ficando para trás. Talvez porque eu tenha me esquecido — ou nunca tenha chegado a saber — o que era realmente "casa". Talvez porque qualquer lugar fosse a minha "casa". Talvez porque, como a Índia me ensinou todos os dias, a "casa" seja um lugar interno. E talvez porque as longas viagens tenham se tornado exatamente a busca da "casa", a "casa" profunda. E essa busca, eu podia sentir o cheiro dela na minha roupa impregnada da fuligem do trem de Mysore para Bangalore, ainda não terminara. Eu sabia que não estava "tomando o rumo de casa". Uma reflexão parecida, aliás, está no livro *Yoga para quem não está nem aí*, de Geoff Dyer. Perder o rumo de "casa"... Talvez essa seja a questão.

Passei as quatro horas do trajeto sentada na porta do trem, tomando na cara o vento morno do sul da Índia. Não existia trégua, uma brisa soprando de vez em quando. Só ondas de calor e natureza morta. A paisagem era lunar naquele pedaço, com longas cadeias de montanhas de pedra. De vez em quando, o trem parava numa plataforma, eu me levantava para dar passagem às pessoas, e logo depois retomávamos o curso, como se tudo fosse muito normal. Não cabia mais um mosquito no vagão. Mas sempre cabia mais um ser humano. Não é possível para um estrangeiro penetrar verdadeiramente na Índia. É preciso nascimento, berço, infância... Mãe... Pai... Gerações. No livro *Marca d'água*, o poeta russo Joseph Brodsky escreveu algo sobre Veneza — ele era um viajante que voltava sempre ao mesmo lugar — que serve para o sentimento do viajante na Índia: "O corpo começa a se ver simplesmente como o meio de transporte do olho, espécie de submarino, com seu periscópio ora dilatado, ora recolhido." Era o meu último dia na Índia. E eu continuava dentro do submarino, embora agora já me sentisse confortável a bordo.

Minha chegada a Bangalore entrou para o anedotário. Na estação, havia como sempre um enxame de tuk-tuks. Negociei aqui, negociei acolá, e consegui o que me pareceu uma barganha: seiscentas rupias até "perto do aeroporto". O motorista catou a minha mochila e saiu correndo na frente. Eu trotando atrás dele para entender o que ele chamava de "perto", já que os taxistas estavam cobrando mil rupias. Ele explicou que os *tuk-tuks* não podiam entrar na área do aeroporto, então paravam do lado de fora. Ok. Atravessar uma rua, eu pensei. Depois de entrar e sair de avenidas como uma enguia furando um engarrafamento na marginal Tietê, ele me despejou numa estrada. E disse, balançando a cabecinha no gesto de tirar água das orelhas, que seu serviço terminava ali. Ficamos batendo boca por mais de vinte minutos. Ele insistindo que o aeroporto estava perto: "Menos de cinco quilômetros, *madam*!" E eu tentando manter a calma... Até que um táxi apareceu e tive que pagar oitocentas rupias só para entrar na "área do aeroporto".

O avião aterrissou em Heathrow pouco depois das sete da manhã, horário local. A fila da imigração fazia curvas e, a partir de certo ponto, nem era mais fila, mas sim um amontoado de gente guerreando para entrar na fila. Uma confusão digna de Bombaim. A italiana que estava na minha frente brandia o passaporte da União Europeia. Queria tratamento especial. Um funcionário do aeroporto tentou lhe explicar que mais à frente a não fila se desmembraria em duas filas, uma para eles, os europeus, e outra para nós, os não europeus. Segundo disse o guarda à mulher em fúria, a confusão decorria de uma greve do metrô, vários funcionários não conseguiram chegar ao trabalho. Paciência, foi o que ele recomendou. Nesse quesito, eu levava vantagem. Se havia treinado alguma coisa na Índia, era a paciência. Quase três horas depois, ganhei o saguão e segui o ritual Heathrow: comprar o *The Guardian* na Boots, a passagem para Brighton no guichê da National Express, beber dois cafés seguidos no Starbucks. O primeiro cappuccino *double shot* desceu como o vinho sagrado, o sangue de Jesus. Senti de novo o fluxo nas veias, o cérebro retomando a atividade.

Quando a porta de vidro do aeroporto se fechou atrás de mim, o mundo havia desaparecido. A neblina era espessa, cegante e imóvel. A Inglaterra se recusava a ser vista. Pedia para não ser incomodada, como se hibernasse, prometendo ressurgir na primavera. As pessoas se comportavam conforme a ordem natural, escondidas dentro dos casacos negros, cabeças baixas com olhos cobertos pelo capuz, quase imperceptíveis na bruma. Fantasmas de um lugar que deixou de existir. Caminhei lentamente para a plataforma de embarque da National Express. O vento gelado era o único elemento desafiador, inquieto, petulante daquele cenário. Subia pelas pernas, arrepiava os braços, percorria a coluna, adormecia o couro cabeludo, congelava a ponta do nariz. O ônibus partiu às 11h47. Em pouco tempo ganhou a M-25. Eu sempre achei a paisagem britânica comovente. De um lado e de outro, "verdes vales do fim do mundo", como bem definiu Antônio Bivar no seu "On the road" pelo Reino Unido. As casas de tijolinhos marrons, telhados inclinados, chaminés soltando fumaça me remetiam para o recolhimento. O inverno era o tempo de recolher. Sentar-se em volta da lareira, beber chá com leite e esperar... Ao entrar em Brighton, o ônibus passou pelo Preston Park. Sempre tive a impressão de que fadas moravam no Preston Park. Emma estava me esperando no Pool Valley para irmos para "casa".

Passamos os dois dias que se seguiram olhando a vida da janela. Uma neve fina e insistente caía lá fora. Tudo era branco. Eu me sentia estranha, sem referências, como se de fato o mundo tivesse sumido. Na primeira noite, acordei gritando. Emma me sacudiu. E demorei alguns segundos que me pareceram uma eternidade sem saber onde eu estava. Tinha dormido em tantos quartos, convivido com tantas pessoas, experimentado tantas possibilidades... Como eu podia estar ali, no ponto de partida? Na noite de despedida, meus amigos apareceram para jantar. Foi o suficiente para o mundo voltar a existir: fofocas, gritaria, risadas, música eletrônica, MDMA. Meu avião decolou rumo ao Rio às 15h35 do dia seguinte. Eu não havia dormido. Aconteceu uma coisa que acontece muito no instável clima britânico. O frio continuava congelando a ponta do nariz, mas o céu... O céu estava azul.

Posfácio

Por meses, fiquei pensando em como classificar este livro: não ficção? Ficção? Autoficção? Jornalismo? Novo jornalismo? Não cheguei a uma conclusão. Tentei ser o mais fiel possível nas descrições dos lugares por onde passei. Tentei ser geograficamente precisa. Espero não ter falhado, geografia é o meu ponto fraquíssimo, o que pode parecer estranho para uma viajante.

Treze personagens aparecem com os seus nomes reais e suas entrevistas foram transcritas na íntegra: **B. K. S. Iyengar, Rolf, Bobby Mescalina, Gueshe Lhakdor, Jimi Neal, Tenzin Palmo, Prem Baba, dr. Arora, Dwaba, Krishna Das, Ravi Ravindra, Menaka Desikachar e B. N. S. Iyengar**. São eles mestres, gurus e personalidades conhecidas na Índia. Tudo o mais, porém, é o cruzamento da memória com a imaginação. Deixo para o leitor a tarefa de escolher a prateleira.

Agradeço a todos que eu encontrei na estrada, pessoas inspiradoras, que me forneceram munição para contar esta história. Karmatopia. Penso que nessa palavra, que ousei cunhar para resumir o fenômeno, está a ideia de uma geração desiludida com a missão contemporânea de progredir sempre, de ter sucesso. Uma geração que foi buscar na Utopia de Thomas Morus, na filosofia dos beatniks e dos hippies, e na sabedoria oriental um antídoto.

O texto deste livro foi composto em corpo 11/14,5.
Para títulos e destaques, foi utilizada a tipografia
Auto 3 Regular.

A impressão se deu sobre papel off-white
pelo Sistema Cameron da Divisão Gráfica
da Distribuidora Record.